Siedler

Jörg von Uthmann

Attentat

Mord mit
gutem Gewissen

Siedler

Umwelthinweis:
Alle bedruckten Materialien dieses Taschenbuchs
sind chlorfrei und umweltschonend.

Siedler Taschenbücher erscheinen im Goldmann Verlag,
einem Unternehmen der Verlagsgruppe Bertelsmann.

1. Auflage
Genehmigte Taschenbuchausgabe Juni 1998
Copyright © 1996 by Wolf Jobst Siedler Verlag GmbH, Berlin
Umschlaggestaltung: Design Team München
Satz: Bongé+Partner, Berlin
Made in Germany 1998
ISBN 3-442-75508-5

Inhalt

Ein gutes Gewissen hatten sie alle 7

Die Iden des März:
Gajus Julius Cäsar 15

Mord im Dom:
Thomas Becket 23

Jesus in meinem Herzen:
Heinrich IV. 31

Dank vom Haus Östreich:
Albrecht Wenzel Eusebius von Wallenstein 39

La Belle et la Bête:
Jean-Paul Marat 49

Occultus occulto occisus est:
Kaspar Hauser 58

Freiheitsmesser gezückt:
August von Kotzebue 69

Rache für Italien:
Napoleon III. 79

Unser amerikanischer Vetter:
Abraham Lincoln 89

Der Wille des Volkes:
Alexander II. und Pjotr Arkadjewitsch Stolypin 97

Die Schwarze Hand:
Erzherzog Franz Ferdinand 107

Der Feind steht rechts:
Matthias Erzberger und Walther Rathenau   116

Liebe schwärmt auf allen Wegen:
Leo Dawidowitsch Trotzki   125

Emil und die Offiziere:
Adolf Hitler   133

Tausche Lastwagen gegen Juden:
Rudolf Kastner   142

Die magische Kugel:
John F. Kennedy   150

Integration oder Segregation:
Malcolm X und Martin Luther King   158

Gewalttätige Nächstenliebe:
Hanns Martin Schleyer und Aldo Moro   168

Für Gott und Vaterland:
Mahatma Gandhi, Anwar el-Sadat, Jitzhak Rabin   176

Bildnachweis   190

Ein gutes Gewissen hatten sie alle

Die kaltblütige Ermordung Jitzhak Rabins hat der Welt in Erinnerung gerufen, daß nicht nur der Krieg die Politik mit anderen Mitteln fortsetzt. Auch Attentate haben politische Ziele im Auge, die dem Täter mit anderen Mitteln nicht erreichbar scheinen. Das klassische Opfer ist der Tyrann, der ohne Blutvergießen nicht gestürzt werden kann. Im republikanischen Rom waren Attentate selten, da die Verfassung kurze Amtszeiten und ständige Neuwahlen vorsah. Anders im Rom der Kaiserzeit, das die alte Verfassung zwar der Theorie nach beibehielt, sich jedoch in der Praxis wenig um sie scherte: Seit den Iden des März war die gewaltsame Beseitigung des Herrschers nicht die Ausnahme, sondern die Regel.

Wie der Mord in Tel Aviv zeigt, sind aber auch Demokratien gegen Attentate nicht gefeit. Rabin wurde von einem religiösen Fanatiker erschossen, der die Verhandlungen über die Rückgabe von »Judäa und Samaria« als Gotteslästerung ansah, Abraham Lincoln von einem Schauspieler, der die Niederlage der Südstaaten nicht verwinden konnte, John F. Kennedy von einem Psychopathen, der von einem kommunistischen Amerika nach dem Muster Kubas träumte.

Entgegen der populären Legende war Lee Harvey Oswald weder ein unschuldiger Sündenbock noch eine Marionette in der Hand mächtiger Drahtzieher. Wie François Ravaillac, Charlotte Corday, Karl Ludwig Sand und James Earl Ray, die Mörder Heinrichs IV., Jean-Paul Marats, August von Kotzebues und Martin Luther Kings, handelte er allein. In seinem Buch »Les régicides dans l'histoire et dans le présent« (1890) hat der französische Psychiater Emmanuel Régis den Einzeltäter geradezu zum Prototypen des politischen Mörders erhoben. Er schildert ihn als 20- bis 25jährigen krankhaft labilen Eigenbrötler mit Selbstmordneigungen, Halluzinationen und mystischen Erlösungsideen.

Sein deutscher Kollege Carl Pelman (»Psychische Grenzzustände«, 1909) beschreibt ihn so: »Der Königsmörder, wie er uns bisher entgegengetreten ist, war ein halb unzurechnungsfähiges Individuum; ein Entarteter, bei dem sich die Stigmata mit einer Reihe von anderen Zügen zu einem mehr oder weniger einheitlichen Ganzen, zu einer Art von Typus verbinden. Von Jugend auf unstet, reizbar und eitel, wechselt er Beruf und Aufenthalt wie andere Leute ihren Rock. Er ist von dem impulsiven Drange erfüllt, mit eigener Aufopferung eine große Tat zu vollbringen, und er ist davon überzeugt, daß er mit dieser Tat eine ihm von Gott übertragene Mission erfüllen werde. Daher die Anrufung Gottes um Beistand, daher sein Stolz über seine Tat und sein Mut in der Ertragung von Martern. Fügen wir noch die Abwesenheit von Mitschuldigen hinzu und berücksichtigen wir das meist sehr jugendliche Alter der Verbrecher, dann haben wir die typischen Königsmörder der vergangenen Zeiten.«

Ravaillac, Sand und Oswald sind mit dieser Beschreibung gut getroffen. Auch Ray war gewiß ein Drifter ohne festen Wohnsitz und Beruf. Doch zu seinem Schuß auf den schwarzen Bürgerrechtler dürfte ihn weniger ein Weltbeglückungswahn motiviert haben als die Hoffnung auf das ausgesetzte Kopfgeld. Charlotte Corday schließlich, die einzige Frau in diesem Kreis, war eine wohlbehütete Tochter aus gutem Hause. Ihre Tat bereitete sie mit der kaltblütigen Zielstrebigkeit vor, die junge Damen ihres Alters gewöhnlich an die Eroberung eines Ehemannes wenden. Kurzum, nicht jeder, der einen politischen Mord begeht, ist ein Psychopath. Und: nicht jeder handelt allein. Anders, als es die Psychiater wahrhaben wollen, wurden die meisten Attentate von Verschwörern begangen. Cäsar, Becket, Wallenstein, Zar Alexander II., Erzherzog Franz Ferdinand, Rathenau, Trotzki, Sadat – sie alle fielen Mordkomplotten zum Opfer. Die Versuchung ist groß, ins entgegengesetzte Extrem zu verfallen und hinter jedem politischen Mord eine Verschwörung zu wittern. Die große Mehrheit der Amerikaner kann sich bis heute nicht damit abfinden, daß ihr junger, strahlender »JFK« von einem asozialen Wirrkopf umgebracht wurde. Und doch ist es so.

Gemeinsam ist den politischen Mördern, daß sie ein gutes Gewissen haben. Sie sind Überzeugungstäter. Eine ganze Literatur beschäftigt sich mit der Frage, ob es für ihre Überzeugung nicht sogar gute Gründe gibt. Der älteste Autor, der den Tyrannenmord ausdrücklich rechtfertigt, ist Aristoteles. In seiner »Politik« stellt er mit Befriedigung fest, daß die Diktatur zu den kurzlebigsten Regierungsformen gehört: »Kein freier Mann, wenn er es irgend vermag, wird eine solche Herrschaft ertragen.« Auch Cicero hält den Tyrannenmord für legitim. »Wer einen Tyrannen tötet«, schreibt er in seinem letzten philosophischen Werk »De officiis«, »hat mit Sicherheit kein Verbrechen begangen. So denkt jedenfalls das Volk von Rom, das die Tat [die Ermordung Cäsars] als das glänzendste aller guten Werke ansieht.«

An den spätrömischen Rhetorenschulen war der Tyrannenmord ein beliebter Lehrgegenstand. Die Vorsicht gebot es freilich, seinen Scharfsinn nicht an der Verschwörung gegen Cäsar zu üben, sondern an einem weiter zurückliegenden Fall, nämlich dem der Freunde Harmodios und Aristogeiton, die im Jahre 514 v. Chr. den athenischen Tyrannen Hipparchos getötet hatten und dafür selbst das Leben ließen. Daß dieser Mord vermutlich nicht politische, sondern persönliche Motive hatte, wurde dabei großzügig übersehen: Hipparchos hatte versucht, sich zwischen das männliche Liebespaar zu drängen.

Auch das Alte Testament ist voll von Berichten, in denen gottvergessene Herrscher ein gewaltsames Ende finden. Joab erschlägt Absalom, der sich gegen seinen Vater David aufgelehnt hat. Jehu schießt Joram einen Pfeil ins Herz und läßt dessen Mutter, die Baal-Anbeterin Isebel, aus dem Fenster werfen. Das berühmteste Beispiel ist die schöne und fromme Judith, die ihre Heimatstadt Bethulia vor den Assyrern rettet, indem sie sich bei Holofernes, dem Feldherrn der Belagerer, einschmeichelt und ihn, während er betrunken bei ihr liegt, enthauptet. Bethulia hat es ebensowenig gegeben wie Judith und Holofernes. Das im zweiten vorchristlichen Jahrhundert entstandene Buch dürfte als Pamphlet gegen die hellenistischen Einflüsse zu verstehen sein, die Judäa damals erfaßten. Gegen sie setzten sich die Makkabäer zur Wehr. Sie eroberten Jerusalem, ließen den Hohenpriester, der den Tempel dem olympischen Zeus geweiht hatte, hinrichten und stellten den jüdischen Kultus wieder her.

Die Väter der jungen christlichen Kirche, die die Welt im Bündnis mit Rom zu erobern hoffte, wollten dagegen vom Widerstand gegen die Staatsgewalt nichts wissen. »Jedermann sei untertan der

Obrigkeit, die Gewalt über ihn hat«, mahnt Paulus die Gemeinde in der Reichshauptstadt. »Denn es ist keine Obrigkeit ohne Gott; wo aber Obrigkeit ist, die ist von Gott verordnet. Wer sich wider die Obrigkeit setzet, der widerstrebt Gottes Ordnung.« Auch Tertullian (»Apologeticum«) predigt seinen Glaubensgenossen, eher den Tod zu ertragen, als sich gegen den Kaiser aufzulehnen: »Wir werden siegen, auch wenn wir sterben.« Gewiß sei der Herrscher, der die Christen verfolge, schreibt Laktanz (»De mortibus persecutorum«), ein *execrabilis ac nocens tyrannus* und habe den Tod verdient. Doch müsse die Rache Gott überlassen bleiben.

Die frühchristliche Doktrin blieb nicht unwidersprochen. Im »Policraticus« (1159), der ersten umfassenden Staatslehre des Mittelalters, machte sich Johannes von Salisbury zum Verteidiger des Tyrannenmordes: »Einen Tyrannen zu töten, ist nicht nur erlaubt, sondern recht und billig. Denn wer das Schwert nimmt, der soll durch das Schwert umkommen.« Wie es der Zufall wollte, wurde er zwei Jahre später Sekretär eines Mannes, der selbst durch das Schwert umkam – Thomas Becket. Thomas von Aquin steuerte eine vermittelnde Position an. Er unterschied zwischen dem *tyrannus usurpationis*, der unrechtmäßig an die Macht gekommen ist, und dem *tyrannus regiminis*, der sie unrechtmäßig ausübt. Nur dem ersten, lehrte er, dürfe man mit Gewalt entgegentreten, solange seine Macht noch nicht konsolidiert sei.

Johannes von Salisbury war nicht der einzige, der gegen die paulinische Untertanenmoral aufbegehrte. Am 23. November 1407 ließ Johann Ohnefurcht, der Herzog von Burgund, seinen Vetter, den liederlichen und gewissenlosen Herzog von Orléans, in Paris ermorden. Vor dem königlichen Rat angeklagt, verglich sich Johann mit Judith und den Toten mit Holofernes. Der Vergleich überzeugte: Der Rat sprach Johann frei. Im August 1413 wurden die Bourguignons aus Paris verjagt. Jean Gerson, der berühmte Kanzler der Sorbonne, verlor keine Zeit. Er berief eine Gelehrtenversammlung ein, die dem Freispruch die theologische Grundlage entzog. Als sich Johann beim Papst beschwerte, wurde der Fall auf die Tagesordnung des Konstanzer Konzils gesetzt. Am 6. Juli 1415 gab das Konzil dem »doctor christianissimus« recht und erklärte die Verteidigung des Tyrannenmordes für häretisch.

In der Renaissance kamen mit dem Erbe der Antike auch die heidnischen Anwälte des Tyrannenmordes wieder zu Ehren. Die

Hitze der Religionskriege tat das ihre, um die strengen Regeln zu lockern. Im 16. Jahrhundert erreichte die Zahl der politischen Morde eine Größenordnung, wie sie Europa seit der römischen Kaiserzeit nicht mehr erlebt hatte. Spitzfindige Theologen waren um Gründe nicht verlegen, die das Verbot des Konstanzer Konzils außer Kraft setzten. Das stärkste Aufsehen erregte der spanische Jesuit Juan Mariana mit seiner Schrift »De rege et regis institutione« (1598), in der er den Frommen ermächtigte, sich eines unchristlichen Herrschers zu entledigen, und den Mörder Heinrichs III., Jacques Clément, als nachahmenswertes Vorbild pries. Zwar wurde die Schrift nach dem Attentat auf Heinrich IV. von den anstößigen Stellen gereinigt. Doch schadete sie den Jesuiten sehr – zumal sie in eine Reihe von Anschlägen nicht nur literarisch verwickelt waren.

Auch der protestantische Klerus war gegen die Versuchung, die Bibel nach den Erfordernissen des Tages auszulegen, nicht gefeit. Als der Führer der katholischen Partei am französischen Hof, der Herzog von Lothringen, im Februar 1563 von einem Hugenotten erschossen wurde, fand die Tat auf vielen Kanzeln wortmächtige Apologeten. Insgesamt jedoch nahm die evangelische Kirche den Römerbrief ernst – nicht zuletzt in Deutschland, wo sie mit Hilfe der Fürsten groß geworden war. Das Bündnis von Thron und Altar wirkte weiter, auch als die Monarchen längst abgedankt hatten. Der christlich geprägte Kreisauer Kreis, eines der entschiedensten Widerstandszentren im »Dritten Reich«, lehnte die gewaltsame Beseitigung Hitlers mit der gleichen Entschiedenheit ab.

Neben dem 16. war es vor allem das 19. Jahrhundert, in dem das Geschäft der politischen Mörder blühte. Allerdings beriefen sie sich nicht auf antike Autoren oder das Alte Testament, sondern auf die Jakobiner und anarchistische Manifeste wie Sergej Netschajews »Katechismus eines Revolutionärs« (1869). Netschajew, der von der zaristischen Justiz eingekerkert wurde, bevor er sein Programm in die Tat umsetzen konnte, war der Held der »Nihilisten«, auf deren Konto Dutzende von Attentaten gingen. Die radikalste Gruppe, die sich »Narodnaja Wolja« (Wille des Volkes) nannte, verurteilte die führenden Vertreter des verhaßten Systems in aller Form zum Tode, bevor sie sich daranmachte, ihre Entscheidungen zu vollstrecken. Auch die »Roten Brigaden«, die Ita-

lien in den siebziger Jahren terrorisierten, stellten ihre Mordanschläge gern als »Hinrichtungen« dar.

Der Begriff »Hinrichtung« paßt besser zu den Attentaten, bei
denen die Staatsgewalt nicht Ziel des Anschlags ist, sondern dessen Urheber. Becket und Wallenstein wurden aus dem Wege
geräumt, da sie ihren Herren, dem englischen König und dem
deutschen Kaiser, zu mächtig geworden waren. Die morganatische
Linie des badischen Fürstenhauses zögerte nicht, den erbberech-
tigten Thronfolger über die Klinge springen zu lassen, als die
wahre Identität des Findlings »Kaspar Hauser« ans Licht zu kommen drohte.

»Klinge« ist im Falle Hauser durchaus wörtlich zu nehmen.
Auch nach der Erfindung des Schießpulvers blieb der Dolch lange
Zeit die bevorzugte Waffe der Attentäter. Erst im 20. Jahrhundert
machte er endgültig dem Revolver Platz. Der Anschlag Felice
Orsinis auf Napoleon III. erregte nicht zuletzt deshalb weltweites
Aufsehen, weil die Verschwörer selbstgebastelte Bomben auf den
Kaiser geschleudert hatten. Die russischen *Narodnowolzi* versuch-
ten es mit Patronen und Bomben nebeneinander – ebenso wie die
Attentäter von Sarajevo und die Offiziere, die Hitler nach dem
Leben trachteten. Die ungewöhnlichste Waffe verwendete Ramón
Mercader: Er erschlug Leo Trotzki mit einem Eispickel.

Napoleon III. und Hitler überlebten die Anschläge, die ihnen
galten. Dennoch sind uns beide ein Kapitel wert – Hitler, weil die
Regelmäßigkeit, mit der er seinen Verfolgern immer wieder entging, ans Wunderbare grenzt; Napoleon, weil das Orsini-Attentat
zu den wenigen gehört, die ihr politisches Ziel erreichten. In der
Mehrzahl der Fälle blieb der Gang der Geschichte unberührt.

Begreiflicherweise hat das gewaltsame Ende der Großen und
Mächtigen die Phantasie der Dichter erregt. Herausgekommen
sind eine Handvoll Meisterwerke – »Julius Cäsar«, »Wallenstein«,
»Die Verfolgung und Ermordung Jean Paul Marats« – und eine
unübersehbare Zahl peinlicher Schmarren. Auch die Liebe des
Films zum politischen Mord ist nicht unbedingt glücklich zu nennen. Oliver Stones »JFK« dürfte der schamloseste Fall von
Geschichtsklitterung sein, der die Leinwand bisher erreichte. Mit
seinem nonchalanten Verhältnis zur Geschichte steht Stone freilich nicht allein. Auch Friedrich Schiller fand nichts dabei, einen
Schweizer Heckenschützen zu verherrlichen, der vermutlich nie

gelebt hat. Wie so oft, war die Fiktion wirkungsvoller als die Fakten. Nach dem Bombenanschlag des Möbeltischlers Johann Georg
Elser auf Adolf Hitler wurden die Bühnen des Deutschen Reiches
angewiesen, von der Inszenierung des mißverständlichen Stückes
abzusehen.

Die Iden des März:
Gajus Julius Cäsar

»Als Cäsar Platz nahm, stellten sich die Verschwörer im Kreis um ihn herum, als wollten sie ihm ihre Ehrerbietung erweisen. Sogleich trat Cimber Tillius, der die erste Rolle übernommen hatte, näher an ihn heran, um ihm eine Bitte vorzutragen. Als ihm Cäsar eine abschlägige Antwort gibt und durch einen Wink auf eine andere Zeit vertröstet, packt ihn Tillius an beiden Schultern. Cäesar ruft: Das ist ja Gewalt! In diesem Augenblick verwundet ihn der eine Casca von hinten knapp unter der Kehle. Cäsar hält Cascas Arm fest und durchbohrt ihn mit dem Schreibgriffel. Er versucht aufzuspringen, wird aber durch eine zweite Verwundung daran gehindert. Als er sieht, daß von allen Seiten Dolche gegen ihn gezückt sind, verhüllt er sein Haupt mit der Toga und glättet sie zugleich mit der Linken bis hinunter zu den Knöcheln, um auch den unteren Teil seines Körpers zu bedecken und mit Anstand zu fallen. In dieser Haltung wird er, ohne einen Laut von sich zu geben, von dreiundzwanzig Stichen durchbohrt. Nur beim ersten Stoß läßt er einen Seufzer vernehmen. Einige berichten allerdings, dem auf ihn eindringenden Marcus Brutus habe er auf griechisch zugerufen: Auch du, mein Sohn?«

So schildert Sueton in seinen Kaiserbiographien Cäsars Tod am 15. März des Jahres 44 v. Chr. – den Iden des März nach dem römischen Kalender. Es war nicht der erste Anschlag auf das Leben des mächtigsten Mannes von Rom. Im Sommer 45 plante der Konsul Gajus Trebonius, einer der Verschwörer der Iden des März, ein Attentat in Narbo, dem heutigen Narbonne, wo sich Cäsar auf dem Rückweg von Spanien aufhielt; doch verließ ihn im entscheidenden Augenblick der Mut. Auch Cassius, neben seinem Schwager Brutus die treibende Kraft hinter dem Mord, hatte es schon früher einmal versucht, und zwar im kleinasiatischen Tarsus; doch landete das ausersehene Opfer am falschen Ufer und nicht dort, wo es der Attentäter erwartete.

Um so erstaunlicher war die Sorglosigkeit des Bedrohten. Cäsar ging regelmäßig zu Fuß durch Rom und lehnte es ab, sich von Senatsdelegationen begleiten zu lassen. Einen Monat vor seinem Tod entließ er sogar seine spanische Leibwache. Träume und Warnungen, wenn sie denn historische Tatsachen sind und keine Legenden, schlug er in den Wind. Am Vorabend der Iden des März speiste er im Hause seines Stellvertreters Marcus Lepidus. Beim Essen kam das Gespräch auf die Frage, welche Todesart wohl die beste sei. Cäsar gab »einem plötzlichen, unerwarteten Tod« den Vorzug.

War die Beseitigung des Diktators ein Segen für Rom oder eine Katastrophe? Die Folgen – ein dreizehnjähriger Bürgerkrieg, an dessen Ende nicht die Wiederherstellung der Republik stand, sondern die Monarchie, wenn auch zunächst noch unter Wahrung republikanischer Formen – lassen eine günstige Bewertung kaum zu. Waren wenigstens die Motive der Verschwörer ehrenwert? Auch hier ist die Antwort keineswegs eindeutig. Nur Brutus steht über dem Verdacht, aus Eigennutz oder persönlicher Ranküne gehandelt zu haben: Ihm, dem unter Cäsar eine aussichtsreiche Karriere offenstand, ging es wirklich um nichts anderes, als die wankenden Institutionen der Republik zu verteidigen. Cassius hingegen war ein jähzorniger Mann, der es nur schwer verwand, daß ihm Cäsar das begehrte Amt des Stadtprätors vorenthielt; auch im bevorstehenden Partherfeldzug war er für kein höheres Kommando vorgesehen. Über die anderen Verschwörer – insgesamt sechzig sollen es gewesen sein – sind wir nur höchst unvollkommen unterrichtet. Einige Historiker haben die Vermutung geäußert, das ausschlaggebende Motiv sei ein Streit zwischen Cäsars Familie und der des Brutus und Cassius, den altadligen Juliern und den plebejischen Juniern, gewesen.

Daß sich Brutus, als er dem Komplott beitrat, nicht zuletzt von seinen familiären Beziehungen leiten ließ, ist kaum zu bezweifeln. Verheiratet war er mit Porcia, der Tochter Catos, des leidenschaftlichen Republikaners und Cäsar-Gegners, der den Selbstmord der Begnadigung durch den verhaßten Diktator vorzog. Sein sagenhafter Vorfahr Lucius Junius Brutus hatte nach der römischen Überlieferung den letzten römischen König Tarquinius Superbus gestürzt und seine eigenen Söhne hinrichten lassen, als sie den vertriebenen König zurückrufen wollten. An diesen Bru-

Als Cäsar am 15. März des Jahres 44 v. Chr. im Senat Platz genommen hatte, umringten ihn die Verschwörer, als wollten sie ein vorgebrachtes Bittgesuch unterstützen. Als Cäsar ablehnte, riß ihm der Bittsteller die Toga vom Hals. Daraufhin zückten die Verschwörer ihre Dolche und stachen einer nach dem anderen zu. Dreiundzwanzig Stiche trafen den Diktator, der sterbend sein Haupt und seinen Unterkörper mit der Toga verdeckte, um mit Anstand zu fallen. Gemälde von Max Klinger.

tus, den Vater der römischen Republik, erinnerten Wandinschriften und anonyme Briefe den zögernden Nachkommen:

>»Brutus, du schläfst. Erwach' und sieh dich selbst!
>Soll Rom...? Sprich, schlage, stelle her!
>Brutus, du schläfst. Erwache!«
>Oft hat man schon dergleichen Aufgebote
>Mir in den Weg gestreut.
>»Soll Rom...?« So muß ich es ergänzen:
>»Soll Rom vor Einem Manne beben?« Wie?
>Mein Ahnherr trieb einst von den Straßen Roms
>Tarquin hinweg, als er ein König hieß.

So beschreibt Shakespeare in seinem Drama »Julius Cäsar« die Gewissensnot des zwischen persönlicher Loyalität und republikanischer Prinzipientreue schwankenden Attentäters. Cicero, auch er ein überzeugter Republikaner, erinnerte an einen anderen Tyrannenmörder: »Was wir heute brauchen«, schrieb er seinem Freund Atticus, »ist ein zweiter Servilius Ahala.« Gajus Servilius Ahala hatte im Jahre 439 den reichen Plebejer Spurius Maelius erschlagen, als der versuchte, das Volk durch Getreidegeschenke zu bestechen. Die Cassier schließlich brüsteten sich damit, einer ihrer Vorfahren, der Konsul Spurius Cassius, sei von seinem eigenen Vater zum Tode verurteilt worden, weil es ihn nach der Königskrone gelüstet habe.

Aber war Cäsar ein zweiter Spurius Cassius? Gelüstete es ihn nach der Königskrone? Die Antworten der Wissenschaft auf diese Fragen sind geteilt: Kontinentale Althistoriker neigen dazu, sie zu bejahen; die Mehrzahl ihrer angelsächsischen Kollegen verneint sie. Soviel steht fest: Wer es darauf absah, Cäsar als Gegner der Republik und Tyrannen hinzustellen, brauchte nicht lange nach Belegen zu suchen.

Als Konsul des Jahres 59 hatte er unter Umgehung des Senats und seines Amtskollegen zwei Ackergesetze durchgedrückt. Als Prokonsul in Gallien (58–49) unterwarf er nicht nur eines der reichsten Gebiete des römischen Weltreichs, sondern baute sich eine Hausmacht von zehn kampferprobten, ihm persönlich ergebenen Legionen auf, vor denen Rom aus gutem Grund zitterte. Als der Senat im Januar 49 Cäsar aufforderte, sein Heer zu entlassen, trotzte er dem Befehl, überschritt den Rubikon, den Grenzfluß zwischen seiner Provinz und dem römischen Kernland, und machte sich in einem vierjährigen Bürgerkrieg zum Alleinherrscher. Nach dem Tod seines Nebenbuhlers Pompejus (48) ernannte ihn der Senat zum Diktator, zunächst auf ein Jahr. 46 wurde seine Amtszeit auf zehn Jahre verlängert. Zu Beginn des Jahres 44 machte ihn der Senat zum Diktator auf Lebenszeit (*dictator perpetuus*).

Zu der unumschränkten Gewalt über die Gesetzgebung, das Heer und die Staatsfinanzen, die ihm das Amt verlieh, kamen protokollarische Auszeichnungen, die mit der republikanischen Tradition nur schwer in Einklang zu bringen waren. Nach dem Sieg von Munda (45), der den Bürgerkrieg beendete, wurde Cäsar der

Ehrentitel »Imperator« als erblicher Eigenname zuerkannt und zugleich das Recht, bei festlichen Anlässen das Triumphgewand und den Lorbeerkranz zu tragen. Bei der Siegesprozession *(pompa)* wurde neben Götterbildnissen auch eine Elfenbeinstatue Cäsars mitgeführt. Im Quirinustempel wurde sein Standbild aufgestellt mit der Inschrift »Dem unbesiegten Gott«. Damals dürften auch die ersten Münzen mit seinem Porträt in Umlauf gekommen sein.

Im folgenden Jahr überschüttete der Senat den Allmächtigen mit weiteren Ehrungen. Sein Geburtstag wurde Staatsfeiertag, sein Geburtsmonat Quinctilis wurde umgetauft und erhielt seinen Familiennamen Julius, den er heute noch trägt. Alle vier Jahre sollte der »Vater des Vaterlandes« *(parens patriae)*, wie er von nun an hieß, durch Festspiele gefeiert werden. Die ihm gleichfalls zuerkannte *sacrosanctitas* enthob ihn jeder Verantwortung vor dem Gesetz. Nicht nur seine bisherigen, sondern auch seine künftigen Regierungsakte wurden für unumstößlich erklärt. Statt der üblichen *toga praetexta* mit dem Purpurstreifen durfte er das Purpurgewand der altrömischen Könige tragen; statt auf dem elfenbeinernen Faltstuhl *(sella curulis)*, auf dem die römischen Magistrate ihre Amtsgeschäfte erledigten, regierte er von nun an auf einem goldenen Sessel.

Cäsar ließ keinen Zweifel daran, daß er von den republikanischen Institutionen wenig hielt. Den Senatoren mutete er zu, Gesetzentwürfe zu verabschieden, die sie nicht einmal gelesen hatten. Cicero, der Sprecher des Senats, erhielt zu seinem Erstaunen Briefe von unbekannten Königen, die ihm für ihre Ernennung dankten. Als die kleinasiatische Stadt Laodikeia einen Gesandten nach Rom schickte, um bei Cäsar ihre Freiheit zu erbitten, sagte ihm Cicero maliziös: »Wenn du Erfolg hast, leg auch für uns ein gutes Wort ein.«

Ein Affront, den ihm die Senatoren nicht vergaßen, ereignete sich am 31. Dezember 45. Während einer Volksversammlung zur Wahl der Quästoren lief die Nachricht ein, der Konsul Quintus Fabius Maximus sei gestorben. Seine Amtszeit wäre ohnehin um Mitternacht zu Ende gewesen; die für das Jahr 44 gewählten Konsuln standen bereit, ihr Amt am nächsten Tag anzutreten. Aber Cäsar konnte der Versuchung nicht widerstehen, die republikanischen Riten ins Lächerliche zu ziehen. Im Eilverfahren setzte er die Wahl seines Legaten Gajus Caninius Rebilus zum Konsul für die verbleibenden Stunden des Jahres durch. Rom lachte, und Cicero witzelte, Rebilus sei ein überaus wachsamer Konsul gewesen: Während seiner ganzen Amtszeit habe er kein Auge zugetan. Genau einen Monat vor den Iden des März, am 15. Februar 44, steht Rom im Zeichen der Luperkalien, eines alten Fruchtbarkeitsfestes, bei dem Ziegen geopfert werden und nackte Jünglinge durch die Straßen laufen. Die Luperci haben ihren Lauf beendet und stehen vor der Tribüne, auf der Cäsar dem Gottesdienst präsidiert. Sein Mitkonsul Mark Anton löst sich aus ihren Reihen, steigt zur Tribüne hinauf und versucht, dem Diktator einen Gegenstand auf die kahle Stirn zu drücken: Es ist das mit einem goldenen Lorbeerkranz umwundene Königsdiadem. Schwacher Beifall kommt auf. Cäsar weist die Krone zurück. Mark Anton versucht es noch einmal. Cäsar wirft das Diadem in die Menge und befiehlt, es zum Jupitertempel zu tragen und das Standbild des Gottes damit zu krönen: Er allein sei Roms König. Jetzt kennt der Applaus keine Grenzen mehr.

Eine inszenierte Komödie? Ein Versuchsballon, um die Stimmung des Volkes zu erkunden? Oder war Cäsar aufrichtig überrascht und am Königstitel wirklich nicht interessiert? So stellt es Mark Anton in seiner – Shakespeares dichterischer Phantasie entsprungenen – Leichenrede dar:

Ihr alle saht, wie am Lupercus-Fest
Ich dreimal ihm die Königskrone bot,
Die dreimal er geweigert. War das Herrschsucht?
Doch Brutus sagt, daß er voll Herrschsucht war,
Und ist gewiß ein ehrenwerter Mann.

Tatsächlich legte Cäsar Wert darauf, daß seine Zurückweisung der Krone in den Staatskalender eingetragen wurde. Im Januar 44, als er aus den Albaner Bergen nach Rom zurückkehrte und am Stadttor mit dem Ruf »Rex« begrüßt wurde, antwortete er mit einem Kalauer: »Ich heiße Cäsar, nicht Rex.« Während er den Feldzug gegen die Parther vorbereitete, lief in der Hauptstadt das haltlose Gerücht um, die Sibyllinischen Bücher hätten geweissagt, nur ein König könne die Parther besiegen. War das Gerücht von Cäsar ausgestreut worden oder von seinen Gegnern? Kein Zweifel, daß seine Gegner alles taten, um ihm verfassungswidrige

Pläne anzudichten. Kein Zweifel aber auch, daß Cäsars Allein-
herrschaft von der Verfassung nur noch eine hohle Schale übriggelassen hatte. Auf einen Titel mehr oder weniger kam es wirklich
nicht mehr an.

Was immer Cäsars Absichten gewesen sein mochten – die Verschwörer, die sich schon als Retter des Vaterlandes gefeiert sahen,
hatten die Stimmung falsch eingeschätzt. Als Brutus vor das Volk
trat, um den Mord zu rechtfertigen, schlug ihm eisiges Schweigen
entgegen. Als es der Prätor Lucius Cornelius Cinna wagte, Cäsar
einen Tyrannen zu nennen, wurde er mit Steinen beworfen. Er
floh in sein Haus, und nur das rasche Eingreifen des Lepidus und
der Veteranen hinderte den aufgebrachten Pöbel daran, ihm das
Dach über dem Kopf anzuzünden. Vier Tage später wurde der
Dichter Gajus Helvius Cinna, den man mit dem Prätor verwech-
selte, auf offener Straße ermordet; sein abgeschlagener Kopf
wurde auf eine Lanze gespießt und im Triumphzug durch die
Stadt getragen.

Ursprünglich hatten die Verschwörer geplant, Cäsars Leichnam
in den Tiber zu werfen, sein Vermögen zu konfiszieren und seine
Gesetze für ungültig zu erklären. Daran war nun überhaupt nicht
mehr zu denken. Der Senat beeilte sich, Cäsars Regierungsakte
ausdrücklich zu bestätigen. Der Konsul Mark Anton ordnete ein
Staatsbegräbnis an. Während das Volk eifrig Brennbares her-
beitrug, wurde der Leib des Verstorbenen auf dem Forum feierlich den Flammen übergeben. Sogar die Musiker warfen ihre Fest-
gewänder, die Veteranen ihre Siegeskränze ins Feuer. Ein Senats-
beschluß erhob Cäsar unter die Götter. Die Iden des März wurden zum »Vatermordstag« erklärt; an diesem Tag, entschied der
Senat, werde er nie wieder zu einer Sitzung zusammentreten.

»Von seinen Mördern«, berichtet Sueton, »überlebte ihn fast
keiner länger als drei Jahre, und keiner starb eines natürlichen
Todes. Nachdem sie alle verurteilt waren, fand der eine auf diese,
der andere auf jene Weise ein gewaltsames Ende, einige durch
Schiffbruch, andere in der Schlacht. Wieder andere nahmen sich
mit demselben Dolch, mit dem sie Cäsar ermordet hatten, das
Leben.«

Auch die Nachwelt hat eher für Cäsar Partei ergriffen als für
seine Mörder. Zwar fehlte es nicht an Stimmen, die das Attentat
als klassischen Tyrannenmord priesen. Vor allem im 18. und

19. Jahrhundert erkoren radikale Republikaner und Demokraten Brutus zu ihrem Leitstern. Aber die Gegenstimmen überwogen. Dante verbannte die Attentäter in die Hölle. Goethe, der die Ordnung stets höher schätzte als den »zweideutigen Gewinn« der Demokratie, nannte Cäsar den »Inbegriff aller menschlichen Größe« und den Mord »die abgeschmackteste Tat, die jemals begangen worden«. Auf Napoleons Vorschlag, den von engstirnigen Ideologen beseitigten Menschheitsbeglücker zum Gegenstand eines Dramas zu machen, ging er jedoch nicht ein. Theodor Mommsen, der größte Chronist der Alten Geschichte, hat von Cäsar ein unwiderstehliches, sprachlich glanzvolles Idealbild entworfen. Viel spricht dafür, daß er den vierten Band seiner »Römischen Geschichte« deshalb nicht in Angriff nahm, weil er es nicht über sich brachte, den Tod seines Helden zu beschreiben.

Nach dem dreizehnjährigen Bürgerkrieg, der mit Cäsars Tod begann und mit der Seeschlacht bei Actium endete, saß Cäsars Adoptivsohn und testamentarisch eingesetzter Erbe Oktavian – später Augustus genannt – fest im Sattel. Zwar besaß er die Klugheit, den Senat und die republikanischen Ämter beizubehalten. Aber die Macht im Staate lag von nun an in der Hand der Kaiser. Auch der Stil des Machtwechsels war nicht mehr der alte. In den viereinhalb Jahrhunderten der römischen Republik gehörte der politische Mord zu den Seltenheiten: Die Kürze der von der Verfassung vorgesehenen Amtsperioden machte ihn überflüssig. Nun war es anders. Von den fünfzig Nachfolgern des Augustus bis zur Reichsteilung im Jahre 395, die Neben- und Gegenkaiser nicht gerechnet, wurden 25 ermordet. Nur 17 starben eines natürlichen Todes.

Mord im Dom:
Thomas Becket

Der Kampf zwischen *regnum* und *sacerdotium*, zwischen weltlicher und geistlicher Macht, war eines der beherrschenden Themen des Mittelalters. In diesem Kampf zog die Kirche schließlich den kürzeren: An der Stelle der *res publica christiana*, von der sie träumte, entstand der moderne, säkularisierte Staat. Bis dahin vergingen freilich noch Jahrhunderte, und auf einigen Nebenkriegsschauplätzen konnte der Verlierer einen günstigen Frieden aushandeln – siehe die Subventionen für christliche Privatschulen in Frankreich oder die Kirchensteuer in Deutschland.

Es ist üblich, den Beginn des Kampfes auf das Jahr 1075 anzusetzen. Damals berief der neue Papst Gregor VII. in Rom eine Fastensynode ein, die die Besetzung von Bistümern und Abteien der Kirche vorbehielt; die Investitur durch Laien wurde mit dem Bann bedroht. Solche Beschlüsse hatte die Kirche schon öfter gefaßt. Seit der Synode von Aachen im Jahre 817 hatten die Päpste immer wieder versucht, drei Mißstände abzustellen – die Priesterehe, die Simonie (den Verkauf geistlicher Ämter) und die Laieninvestitur. Ausgerichtet hatten sie wenig. Starb ein Bischof oder Abt, beeilten sich Kaiser, Könige und Herzöge, dem Wahlrecht der Kapitel vorzugreifen und die freigewordene Stelle mit ihrem eigenen Kandidaten zu besetzen. In vielen Diözesen hatten die Wahlen ganz aufgehört. Statt dessen schickten die Domherren Ring und Stab ihres toten Bischofs an den Kaiser mit der Bitte, über das Amt nach Belieben zu verfügen. Es kam vor, daß die Verdienste des Nachfolgers weniger auf dem Gebiet der Seelsorge zu suchen waren als in der Aufzucht der kaiserlichen Jagdhunde oder der Bedienung der kaiserlichen Tafel. Vor allem in der Lombardei waren geistliche Ämter beliebte Spekulationsobjekte, die meistbietend veräußert wurden. Der wichtigste Grund, warum die Kaiser an ihrem Ernennungsrecht festhielten, war freilich ein anderer:

Die Bischöfe und Äbte waren zugleich Reichsfürsten; nicht wenige bekleideten hohe Stellungen in der Verwaltung des Reiches.

Gregor VII. war entschlossen, diesen Zustand nicht länger hinzunehmen. Als Heinrich IV. auf die Fastensynode mit einem
Reichstag antwortete, auf dem die deutschen Bischöfe den Papst
absetzten, machte Gregor seine Drohung wahr und verhängte
über den Kaiser den Kirchenbann. Das hatte es noch nie gegeben
und verfehlte daher nicht seinen Eindruck. Im Januar 1077 kam es
zu der berühmten Szene auf dem Bergschloß Canossa, in der der
Papst über den bußfertigen Kaiser triumphierte. Lange konnte
sich Gregor seines Triumphes allerdings nicht freuen. Die Waffe
der Exkommunikation nützte sich rasch ab. Von den kaiserlichen
Truppen in der Engelsburg belagert, in letzter Minute von den
Normannen befreit, starb er 1085 als Flüchtling in Salerno. Noch
übler erging es seinem Nachfolger Paschalis II. Im Februar 1111
wurde er mit der Mehrheit des Kardinalskollegiums von Kaiser
Heinrich V. aus Rom verschleppt und genötigt, die Laieninvestitur anzuerkennen. Ein Jahr später widerrief er das ihm abgezwun-
gene Zugeständnis.

Erst das Wormser Konkordat vom 23. September 1122 beendete den Investiturstreit mit einem Kompromiß. Die Funktionen der
Bischöfe und Äbte wurden in geistliche (Spiritualien) und weltliche (Temporalien) geschieden. Der Kaiser verzichtete auf die Investitur mit Ring und Stab und beschränkte sich auf die Belehnung
des kanonisch Gewählten mit den Regalien durch das Zepter. In
Deutschland ging die Belehnung der Weihe voraus; in Italien und
Burgund war es umgekehrt. Da der Kaiser überdies das Recht
hatte, zu den Wahlen in Deutschland Beobachter zu entsenden,
blieb hier sein Einfluß gewahrt. Nur in den außerdeutschen
Reichsteilen, wo das Präsenzrecht nicht bestand, machte sich die
Kurie von der kaiserlichen Bevormundung frei.

Mit dem Wormser Konkordat waren die Spannungen zwischen
Kaiser und Papst keineswegs beigelegt. Im Tauziehen zwischen
Staufern und Welfen – *Ghibellini* und *Guelfi* im italienischen
Sprachgebrauch – ergriff die Kurie Partei für die letzteren. Die
staufischen Kaiser schlugen zurück, indem sie die Päpste aus Rom
vertrieben und durch willfährige Gegenpäpste ersetzten. Alexander III. (1159–81) mußte sich mit nicht weniger als vier Gegen-
päpsten auseinandersetzen; den größten Teil seines Pontifikats

verbrachte er als Flüchtling in Unteritalien und im französischen Sens.

Vor diesem Hintergrund entfaltete sich in England das weltgeschichtliche Drama, das am 29. Dezember 1170 mit der Ermordung des Primas Thomas Becket endete. Seit der Eroberung Englands durch die Normannen im Jahre 1066 hatten die Könige mit Kirchenämtern und Kirchengut nach Belieben geschaltet. Sie verweigerten dem Papst den Lehnseid und setzten alles daran, den Einfluß der Kurie auf den Erzbischof von Canterbury möglichst gering zu halten. Die Erzbischöfe hatten die Wahl, sich dem königlichen Willen zu beugen oder ein Zerwürfnis mit ihrem Landesherrn zu riskieren. Lanfranc (1070–89), der von Wilhelm dem Eroberer eingesetzte Reorganisator der englischen Kirche, entschied sich für die weiche Linie. Anselm (1093–1109) weigerte sich, von Heinrich I. Ring und Stab entgegenzunehmen, und bezahlte seinen Widerstand mit einem vierjährigen Exil. Der Kompromiß, der 1107 gefunden wurde, liest sich wie ein Entwurf zum Wormser Konkordat: Der König verzichtete auf die Investitur der Bischöfe und Äbte mit Ring und Stab. Die freie kanonische Wahl konnte die Kirche zwar nicht durchsetzen; doch willigte Heinrich ein, die Kapitel vor der Ernennung anzuhören. Auch die Versuche der Kirche, die Geistlichen zum Zölibat anzuhalten, versprach er zu unterstützen – kein geringes Zugeständnis für einen Mann, der selbst neunzehn uneheliche Kinder in die Welt setzte.

Mit Heinrich II. kam in England das Haus Anjou-Plantagenet auf den Thron. Wie der Name anzeigt, lagen die Ursprünge der Familie in Frankreich: Heinrich wurde 1133 in Le Mans geboren, lernte früher Französisch als Englisch und fühlte sich auf dem Kontinent stets mehr zu Hause als auf der halbzivilisierten Insel, deren König er war. Seine Ehe mit Eleonore von Aquitanien (1152) machte ihn zum größten Grundherrn in Frankreich, auch wenn er formal Lehnsmann des französischen Königs war. Heinrichs Regierungszeit (1154–89) deckt sich fast genau mit der des Kaisers Friedrich Barbarossa (1152–90), dem er in mehr als einer Hinsicht nachzueifern suchte. Nicht zuletzt imponierte ihm, wie der Kaiser die leidige Kluft zwischen weltlicher und geistlicher Gewalt geschlossen hatte: Er setzte die Ernennung seines Reichskanzlers Rainald von Dassel zum Erzbischof von Köln durch und kontrollierte auf diese Weise auch den widerspenstigen Episkopat.

Als Theobald, der Erzbischof von Canterbury, 1161 starb, ignorierte Heinrich die beiden aussichtsreichsten Bewerber für die Nachfolge, die Bischöfe Roger von York und Gilbert von Hereford (später London), und sorgte dafür, daß statt dessen sein Kanzler Thomas Becket gewählt wurde. Becket war mehr als nur der Kanzler des Königs: Er war sein väterlicher Freund und der Erzieher seines Sohnes. Für die homosexuelle Komponente, die Jean Anouilh (»Becket oder die Ehre Gottes«) der Freundschaft nachsagt, findet sich in den Quellen kein Beleg. (Wahr ist allerdings, daß Becket, obgleich er nur die niederen Weihen erhalten hatte, unverheiratet blieb.) Auch Beckets sarazenische Mutter und der Nationalitätenstreit zwischen Normannen und Sachsen, der hinter dem kirchenrechtlichen Konflikt gestanden haben soll, sind dichterische Zutaten eines Zeitalters, das nationale Fragen wichtiger nahm, als es das Mittelalter tat.

Als Kanzler hatte Becket zu den glanzvollsten Höflingen gehört. Seine Prunkliebe und Freigebigkeit waren im ganzen Land berühmt. Obwohl er seine Laufbahn als Diakon von Erzbischof Theobald begonnen hatte, war er ein durch und durch weltlicher Herr. Heinrich hatte also guten Grund anzunehmen, daß ihm der Erzbischof Thomas mit der gleichen Ergebenheit dienen werde wie der Erzbischof Rainald dem Kaiser. Zwar warnte ihn Becket vor dem drohenden Interessenkonflikt. Aber Heinrich nahm die Warnung nicht ernst.

Um so größer war seine Überraschung, als sich der soeben konsekrierte Erzbischof von allen weltlichen Pflichten entbinden ließ. Als Heinrich in ihn drang, weiter die Geschäfte des Kanzlers auszuüben, entschuldigte sich Thomas mit Überarbeitung. Der von ihm angedrohte Konflikt ließ nicht lange auf sich warten. Neben Steuerfragen und der Rückgabe von Kirchengut ging es vor allem um die Strafgerichtsbarkeit für Geistliche. Heinrich, ein bedeutender Gesetzgeber, dem nicht zuletzt die Zentralisierung der Justiz am Herzen lag, wollte auch Geistliche durch königliche Gerichte, aburteilen lassen. Thomas dagegen bestand auf der Zuständigkeit geistlicher Gerichte. Hinter dieser scheinbar zweitrangigen Frage stand der sich anbahnende Gegensatz zwischen *Common law* und *Civil law*, dem nationalen Gewohnheitsrecht und dem internationalen römischen Recht – ein Gegensatz, der die angelsächsischen Staaten und die Staaten des europäischen

Kontinents bis heute trennt. Der Widerwille vieler britischer Konservativer gegen die Gesetzgebung der Europäischen Kommission hat hier seine Wurzel.

Im Januar 1164 lud Heinrich Bischöfe und weltliche Magnaten zu einer Konferenz auf sein Jagdschloß Clarendon bei Salisbury ein, die das umstrittene Gewohnheitsrecht kodifizieren sollte. Das Ergebnis dieser Konferenz, die Konstitutionen von Clarendon, war ein Triumph für den König. Zu der heißumstrittenen Frage der Strafgerichtsbarkeit für Geistliche bestimmte die dritte Konstitution, daß die Verhandlung zwar vor einem geistlichen Gericht stattfinden solle, jedoch im Beisein königlicher Beobachter; wurde der Angeklagte für schuldig befunden, so hatte ihn das geistliche Gericht zur Bestrafung an ein königliches zu überweisen. Thomas stimmte den Konventionen zunächst zu, betrachtete aber sein Zugeständnis – wie weiland Paschalis – als erzwungen (*per vim et metum extorta*) und weigerte sich, das Dokument zu siegeln. Als Heinrich den Papst anrief, verwarf dieser zehn der sechzehn Konstitutionen, darunter die wichtigsten; nur sechs wollte er »tolerieren«.

Außer sich vor Zorn, versuchte Heinrich, seinen alten Freund durch finanzielle Forderungen und Drohungen mit physischer Gewalt gefügig zu machen. Solche Drohungen waren durchaus ernst zu nehmen: Heinrich I. hatte alle Münzmeister des Landes zu einer Weihnachtsfeier nach Winchester geladen; dort angekommen, wurden die völlig Überraschten wegen Ausgabe schlechter Münzen kastriert. Als Thomas daher im Oktober 1164 nach Northampton bestellt und, während Gerüchte von seiner bevorstehenden Einkerkerung oder Entmannung die Runde machten, wegen »Hochverrats« verurteilt wurde, hatte er allen Grund, für sein Leben zu fürchten. Er floh nach Frankreich und stellte sich unter den Schutz von König Ludwig VII. Sechs Jahre dauerte sein Exil auf dem Festland. Die beiden ersten Jahre verbrachte er bei den Zisterziensern von Pontigny, die vier letzten in Sens, wo bis vor kurzem noch der aus Rom verjagte Papst residiert hatte.

Auf die Unterstützung des Papstes konnte Thomas nur bedingt rechnen. Alexander III. hatte keinerlei Interesse daran, sich neben dem Kaiser auch den König von England zum Feind zu machen. Auch das Verhältnis Ludwigs VII. zu seinem mächtigsten Lehnsmann, der ihn zu beerben hoffte, war prekär. Papst und König drängten den Primas, sich mit seinem Landesherrn zu arrangieren. Aber alle Vermittlungsversuche scheiterten. Auch persönliche Aussprachen der beiden alten Freunde führten zu keiner Annäherung. Im April 1166 exkommunizierte Thomas seine Gegner und löste die englische Geistlichkeit von der Pflicht, die Konstitutionen von Clarendon zu beachten. Zum Schauplatz dieses hochdramatischen Aktes wählte er die Basilika von Vézelay, in der zwanzig Jahre zuvor Bernhard von Clairvaux zum zweiten Kreuzzug aufgerufen hatte. Auf Heinrichs Protest widerrief der Papst die Exkommunikation und entzog Thomas vorübergehend das Bannrecht. Der nächste Höhepunkt des sechsjährigen Ringens war die Krönung des englischen Thronfolgers im Juni 1170: Obwohl der Papst das Krönungsprivileg des Erzbischofs von Canterbury ausdrücklich bekräftigt hatte, war es Beckets alter Widersacher, Bischof Roger von York, der die Krönung vollzog.

Einen Monat später, am 22. Juli 1170, trafen Heinrich und Thomas in Fréteval bei Orléans zusammen und schlossen überraschend Frieden. Der König gestattete seinem Primas die Rückkehr »mit allen Rechten und Besitzungen, die er hatte, als er Erzbischof wurde«. Über den eigentlichen Grund ihres Streits, die Konstitutionen von Clarendon, sprachen sie nicht. Über die Krönung des Thronfolgers kam es zu einem fatalen Mißverständnis: Thomas war entschlossen, seine Gegenspieler, die dem päpstlichen Verbot getrotzt hatten, zu züchtigen, und glaubte sich der Zustimmung des Königs sicher. Hierin hatte er sich getäuscht.

Am 1. Dezember 1170 betrat Thomas in Sandwich wieder englischen Boden. Eine jubilierende Menge erwartete ihn. Es warteten aber auch einige Ritter, denen Ländereien des verbannten Erzbischofs zugefallen waren. Sie waren entschlossen, Rückforderungen vorzubeugen. Nur die Anwesenheit königlicher Emissäre verhinderte, daß es schon damals zu einem Blutbad kam. Kaum in Canterbury eingetroffen, exkommunizierte Thomas die Bischöfe Gilbert von London und Jocelin von Salisbury; Roger von York wurde seines Amtes enthoben. Die Bischöfe beschwerten sich beim König, der in der Normandie Weihnachten feierte. Sie beschrieben den gewaltigen Zulauf, den der zurückgekehrte Primas beim Volk fand, und prophezeiten, Thomas werde keine Ruhe geben, bis die Krönung des Thronfolgers annulliert sei. Heinrich bekam einen seiner gefürchteten Wutanfälle. »Was für

Ursprünglich hatten die Mörder Thomas Beckets wohl die Absicht gehabt, ihn zu entführen, statt ihn zu töten. Aber Becket war zum Martyrium entschlossen, und so starb er nach einem Handgemenge durch das Schwert königstreuer Ritter. Nach einem Siegel des 14. Jahrhunderts.

elende Feiglinge und Verräter habe ich in meinem Haushalt großgezogen«, schrie er, »daß sie ihren Herrn von einem kleinen Angestellten so schamlos beleidigen lassen!«

Vier Barone glaubten begriffen zu haben, was der König meinte. Reginald FitzUrse, Hugh de Moreville, Richard Brito und William de Tracy brachen in aller Stille nach Canterbury auf. Am 29. Dezember drangen sie in das Schlafzimmer des Erzbischofs ein. Sie beschuldigten ihn, den Frieden gebrochen zu haben, und forderten ihn auf, das Land zu verlassen. Da er sich kühl weigerte, kündigten sie an, sie würden bewaffnet zurückkommen. Die verängstigten Mönche zerrten den widerstrebenden Primas in die Kathedrale, wo er sein Schicksal vor einem Pfeiler im linken Seitenschiff erwartete. Das Gerangel, das seinem Tod vorausging, läßt die Deutung zu, daß ihn die vier Mörder – denen sich inzwischen ein fünfter, der Kaplan Hugh Mauclerc, beigesellt hatte – ursprünglich nicht töten, sondern entführen wollten. Aber Thomas war zum Martyrium entschlossen. Ihm wurde zuteil, wonach er sich schon so lange gesehnt hatte.

Der Mord erfüllte ganz Europa mit Entsetzen. König Heinrich verstand, daß nur eine große Geste geeignet war, ihn vom Verdacht der Mittäterschaft zu reinigen. In einer feierlichen Zeremonie distanzierte er sich von der Untat, widerrief die »gottlosen Statuten von Clarendon« und gelobte, zweihundert Ritter ins Heilige Land zu entsenden. Barfuß und im Büßergewand pilgerte er zu Fuß nach Canterbury, küßte den Stein, auf dem Thomas den Geist aufgegeben hatte, weinte und betete am Grabe des Märtyrers und ließ sich von den Bischöfen und jedem der achtzig Mönche mit Ruten geißeln. Seine Politik änderte er freilich nicht. Trotz des Widerrufs blieben die Konstitutionen von Clarendon faktisch in Kraft. Beckets Mörder wurden nicht vor Gericht gestellt, sondern lebten unbehelligt weiter am Hof.

Zwei Tage nach dem Mord betete die blinde Frau eines Ritters aus Sussex zum »heiligen Thomas« und erhielt prompt ihr Augenlicht zurück. Auf dem Mordstein häuften sich die Wunder: Kleinste Partikel des getrockneten Blutes genügten, um Epileptiker, Besessene, Aussätzige und Wassersüchtige zu heilen. Sogar eine tote Kuh wurde nach Anrufung des Märtyrers wieder lebendig. Als der Papst Thomas Becket im März 1173 unter die Kirchenheiligen erhob, bestätigte er nur, was im Volksglauben längst verwurzelt war. Der Wallfahrtsort Canterbury stellte sogar Rom und Santiago de Compostela in den Schatten. Seinen Ruhm verdankte er nicht zuletzt dem als Medizin gegen alle möglichen Krankheiten heißbegehrten »Sankt-Thomas-Wasser«. Kathedrale und Kloster gehörten zu den wohlhabendsten Europas. Der Küchenmeister beschäftigte nicht weniger als 38 Gehilfen, darunter einen *potagiarius*, einen Spezialkoch für Gemüse und Gewürze.

Heinrich VIII. machte dem Kult ein Ende. Er ließ den Schrein zerstören und die Gebeine des Märtyrers an unbekannter Stelle verscharren. Die kostbaren Votivgeschenke wurden der königlichen Schatzkammer einverleibt. Der Tudor-König hatte gut begriffen, daß Thomas Becket für eine Unabhängigkeit der Kirche stand, die auch er bekämpfte. Vier Jahre zuvor, am 3. November 1534, hatte er sich selbst zum Oberhaupt der englischen Kirche ernannt. Auch dieser Schritt ging nicht ohne Blutvergießen ab: Lordkanzler Thomas More, der die Staatskirche ablehnte, wurde zum Tode verurteilt und enthauptet.

Aber auch die Krone zahlte einen hohen Preis: Um von Beckets Ermordung abzulenken, ließ sich Heinrich II. auf ein Abenteuer ein, von dem sich England bis heute nicht erholt hat: Er eroberte Irland.

Jesus in meinem Herzen:
Heinrich IV.

Am 14. Mai 1610, einem Freitag, tagte das Pariser Parlament nicht wie sonst im Justizpalast auf der Ile de la Cité, sondern in der Augustinerabtei am Quai des Augustins. Es war üblich, daß das Parlament seinen angestammten Sitz verließ, wenn es eine aus dem Rahmen fallende Zeremonie vorbereitete. Diesmal ging es um den feierlichen Empfang der Königin am darauffolgenden Sonntag. Heinrich IV., der einen Feldzug an den Niederrhein vorbereitete, hatte seine Gattin Maria für die Dauer seiner Abwesenheit als Statthalterin eingesetzt.

Der König selbst war an diesem Tage ungewöhnlich nervös. Am Vormittag besuchte er die Messe bei den Feuillants. Gegen drei Uhr ließ er anspannen, um sich mit seinem Finanzminister und vertrauten Freund Sully im Arsenal zu treffen. Sully war unpäßlich und konnte daher nicht in den Louvre kommen. Sieben Herren begleiteten den König, die Herzöge von Épernon und Montbazon, die Marschälle La Force, Lavardin und Roquelaure, der Marquis de Mirebeau und sein Stallmeister Liancourt. Seine Leibwache hatte der König weggeschickt. Wegen des schönen Wetters hatte er die ledernen Vorhänge seiner Kutsche zurückgezogen.

In der Rue de la Ferronnerie wurde die königliche Karosse von einem Fuhrwerk, das Weinfässer geladen hatte, blockiert. Der König, der seine Brille vergessen hatte, ließ sich vom Herzog von Épernon gerade einen Brief vorlesen, als ein Mann auf das rechte Hinterrad sprang und mit einem großen Tranchiermesser zweimal auf ihn einstach. Einer der beiden Stiche traf seine Hauptschlagader. Der König verlor sofort das Bewußtsein. Noch bevor man in hastig angeordneter Rückkehr den Louvre erreichte, war er tot.

Der Täter ließ sich ohne Widerstand festnehmen. Nur mit Mühe gelang es den Herren, ihn vor der Volkswut zu schützen. Es stellte sich heraus, daß er François Ravaillac hieß, 32 Jahre alt war und sich in Angoulême kümmerlich als Lehrer durchschlug. Eine Zeitlang hatte er als Laienbruder die Kutte der Feuillants getragen. Doch hatte ihn der Orden wegen seiner beunruhigenden Visionen nach wenigen Wochen wieder ausgestoßen. Ein Versuch, bei den Jesuiten unterzukommen, blieb erfolglos. Das Mordmesser hatte er am Vormittag in der Herberge »Zu den fünf Halbmonden« gestohlen. Als Motiv für seine Tat gab Ravaillac an, eine himmlische Stimme habe ihm befohlen, den König umzubringen, da er es versäumt habe, die Hugenotten zum wahren Glauben zu bekehren. Im Vorjahr sei er zweimal – einmal zu Pfingsten, das zweite Mal zu Weihnachten – nach Paris gekommen, um den König an seine Pflicht zu erinnern; aber man habe ihn nicht vorgelassen. Als er obendrein gehört habe, daß der kommende Feldzug dem Papst gelte und daß der Heilige Vater gezwungen werden solle, seinen Sitz nach Paris zu verlegen, habe er beschlossen, den König zu töten, »denn der Papst und Gott sind doch dasselbe«. Bei der Unterzeichnung des Vernehmungsprotokolls setzte Ravaillac unter seinen Namen den Vers:

Que toujours dans mon coeur
Jésus seul soit vainqueur.
(Möge Jesus in meinem Herzen stets Sieger sein.)

Ravaillac leugnete entschieden, Anstifter oder Mitwisser gehabt zu haben. Da er auch unter der Folter bei seiner Aussage blieb, berieten die Richter, ob man es nicht mit dem noch schmerzhafteren »Genfer Verfahren« versuchen solle. Der Vorschlag wurde schließlich mit der Begründung verworfen, es sei unchristlich, die Errungenschaften calvinistischer Ketzer zu übernehmen.

Der Verdacht, Ravaillac sei nur ein Werkzeug von Hintermännern gewesen, kam nicht von ungefähr. Das Attentat war keineswegs das erste, das auf Heinrich IV. verübt wurde. Schon vorher war er mindestens ein dutzendmal das Ziel von Mordanschlägen gewesen. Im August 1593 wurde Pierre Barrière, ein Fährmann aus Orléans, in Melun verhaftet, nachdem sein Plan, den König umzubringen, verraten worden war. Ende Dezember 1594 attackierte der Rechtsstudent Jean Chastel (oder Chatel) den König, als er seine Geliebte, die schöne und geistreiche Gabrielle

Heinrich IV. war auf dem Weg zu seinem Finanzminister, als sein Mörder auf das Hinterrad der königlichen Kutsche sprang und mit einem Tranchiermesser auf sein Opfer einstach. Noch bevor man den Louvre erreichte, war der König tot. Als Motiv für seine Tat gab der Attentäter an, eine himmlische Stimme habe ihm befohlen, den König umzubringen, da er es versäumt habe, die Hugenotten zum wahren Glauben zu bekehren. Zeitgenössischer Kupferstich von Johann Hogenberg.

d'Estrées, im Hôtel de Schomburg unweit des Louvre besuchte. Er brachte ihm einen Schnitt in der Lippe bei und schlug ihm einen Zahn aus. Der flämische Dominikaner Ridicauwe, auch Bruder Charles d'Avesne genannt, war sogar dreimal in Mordkomplotte gegen den König verwickelt.

Ravaillac, obwohl sicherlich ein pathologischer Fall, war ein Kind seiner Zeit. Der Streit zwischen Altgläubigen und Reformierten hatte die Sitten verroht. Die Beseitigung des religiösen Gegners galt vielen nicht als Verbrechen, sondern als gottgefällige Tat. Die Zahl der Attentate schnellte in Höhen, die erst das 19. Jahrhundert wieder erreichte. In Frankreich erreichte das Morden mit der »Bartholomäusnacht« einen schauerlichen Höhepunkt: Am 24. August 1572 gaben die Glocken der Hofkirche St. Germain l'Auxerrois das Signal zu einer Metzelei, der fast die gesamte hugenottische Oberschicht zum Opfer fiel. Heinrich IV., damals noch »Zaunkönig« von Navarra, entging dem gleichen

Schicksal nur dadurch, daß er schleunigst eine Messe besuchte. Am 23. Dezember 1588 wurde der Führer der katholischen Liga, der Herzog von Guise, erstochen. Hinter dem Anschlag stand kein anderer als König Heinrich III., der ein Jahr später selbst dem Mordanschlag eines fanatischen Dominikanermönchs erlag.

Der religiöse Fanatismus tobte nicht nur in Frankreich. Im Juli 1584 wurde Wilhelm von Oranien, der Führer des Aufstands der Niederlande gegen die spanische Rekatholisierungspolitik, in Delft erschossen. Philipp II. belohnte die Eltern des Täters, eines Burgunders namens Balthazar Gérard, mit Gütern und der Erhebung in den Adelsstand. Die Kurie feierte den Mord mit einem Tedeum. Zwei Jahre später wurde in London Anthony Babington hingerichtet. Er stand an der Spitze eines Mordkomplotts, das Königin Elisabeth beseitigen und die gefangene Maria Stuart auf den englischen Thron setzen wollte.

Ein noch gefährlicherer Anschlag wurde in letzter Minute vereitelt: Die »Pulververschwörung« hatte sich zum Ziel gesetzt, das Oberhaus mitsamt der königlichen Familie in die Luft zu jagen. Es war den – auch diesmal wieder durchweg katholischen – Verschwörern gelungen, mehr als zwanzig Fässer mit Sprengpulver in den Keller des Parlaments zu schmuggeln. Die Ladung sollte am 5. November 1605, dem Tag der zeremoniellen Eröffnung des Oberhauses, hochgehen. Nur der familiären Sorge eines der Verschwörer für seinen Schwager war es zu danken, daß nicht das Parlament, sondern das Komplott aufflog: Am 26. Oktober erhielt Lord Monteagle einen anonymen Brief, der ihn vor einem »schrecklichen Schlag« warnte und ihm riet, der Eröffnung fernzubleiben. Die von Monteagle alarmierten Minister ließen sich bis zum 4. November Zeit, den Keller zu durchsuchen, wurden dann aber rasch fündig. Vier der Verschwörer wurden erschossen, als sie bei der Verhaftung Widerstand leisteten. Einer starb im Gefängnis. Die übrigen neun wurden hingerichtet. Noch heute wird der 5. November – nach dem Hauptverschwörer »Guy Fawkes Day« genannt – in ganz England mit Umzügen und Feuerwerken gefeiert.

Auch bei Heinrich IV. gab es genügend Gründe, die ihn den Katholiken suspekt machten. Zwar war er, der protestantisch Aufgewachsene, mit dem berühmten, aber wahrscheinlich apokryphen Ausspruch »Paris ist eine Messe wert« im Juli 1593 zum zweitenmal Katholik geworden. Aber er ließ keinen Zweifel daran, daß es ihm mit dem Christentum nicht sonderlich ernst war und daß er den Konflikt des Jahrhunderts mehr unter politischen als unter religiösen Gesichtspunkten betrachtete. Im Edikt von Nantes (1598) machte er den Bekennern der »angeblich reformierten Religion« *(de la religion prétendue réformée)* weitreichende Zugeständnisse: Außer in Paris und an Bischofssitzen durften die Hugenotten ihren Gottesdienst im ganzen Land frei ausüben. Sie behielten ihre selbständige Gerichtsbarkeit und ihre festen Plätze und wurden zu allen öffentlichen Ämtern zugelassen. Sully, nach dem König der mächtigste Mann im Staat, blieb, wie jedermann wußte, zeitlebens dem protestantischen Glauben treu.

Auch in der Außenpolitik dachte Heinrich IV. nicht daran, seine Verbündeten, die holländischen Protestanten, im Stich zu lassen. Katholisch oder nicht – Spanien blieb für ihn der Gegner. Als sich die in die Enge getriebenen Generalstaaten 1607 auf Verhandlungen mit Madrid einließen, schloß er mit ihnen eine förmliche Allianz und ermunterte sie, den Kampf fortzusetzen. Madrid versuchte, Paris durch einen dynastischen Köder auf seine Seite zu ziehen: Eine Tochter Heinrichs IV. sollte den zweitgeborenen Sohn Philipps III. heiraten und gemeinsam mit ihm die »gehorsamen Provinzen« verwalten. Als der spanische Sondergesandte Pedro del Toledo im Juli 1608 mit einem Gefolge von mehr als hundert Personen in Fontainebleau eintraf, um den Pakt zu besiegeln, distanzierte sich Heinrich von den Heiratsplänen und beschuldigte die Spanier, ihn durch Drohungen einschüchtern zu wollen. Tief beleidigt reiste die Gesandtschaft wieder ab.

Im April 1609 kam es dann doch zwischen Spanien und den Generalstaaten zu einem zwölfjährigen Waffenstillstand. Justament in diesem Augenblick brach der Erbfolgestreit aus, der Heinrich IV. zu seinem letzten Feldzug inspirierte. Im März 1609 starb der kinderlose Herzog von Jülich, Berg und Kleve. Auf das Erbe erhoben Sachsen, Brandenburg und zwei pfälzische Linien Anspruch – Sachsen wegen einer alten Zusage des Kaisers, die übrigen, weil sie mit den Schwestern des Verstorbenen verwandt waren. Als spanische Truppen in die umstrittenen Herzogtümer vorrückten, um sie im Namen Sachsens zu »sequestrieren«, verbündete sich Heinrich IV. mit den anderen Prätendenten. Eine Stärkung der spanischen Macht am Niederrhein war das allerletzte, was er wünschte. Daß sich die »Allerchristlichste Majestät« wieder einmal auf die Seite protestantischer Fürsten schlug, war den frommen Katholiken ein Ärgernis. Für Ravaillac war es das Signal zum Losschlagen.

Obgleich Ravaillac allein gehandelt hatte, ergingen sich die Zeitgenossen in Vermutungen über die Hintermänner des Attentats. Der Verdacht richtete sich vor allem gegen die Jesuiten. Dies kam nicht von ungefähr, war aber ungerecht. Die Einstellung der Jesuiten zum Tyrannenmord unterschied sich nicht grundsätzlich von der anderer katholischer Orden. Wahr ist allerdings, daß sich die Haltung der Kirche insgesamt seit dem Mittelalter radikalisiert hatte.

Im Juli 1415 hatte das Konstanzer Konzil – ebenjenes, das Jan Hus zum Feuertod verurteilte – den Tyrannenmord durch Privatleute verboten. Die Entscheidung machte einer jahrhundertelangen theologischen Debatte ein Ende, in der zwischen Herrschern, die auf unrechtmäßige Weise zur Macht gekommen sind, und solchen, die ihre Macht auf unrechtmäßige Weise ausüben, feinsinnig unterschieden wurde. Anlaß für das Verfahren war die Ermordung des Herzogs von Orléans im Auftrag seines Vetters, des Burgunder-Herzogs Johann Ohnefurcht. Der königliche Rat hatte Johann mit der frommen Witwe Judith verglichen, die den Unterdrücker Holofernes enthauptete, und freigesprochen. Nach der Vertreibung der Burgunder aus Paris griff der berühmte Kanzler der Universität, Jean Gerson, den Fall wieder auf. Er berief eine Gelehrtenversamlung ein, die die theologische Rechtfertigung des Freispruchs als häretisch verwarf. Als Johann an die Kurie appellierte, stellte sich das Konstanzer Konzil auf Gersons Seite.

Das 16. Jahrhundert sah die Sache in einem anderen Licht. Dies war nicht zuletzt den Humanisten zuzuschreiben, die die antiken Verherrlicher des Tyrannenmords eifrig ausgruben. Im Februar 1560 wurde in Paris eine Tragödie »César« aufgeführt, die die Frage, ob die Täter zu loben oder zu tadeln seien, verdächtig in der Schwebe ließ. Der Verfasser, Jacques Grévin, ein Hugenotte, beendete sein Leben im Exil. Katholische Autoren erwärmten sich für das Thema, nachdem der Herzog von Anjou, der jüngere Bruder Heinrichs III., 1584 gestorben und der Protestant Heinrich von Navarra zum Thronfolger aufgerückt war. In der weitverbreiteten Flugschrift »Apologie pour Jean Chastel« (1595) verteidigte

Jean Boucher, ein Priester an der Kirche St. Benoît, den Mordanschlag auf den König mit der Begründung, ein Ketzer auf dem Thron sei vogelfrei; die Ehre Gottes gehe dem biblischen Tötungsverbot vor.

Noch größeres Aufsehen erregte das Buch des spanischen Jesuiten Juan Mariana »De rege et regis institutione«, das 1598 mit dem Imprimatur des Provinzoberen erschien und mehrere Auflagen erlebte. Mariana erklärte den Tyrannenmord, dem er ein ganzes Kapitel widmete, für legitim und wählte als nachahmenswertes Beispiel Jacques Clément, den Mörder Heinrichs III.: »Es ist ein heilsamer Gedanke, daß der Fürst weiß, was ihm bevorsteht, wenn er sein Volk unterdrückt.« In einem anderen Kapitel erörterte Mariana die Frage, ob es erlaubt sei, den Tyrannen zu vergiften, und bejahte auch diese Methode. Nach der Ermordung Heinrichs IV. beeilte sich der Ordensgeneral Claudio Aquaviva, die anstößigen Stellen aus dem Buch entfernen zu lassen und die Billigung des Tyrannenmordes durch Angehörige des Ordens unter strenge Strafe zu stellen. Aber es war zu spät. Das Pariser Parlament schrieb Ravaillacs Attentat ausdrücklich der »Lehre der Jesuiten« zu und ließ Marianas Werk öffentlich vom Henker verbrennen. Da auch an der Pulververschwörung zwei Jesuiten jedenfalls insoweit beteiligt waren, als sie von dem geplanten Anschlag in der Beichte erfahren hatten, setzte sich die Ansicht fest, die Gesellschaft Jesu kenne bei der Ausbreitung des wahren Glaubens keine Skrupel. Ein böhmisches Pamphlet attackierte sie als »diese blutdürstigen, in aller Welt billig als *turbatores publicae pacis* verhaßten und mehr als zuviel durch ihre eingesetzten Mordklauen wohlbekannten Lärmbläser«.

Das Pariser Parlament verkündete sein Urteil am 27. Mai. Ravaillac mußte es auf den Knien anhören. Der erste Teil der Strafe bestand in einer öffentlichen Wiederholung seines Geständnisses vor dem Hauptportal von Notre-Dame. Danach folgte auf dem Grève-Platz – der heutigen Place de l'Hôtel de Ville – noch einmal eine ausgiebige Tortur: »Brustwarzen, Arme, Schenkel und Waden sind mit Zangen zu kneifen; die Hand, die das Messer führte und den Vatermord beging, ist mit Schwefelfeuer zu verbrennen; die Stellen, wo er gezwickt wurde, sind mit geschmolzenem Blei zu beträufeln, desgleichen mit kochendem Öl und brennendem Pech.« Den Abschluß bildete die Vierteilung des Mör-

Die vier Pferde hatten Mühe, den Mörder Heinrichs IV. zu zerreißen. Erst als der Henker mit dem Hackmesser nachhalf, lösten sich die Glieder vom Rumpf. Zeitgenössischer Kupferstich von Johann Hogenberg.

ders. Außerdem verfügte das Urteil, daß sein Geburtshaus dem Erdboden gleichgemacht werde; seine Eltern hatten Frankreich zu verlassen und die ganze Familie einen neuen Namen anzunehmen.

Die Exekution verlief nicht in allen Punkten nach Plan. Da man befürchtete, daß das Volk den Verurteilten lynchen werde, sah man davon ab, ihn, wie es das Herkommen gebot, auf den Richtplatz zu schleifen. Als die Priester das »Salve, Regina« anstimmten, wurden sie durch unwillige Rufe unterbrochen: »Kein Gebet für den Verdammten! Zur Hölle mit dem Judas!« Die vier Pferde hatten Mühe, Ravaillac, der noch immer bei Bewußtsein war, zu zerreißen. Erst als der Henker mit dem Hackmesser nachhalf, lösten sich die Glieder vom Rumpf.

Zwanzig Jahre später stand Frankreich wieder mit den deutschen Protestanten im Bunde. Diesmal freilich war es kein oberflächlich getaufter Ketzerkönig, der die französische Politik leitete, sondern ein Prälat der römischen Kirche – Kardinal Richelieu. Das Zeitalter der Religionskriege neigte sich dem Ende zu; das Zeitalter der Staatsräson kündigte sich an.

Dank vom Haus Östreich:
Albrecht Wenzel Eusebius von Wallenstein

Am 23. Mai 1618 – fast auf den Tag genau acht Jahre nach der Ermordung Heinrichs IV. – war es auch in Deutschland mit dem Religionsfrieden vorbei. Der Prager Fenstersturz leitete den Dreißigjährigen Krieg ein. Daß ein lokaler Streit zwischen den böhmischen Ständen und dem kaiserlichen Erzhaus in den fürchterlichsten Bürgerkrieg der deutschen Geschichte ausartete, hatte nicht zuletzt mit der Person des Kaisers zu tun. Ferdinand II. (1619–37) war ein beschränkter, bigotter Mann, dem vor allem die Verteidigung des »wahren«, d.h. des katholischen Glaubens am Herzen lag. Jeden Tag besuchte er zweimal die Messe; seine Lieblingslektüre waren Heiligenlegenden und Märtyrergeschichten.

So unbeirrbar er an seinem Kinderglauben festhielt, so beeinflußbar war er in politischen Fragen. Wichtige Entscheidungen machte er von theologischen Gutachten abhängig. Ließ das Gutachten auch nur den geringsten Zweifel daran, daß der Entschluß mit der Ehre Gottes und dem Wohl der Kirche vereinbar sei, wurde er umgestoßen. Graue Eminenz am Hof war der luxemburgische Jesuitenpater Lamormain – von den Wienern, die den französischen Nasal nicht aussprechen konnten, Lemmermann genannt. Zunächst Professor der Theologie in Graz, später Rektor des Jesuitenkollegs in Wien, wurde er 1624 zum Beichtvater des Kaisers berufen. Wer vom Kaiser eine Entscheidung erwartete, tat gut daran, sich zuvor der Zustimmung des Beichtigers zu versichern.

In den ersten zwölf Jahren des Krieges hatte die kaiserliche Politik bedeutende Erfolge zu verzeichnen: Der aufsässige böhmische Adel wurde gezüchtigt, der aus der Pfalz herbeigerufene »Winterkönig« floh nach Holland, und mit ihm verließen 150 000 böhmische Protestanten ihre Heimat. Die pfälzische Kurwürde fiel an das Haupt der katholischen Liga, Maximilian von Bayern. Der

Dänenkönig Christian IV. versuchte das Schicksal der Protestanten zu wenden, mußte sich aber, mehrfach geschlagen, 1629 wieder aus Deutschland zurückziehen. Im gleichen Jahr erließ der Kaiser das Restitutionsedikt, in dem die Protestanten genötigt wurden, die seit dem Augsburger Religionsfrieden (1555) eingezogenen geistlichen Güter – zwei Erzbistümer, zwölf Bistümer und zahllose Klöster und Stifte – wieder herauszugeben. Zwar wurde den Bekennern der Augsburger Konfession erlaubt, ihre Religion weiter auszuüben; aber alle anderen »Sekten«, darunter auch die Reformierten, wurden verboten. Wäre das Edikt in die Tat umgesetzt worden, hätte es die politischen Verhältnisse im Reich von Grund auf geändert.

Die Machtstellung, die diesen verwegenen Schritt ermöglichte, verdankte Ferdinand einem Mann, der als »Capo über alles kaiserliches Volke« entscheidend zum Sieg der katholischen Sache beigetragen hatte. Der Böhme Albrecht Wenzel Eusebius von Wallenstein – ein weitläufiger Verwandter des Musikfreundes, dem Beethoven später die »Waldstein-Sonate« widmete – hatte, als seine Landsleute 1618 gegen Wien rebellierten, mit scharfem Blick die Aussichtslosigkeit des Unternehmens erkannt und sich auf die Seite des Kaisers geschlagen. Die Belohnung ließ nicht auf sich warten: Durch die Ehe mit einer sehr viel älteren, aber überaus begüterten Frau schon steinreich, machten ihn Dotationen des Kaisers und Angstverkäufe protestantischer Flüchtlinge zum größten Grundherrn Böhmens. In Gitschin (heute Jičín) residierte der Kriegsgewinnler wie ein Fürst – ein Lebensstil, den der Kaiser 1624 durch die Erhebung zum »Herzog von Friedland« legitimierte.

Als im Jahr darauf die dänische Intervention den Kaiser in neue Bedrängnis brachte, erbot sich Wallenstein, wie es im 14. und 15. Jahrhundert die italienischen Condottieri getan hatten, ein Söldnerheer auszuheben und auf eigene Kosten zu bewaffnen und zu unterhalten. Als Gegenleistung forderte und erhielt er die uneingeschränkte Vollmacht, das Heer aus dem Lande selbst zu ernähren, wobei er zwischen Freund und Feind nicht unterschied. Da sich Fürsten und Städte durch Kontributionen von der Einquartierung freikaufen konnten, waren die Soldaten immer gut bei Kasse, und ihr Generalissimus machte noch ein Geschäft dabei. Aber auch Ferdinand kam auf seine Kosten: Der Dänenkönig wurde aus Deutschland vertrieben und die Macht Habsburgs bis zur Ostsee ausgedehnt. Zum Dank erhielt Wallenstein auch die Herzogtümer Mecklenburg und Sagan.

Nur die katholischen Fürsten, allen voran Maximilian von Bayern, verfolgten den Aufstieg des kaiserlichen Favoriten mit scheelem Blick. Bei der ersten sich bietenden Gelegenheit, dem Kurfürstentag von Regensburg (1630), setzten sie durch, daß der Mohr, der seine Schuldigkeit getan hatte, gehen mußte. Da Ferdinand zum Kurfürstentag eingeladen hatte, um seinen gleichnamigen Sohn zum Römischen König wählen zu lassen, gab er nach und ließ Wallenstein fallen. Das Opfer half ihm nicht: Als die Königswahl auf die Tagesordnung kam, zierten sich die Fürsten und verschoben sie auf einen späteren Zeitpunkt.

Grollend zog sich der Verstoßene auf seine Güter zurück. Aber schon ein Jahr später war sein Stern wieder im Steigen. Die rücksichtslose Rekatholisierungspolitik des Kaisers hatte zwei neue Gegner auf den Plan gerufen, die weitaus gefährlicher waren als der geschlagene Däne. Während sich Kardinal Richelieu einstweilen noch damit begnügte, die protestantische Partei durch Subsidien zu unterstützen, landete im Juli 1630 der schwedische König Gustav Adolf an der deutschen Ostseeküste. Im Handumdrehen besetzte er Pommern und Mecklenburg, zog Brandenburg und Sachsen auf seine Seite und machte durch seinen Sieg bei Breitenfeld die kaiserlichen Eroberungen in Norddeutschland mit einem Schlag zunichte. Auch in Süddeutschland stellten sich nun die Protestanten unter schwedischen Schutz. Im Mai 1632 zog Gustav Adolf in München ein. Einen Monat zuvor war Tilly, sein einziger ernst zu nehmender Gegner, bei Rain am Lech tödlich verwundet worden.

Wallenstein ließ sich Zeit, bevor er sich zur Übernahme des zweiten Generalats bequemte. Im April 1632 diktierte er dem Kaiser, der ihn in einem flehentlichen Handschreiben zu Hilfe rief, seine Bedingungen: Bis zum Frieden sollte er oberster Befehlshaber des Reiches, der österreichischen Erblande und Spaniens sein; weder der Kaiser noch sonst jemand durfte sich in seine Kriegführung einmischen; in den eroberten Gebieten trat der Kaiser seine Prärogative, das Recht zur Beschlagnahme und zur Begnadigung, an ihn ab; für das verlorene Mecklenburg war er durch ein anderes Reichsfürstentum zu entschädigen. Das war kein Vertrag eines Herrschers mit seinem Untertan. Das war ein Vertrag zwischen zwei Souveränen.

Wenn man am Wiener Hof geglaubt hatte, Wallenstein werde Gustav Adolf wie seinerzeit den Dänenkönig im Eilmarsch aus Deutschland vertreiben, so hatte man sich getäuscht. Anders als der stürmische Maximilian, der Bayern möglichst rasch von den Eindringlingen befreien wollte, ging er überaus bedächtig vor. Als es schließlich am 16. November 1632 bei Lützen zur Schlacht kam, behaupteten die Schweden das Feld, verloren allerdings ihren König; auch Tillys Nachfolger, der Reitergeneral Pappenheim, fiel. Fast ein Jahr lang begnügte sich Wallenstein mit kleineren Operationen. Erst im Herbst 1633 ergriff er wieder die Offensive, drängte die Sachsen in ihr Land zurück und nötigte den Kurfürsten von Brandenburg zum Waffenstillstand.

Da traf ihn der Befehl des Kaisers, Maximilian zu Hilfe zu eilen und die Schweden aus der Oberpfalz zu vertreiben. Wallenstein weigerte sich. Am 17. Dezember hielt er in Pilsen einen Kriegsrat ab und ließ sich von seinen Offizieren bestätigen, daß ein Winterfeldzug unmöglich sei. Mit seiner Weigerung, vom Kaiser Befehle entgegenzunehmen, war er formal im Recht. Auch militärisch hatte er den Sachverstand auf seiner Seite. Politisch allerdings war sein hartes Nein ein schwerer Fehler.

An Gegnern am Kaiserhof hatte es ihm noch nie gemangelt. Die gleichen Kräfte, die in Regensburg seine Absetzung betrieben hatten, nahmen auch jetzt die Gelegenheit wahr, gegen den allmächtigen Generalissimus zu wühlen. Weitere Bundesgenossen gesellten sich ihnen zu – der Thronfolger, da er selbst nach dem Oberbefehl strebte; die Spanier, da Wallenstein vom Einsatz spanischer Truppen auf dem deutschen Kriegsschauplatz nichts wissen wollte; und Lamormain, da er nicht ohne Grund an der religiösen Zuverlässigkeit des Böhmen zweifelte. Tatsächlich stand der protestantisch erzogene, später zum Katholizismus übergetretene Wallenstein dem gegenreformatorischen Eifer des Kaisers skeptisch gegenüber. In dem Krieg, der Deutschland seit nunmehr fünfzehn Jahren verwüstete, sah er keinen Kampf um den wahren Glauben, sondern um Territorien und weltliche Macht.

In diesem Wallenstein feindlichen Klima gediehen die Gerüchte. Anonyme Schriften verdächtigten ihn, mit dem Gegner in geheimer Verbindung zu stehen. Den Sachsen habe er einen allgemeinen Frieden, die Religionsfreiheit und die Wiedereinsetzung aller Vertriebenen angeboten und sich zugleich anheischig gemacht, den Kaiser notfalls mit Gewalt zur Unterschrift zu zwingen. Die Jesuiten wolle er aus Deutschland verjagen. Als Ersatz für Mecklenburg wünsche er für sich selbst die böhmische Krone. Auch mit Richelieu und dem schwedischen Kanzler Oxenstierna unterhalte Wallenstein eine hochverräterische Korrespondenz.

Was an den Gerüchten war, ist bis heute umstritten. Eindeutig belastende Dokumente haben sich in den sächsischen, französischen und schwedischen Staatsarchiven nicht gefunden. Dennoch waren die Verdächtigungen nicht gänzlich aus der Luft gegriffen. Schon 1629 war Wallenstein den Maximalforderungen des Wiener Hofes entgegengetreten und hatte einen Kompromißfrieden mit dem geschlagenen Dänenkönig durchgesetzt. Während seines erzwungenen Ruhestandes hatte er mit Gustav Adolf Briefe gewechselt, in denen von einer gemeinsamen Kriegführung gegen den Kaiser und Bayern die Rede war; doch waren die Verhandlungen im Sande verlaufen.

Im Januar 1633 verfaßte Gundaker von Liechtenstein, einer der kaiserlichen Räte, eine Denkschrift, in der er Wallensteins politische Philosophie zusammenfaßte. Einen vollständigen Sieg Habsburgs, heißt es darin, werde Europa niemals hinnehmen. Doch habe der Tod des schwedischen Königs dem Wiener Hof die unverhoffte Chance eröffnet, den deutschen Krieg zu beenden, bevor er endgültig in einen europäischen umgeschlagen sei. Voraussetzung sei allerdings, daß der Kaiser auf alle Eroberungen für die katholische Kirche und sein Haus verzichte. Liechtensteins Empfehlung, »ehist einen mittelmäßigen Frieden zu machen«, hätte dem deutschen Volk fünfzehn weitere Kriegsjahre erspart. Doch sorgte die Kriegspartei am Hof dafür, daß sie dem Kaiser nicht unter die Augen kam.

Da Ferdinand auf Wallensteins Armee angewiesen war, nahm er die Weigerung, den Krieg im Winter fortzusetzen, zähneknirschend hin. Zugleich beschloß er, sich seines Generalissimus zum zweitenmal zu entledigen. Um nicht noch einmal ein Debakel wie nach der Absetzung von Regensburg zu erleben, erbat er ein Gutachten über die möglichen Komplikationen. Wie es der Zufall wollte, war es Liechtenstein, den der Kaiser diesmal um Rat fragte. Am 11. Januar 1634 wurde ihm die angeforderte Denkschrift vorgelegt. Ohne Wallensteins Verdienste schmälern zu wollen, schrieb Liechtenstein, könne kein Zweifel daran bestehen, daß er sich des schweren Ungehorsams gegen den Kaiser schuldig gemacht habe. Da er gutwillig nicht einlenken wolle, bleibe keine andere Wahl, als ihn seines Amtes zu entheben. Um einer Meuterei des Heeres vorzubeugen, dürfe man jedoch nicht übereilt vorgehen, sondern müsse zunächst die wichtigsten Befehlshaber zu sich herüberziehen. Damit Wallenstein »nicht Suspicion fasse«, solle man »unterdessen den stilo oder procedere von Hof gegen ihm nicht mutiren, sondern wie zuvor und nicht weniger tractiren«. Für den Fall, daß dieses Verfahren nicht zum gewünschten Ziel führe, empfahl Liechtenstein dem Kaiser, da »Menschenbluet nicht Oxenbluet ist«, ein zweites Gutachten anzufordern, »ob Euer Majestät, wenn sie kein anderes gar sichers Mittel haben ihn abzusetzen, ihn, ohne Offension der justiti, des Lebens priviren können«.

Was Liechtenstein hier als äußerste Eventualität erörterte, wünschten andere schon seit langem. Den frühesten uns bekannten Vorschlag, Wallenstein zu ermorden, machte 1628 die Äbtissin des schwäbischen Reichsstifts Buchau, Katharina von Spaur. Zwei Wochen nach der Vorlage des Liechtensteinschen Gutachtens war auch der Kaiser zum Schluß gekommen, daß die Beseitigung des widersetzlichen Feldherrn ernsthaft ins Auge gefaßt werden müsse.

Inzwischen hatten sich nämlich die Ereignisse dramatisch zugespitzt. Wallenstein, der von den Intrigen am Wiener Hof Wind bekommen hatte, versammelte am 12. Januar seine Kommandeure und verpflichtete sie zur bedingungslosen Ergebenheit gegenüber seiner Person. Mündlich wurde zwar ein Vorbehalt zugunsten des Kaisers gemacht; doch findet er sich nicht in dem von 49 Offizieren unterschriebenen Dokument. Am Hof wurde der »Pilsner Revers« als Vorspiel zu Wallensteins Vereinigung mit dem Feind gedeutet oder – schlimmer noch – als Signal zum Marsch auf Wien, wo der Hochverräter dem Kaiser seine ketzerischen Friedenspläne aufzwingen wolle. Am 24. Januar erließ Ferdinand ein vorerst geheimes Patent, in dem der General-Oberst-Feldhauptmann seines Kommandos enthoben und dieses dem Generalleutnant Gallas übertragen wurde. Den Signataren des Pilsner Reverses wurde Straffreiheit zugesichert, ausgenommen die

Rädelsführer Ilow und Trčka (Illo und Terzky bei Schiller): Sie und Wallenstein waren »wenn irgend möglich, gefangen zu nehmen und nach Wien zu bringen oder als überführte Schuldige zu töten«.

Zu Exekutoren des kaiserlichen Patents wurden neben Gallas die Generäle Aldringen, Colloredo und Piccolomini bestellt; als Lohn hatte man ihnen Beförderung und reiche Beute aus dem Landbesitz des zu Stürzenden in Aussicht gestellt. Colloredo schied aus, da Wallensteins Verdacht auf ihn gefallen war. Aber die übrigen drei erfreuten sich bis fast zuletzt seiner Gunst. Vor allem der Florentiner Piccolomini erwies sich als Meister der »Dissimulation«: Wie mit Blindheit geschlagen, vertraute Wallenstein diesem geschmeidigen Denunzianten, der den Hof mit immer neuen Nachrichten und Gerüchten versorgte.

Ein Versuch, Wallenstein am 13. Februar in Pilsen gefangenzunehmen, mißlang, da er die Garnison gewechselt und verläßliche Truppen in die Stadt gelegt hatte. Erst jetzt, als Aldringen, Gallas und Piccolomini auf unerklärliche Weise ausblieben, dämmerte ihm die Gefahr, in der er schwebte. Am 20. Februar versammelte er die zurückgebliebenen Offiziere an seinem Bett und ließ sie einen zweiten Revers unterschreiben, in dem sie versicherten, sie hätten niemals im Sinn gehabt, gegen Kaiser und Religion zu handeln. Auch Wallenstein unterschrieb den Revers; außerdem bot er den Verzicht auf sein Kommando an, wenn es nur mit Anstand und ohne Gewalt geschehe. Ein durchsichtiges Täuschungsmanöver oder der letzte, verzweifelte Versuch eines Verleumdeten, seine Ehre und seine Haut zu retten? Auch über diese Frage streiten die Historiker bis heute.

Am 21. kam Trčka mit der Schreckensnachricht aus Prag zurück, das Absetzungspatent sei überall ausgehängt; der größte Teil der Truppen sei bereits abgefallen. Jetzt blieb nur noch ein Ausweg – die Flucht nach Sachsen. Am nächsten Morgen brach der schüttere Rest der friedländischen Armee – gut tausend Mann, ohne Artillerie und Bagage – zur Grenzfeste Eger auf. Da der schwer leidende Wallenstein in einer Sänfte getragen wurde, kam der Zug nur langsam voran. Unterwegs traf man auf das Dragonerregiment des Obersten Butler. Der Ire hatte den ersten Pilsner Revers unterschrieben; vertrauensselig befahl ihm Wallenstein, sich dem Zug anzuschließen. Butler wußte von der

Absetzung, wagte jedoch nicht, dem Feldherrn den Gehorsam zu verweigern.

Auch in Eger wurde englisch gesprochen. An der Spitze des Regiments, das die Grenzfeste bewachte, standen zwei Schotten, Gordon und Leslie. Beim gemeinsamen Abendessen kamen sich die drei Herren rasch näher. Der ängstliche Gordon, der Wallenstein sein Haus am Marktplatz überlassen hatte, riet zur Flucht. Butler zögerte. Es war Leslie, der als erster den Vorschlag machte, den Geächteten zu töten. Den Ausschlag gab schließlich eine Szene, die sich am Vormittag des 25. Februar in Ilows Wohnung zutrug. Ilow, der schon die treibende Kraft hinter dem ersten Pilsner Revers gewesen war, forderte die Offiziere auf, mit dem Kaiser zu brechen und Wallenstein einen neuen Treueid zu schwören. Der sächsische General Arnim sei bereits auf dem Anmarsch, prahlte er, und stehe mit seiner Armee zwei Meilen vor Eger. Das war zwar gelogen, verfehlte jedoch seinen Eindruck auf die drei Herren nicht. Sie beschlossen, sofort zu handeln.

Zunächst galt es jedoch, die »Adhaerenten« zu beseitigen. Ilow, Trčka, dessen Schwager Kinsky, der im Namen Wallensteins mit den Franzosen verhandelt hatte, und Trčkas Ordonnanz, ein Rittmeister Niemann, wurden für den Abend zu einem Bankett in die etwas abseits gelegene Burg eingeladen. Für die Ausführung der Exekutionen stellten die Verschwörer einen Stoßtrupp vertrauenswürdiger Dragoner zusammen, überwiegend Iren und Schotten. Die Überraschung glückte vollkommen: Als die Speisen abgetragen waren, stürzten die Dragoner mit gezücktem Degen in das Zimmer und machten die Wehrlosen nieder.

Die Hinrichtung des Feldherrn übernahm der zum Butlerschen Regiment gehörige Hauptmann Deveroux. Wallenstein hatte sich bereits zum Schlafen zurückgezogen und stand am Fenster, um wegen des Lärms im Treppenhaus die Wache zu rufen. Die Tür sprang auf, und Deveroux stand mit blankem Rapier vor ihm. In seinem Bericht an Piccolomini schildert Gordon die Szene so: »Sobaldt diß Orts der Sachen ein endt gemacht und sich obbemelter Capitain über eine Compagnia Puttlerischer Tragoner ohngefehr mit 20 Musquetirern auß der Burg begeben und in deß Herzogen von Friedtlandt guardir komben, ist der Cammerdiener, so vorm Losament ufgewartet, mit der kurzen wehr stracks durchstochen, der Mundtschenk, so Ihr fürst. Gn. in einer guldenen

46

Mit den Worten »Du schlimmer, meineidiger, alter, rebellischer Schelm!« dringt Hauptmann Deveroux in das Zimmer Wallensteins, der mit der Gnadenbitte aller wehrlosen Soldaten reagiert: »Ah Quartier!« Der Mörder aber stößt seinem Opfer die Partisane durch die Brust. Wallenstein ist auf der Stelle tot, er stürzt zu Boden, sein Blut spritzt an die Wände. Die Blutspuren im Mordhaus in Eger waren noch lange zu sehen. Erst während des Siebenjährigen Krieges ließ sie ein preußischer General, der im Hause einquartiert war, abwaschen und übermalen.
Kupferstich von Matthäus Merian d. Ä.

Schalen einen Trunk Biers gebracht und im Hinaußgehen geweßen, an Arm verwundet worden; worauf die Mußquetirer Rebellen, Rebellen geschryen, daß fürstlich Losament eröfnet und Ihr fürst. Gn. so bloß im Hembdt am Tisch lainend gestanden und mehr nit alß Ah guardir gesprochen, von mehr besagten Capitain mit vorgehenten Wortten Du schlimmer meinaydiger alter rebellischer Schelm mit der Partisan zwischen beeden Prüsten durchstochen worden, drueber so baldt uf die Erden gefallen und gestorben.« *Ah, Quartier!* – es war die alte Gnadenbitte der Soldaten, die Wallenstein im Tode äußerte, ein Reflex.

Der Kaiser hatte seinen Nebenbuhler beseitigt. Aber er wurde des Sieges nicht froh. Ein Todesurteil ohne Anhörung des Beschuldigten – das erregte selbst damals Verdacht. Dutzende von Flugschriften ergriffen für den Ermordeten Partei, klagten den Wiener Hof der Intrige und des groben Undanks an. Wenn der

Friedländer wirklich an der Spitze einer weitverzweigten Verschwörung stand – wo waren dann seine Mitverschworenen? Die verzweifelte Suche brachte wenig Greifbares zutage. Von Wallensteins Generälen wurden sechs angeklagt. Einer, Hans Ulrich von Schaffgotsch, wurde enthauptet; die übrigen kamen rasch wieder frei. In größte Verlegenheit kam der Hof, als die Gräfin Kinsky auf der strafrechtlichen Verfolgung der Mörder ihres Gatten bestand. Auch Wallensteins Witwe widersetzte sich den Konfiskationen. Die Familie prozessierte noch im 19. Jahrhundert. Die Urteile blieben immer die gleichen: Der Mord von Eger war ein kaiserlicher Strafakt und somit der Zuständigkeit der Gerichte entzogen.

Ferdinand, der Sohn des Kaisers, erhielt neben Gallas den ersehnten Oberbefehl. Im September 1634 brachten sie den Schweden bei Nördlingen eine vernichtende Niederlage bei. Dem Endsieg war der Wiener Hof damit nicht näher. Im Gegenteil: Um die Scharte auszuwetzen, trat Frankreich jetzt offen an der Seite Schwedens in den Krieg ein. Auf den Frieden mußte das verwüstete, gebrandschatzte Deutschland noch vierzehn Jahre warten.

Das Mordhaus in Eger wurde Sitz eines Jesuitenkollegs. Die Blutspuren an der Wand waren noch lange zu sehen. Erst während des Siebenjährigen Krieges ließ sie ein preußischer General namens Gildenhof, der im Hause einquartiert war, abwaschen und übermalen.

La Belle et la Bête:
Jean-Paul Marat

Am 14. Juli 1789 hatte Ludwig XVI. auf der Jagd kein Glück. Er trug daher nur ein Wort in sein Tagebuch ein: »Rien«. Die Notiz war nicht so absurd, wie sie heute scheint: Der Sturm auf die Bastille wurde von den Zeitgenossen keineswegs als das einschneidende Ereignis empfunden, als das es – mit kräftiger Nachhilfe republikanischer Historiker – im Rückblick gilt. Statt des erwarteten Gewimmels von Opfern königlicher Willkür fand man nur sieben Gefangene in der Festung. Ein achter, der Marquis de Sade, war zehn Tage zuvor in die Irrenanstalt Charenton überführt worden, da er nicht abließ, sich den Passanten in unzüchtiger Weise bemerkbar zu machen. Bei den anderen handelte es sich um vier Falschmünzer, einen auf Betreiben seiner Familie festgesetzten Verrückten, den wegen Blutschande verurteilten Grafen Solages und einen Gehilfen des Attentäters Damiens namens Tavernier. Die Falschmünzer wurden am folgenden Tag gleich wieder in Haft genommen.

Die Guillotine war damals noch ein ferner Glanz im Auge der Geschichte. Ihren Namen verdankte sie dem Pariser Arzt Joseph Ignace Guillotin, der am 1. Dezember 1789 in den Generalständen einen Gesetzentwurf einbrachte, nach dem die Todesstrafe künftig nur noch durch Enthaupten vollzogen werden sollte, und zwar nicht mehr durch das unzuverlässige Schwert, sondern durch einen »einfachen Mechanismus«. Im Feuer seiner humanitären Begeisterung ließ sich Guillotin zu dem Ausruf hinreißen: »Mit meiner Maschine, Messieurs, fällt Ihnen der Kopf im Handumdrehen ab, ohne daß Sie das geringste merken!« Das Protokoll verzeichnet stürmische Heiterkeit, aber das Gesetz kam durch. Mit der technischen Ausführung wurde Tobias Schmidt beauftragt, ein deutscher Handwerker, den Gluck als Klavierstimmer an den Hof von Versailles gebracht hatte. Schmidt probierte sein

Modell erstmals im April 1792 an einem Hammel aus. Ein paar Tage später wurde der Versuch an drei Leichen im Krankenhaus von Bicêtre wiederholt. Am 25. April hatte der Straßenräuber Jacques Pelletier die Ehre, auf dem Grève-Platz als erster Mensch mit der Guillotine vom Leben zum Tode befördert zu werden.

Neben der Werkstatt an der Cour du Commerce St. André, auf der Schmidt den Hammel köpfte, befindet sich noch heute eine Druckerei. Hier erschien seit September 1789 die Tageszeitung »L'Ami du Peuple«. Ihr Herausgeber war der Arzt Jean-Paul Marat. Die Zeitung war so populär, daß Marat selbst ihren Titel wie einen Ehrennamen trug. Im Meinungsspektrum der Pariser Presse vertrat der »Volksfreund« einen extremen Antimonarchismus. Das war nicht von Anfang an so gewesen. Marat war eine Ausnahme von der Regel, nach der sich jugendliche Bilderstürmer zu altersweisen Traditionalisten wandeln. Er wurde immer radikaler.

Auch sonst unterscheidet sich Marats Lebenslauf von dem der übrigen Revolutionäre. Sein Vater war Sarde, seine Mutter Schweizerin. Die ursprüngliche Schreibweise des Familiennamens war »Mara«. Er selbst kam im damals preußischen Neuenburg zur Welt. Zunächst praktizierte er in England. 1777 fand er eine Stelle am Hof des Grafen von Artois, der ein halbes Jahrhundert später als Karl X. den französischen Thron bestieg. Aber die Medizin genügte Marat nicht. Er wollte als Naturwissenschaftler und Philosoph anerkannt werden. Zwar gelang es ihm, Voltaire in einen Streit zu verwickeln; doch blieb ihm die begehrte Aufnahme in die Académie des Sciences versagt. Die Revolution verschaffte ihm endlich die Plattform, auf der sich sein Ehrgeiz entfalten konnte. Marat wurde Journalist.

Der »Ami du Peuple« begann als Sprachrohr der gemäßigten Kräfte, die die Monarchie demokratisieren, aber nicht abschaffen wollten. Aber schon nach wenigen Monaten änderte sich der Ton. Die Rhetorik wurde schriller, das politische Programm immer gewalttätiger. Überall sah Marat Konterrevolutionäre am Werk, auf deren Verschwörungen es nur eine Antwort gab – Todesurteile und öffentliche Hinrichtungen. Im Juli 1790 meinte er noch: »Fünf- bis sechshundert rollende Köpfe könnten euch Ruhe, Freiheit und Glück bringen.« Ein Jahr später phantasierte er von 200 000 Todesopfern. Den königlichen Beamten, forderte er, sei das rechte Ohr abzuschneiden, den königlichen Offizieren die beiden Daumen. Ein andermal schlug er vor, die vom Hof bestochenen Parlamentarier zu pfählen und mit ihren blutigen Gliedmaßen die Zinnen der Tuilerien zu schmücken. Die Schreckensherrschaft der Jakobiner sollte Marat nicht mehr erleben. Aber seine Sprache nahm die *Grande Terreur* vorweg.

Auch von der republikanischen Staatsform hielt Marat wenig. Er bestand auf der Diktatur. »Es gibt nur einen Weg«, rief er seinen Landsleuten zu, »euch selbst von dem Abgrund zurückzureißen, an den euch eure unfähigen Führer gebracht haben. Ihr müßt einen Militärtribunen ernennen, einen obersten Diktator, der die Hauptverräter unschädlich macht.« Einen Kandidaten für dieses Amt benannte Marat nicht. Doch spricht viel dafür, daß er sich selbst für den geeignetsten hielt. Mit solchen Ansichten machte man sich in der Nationalversammlung keine Freunde. Mindestens siebenmal wurden Haftbefehle gegen Marat erlassen. Um dem Gefängnis zu entgehen, versteckte er sich monatelang in Kellern und an anderen ungesunden Orten – eine Lebensweise, die an seiner Hautkrankheit vermutlich nicht unschuldig war. Zweimal floh er nach England. An eine politische Karriere war unter diesen Umständen natürlich nicht zu denken. Als sich Marat im September 1791 um einen Sitz in der Gesetzgebenden Versammlung bewarb, erhielt er ganze zwei Stimmen.

All dies änderte sich mit der »zweiten Revolution« am 10. August 1792. An diesem Tag stürmte der Pariser Pöbel die Tuilerien. Der König und seine Familie wurden im Temple gefangengesetzt. Marat erhielt eine Stelle im Pariser Stadtrat. Es kann als sicher gelten, daß er bei den Septembermorden, denen mindestens 1500 Menschen zum Opfer fielen, seine Hand im Spiel hatte. Als am 21. September die *Convention nationale* – das neue, aus dem allgemeinen Wahlrecht hervorgegangene Parlament – zusammentrat, war Marat dabei. Der erste Gesetzgebungsakt des Konvents war die Abschaffung der Monarchie. Auch Marat, der keine Gelegenheit versäumt hatte, die schwächlichen Republikaner zu schmähen, beugte sich dem Zeitgeist: Der »Volksfreund«, den er unter den Abgeordneten gratis verteilte, änderte seinen Namen und erschien von nun an unter dem Titel »Journal de la République française«.

Natürlich gehörte Marat zu den 361 Abgeordneten, die am

17. Januar 1793 für den Tod des Königs stimmten. Aber sein Hauptgegner war die gemäßigte Partei im Konvent, die Girondisten. Unter den Rednern der radikalen »Bergpartei« – so genannt, weil sie in dem halbrunden Sitzungssaal die oberen Reihen füllte – war Marat bei weitem der radikalste. Sogar Robespierre und Danton hielten es gelegentlich für angebracht, sich von seinen zügellosen Ausfällen zu distanzieren. Einmal zückte er eine Pistole, richtete sie melodramatisch gegen seine Schläfe und drohte, sich zu erschießen, falls ihn die Versammlung daran hindere, seine Meinung zu sagen.

Im April 1793 setzten die Girondisten einen Antrag durch, Marats Immunität aufzuheben und ihn wegen seiner Aufrufe zu Umsturz, Plünderung und Mord anzuklagen. Das Verfahren erwies sich als Bumerang. Marat wurde nicht nur freigesprochen, sondern vom gesamten Revolutionstribunal, den Staatsanwalt inbegriffen, wie ein Volksheld gefeiert. Der Gegenschlag ließ nicht lange auf sich warten. Am 2. Juni umzingelte ein mit Kanonen bewaffneter Mob die Tuilerien und forderte den Konvent in ultimativer Form auf, die volksfeindlichen »Diversanten« auszustoßen. Die eingeschüchterten Abgeordneten beschlossen, 31 Girondisten unter Hausarrest zu stellen. 22 von ihnen endeten im Herbst unter der Guillotine.

Es war Marats letzter Triumph. Seine Hautkrankheit hatte ihm die Sitzungen in den Tuilerien immer mehr zur Qual gemacht. Vom 3. Juni an verließ er seine Wohnung in der Rue des Cordeliers nicht mehr. Im Musée Grévin am Boulevard Montmartre ist die schuhförmige Badewanne zu besichtigen, in der er, um den Juckreiz zu mildern, die letzten Wochen seines Lebens verbrachte. In dieser Wanne traf ihn am 13. Juli 1793 Charlotte Cordays Messer.

Charlotte de Corday d'Armont entstammte dem normannischen Kleinadel. Ihr Ururgroßvater war der Dichter Corneille. In Caen, wo die Familie ein altes Herrenhaus bewohnte, gaben die Royalisten den Ton an. Hierher flohen die meisten der am 2. Juni entmachteten Girondisten und schmiedeten Pläne, Paris mit militärischer Gewalt zurückzuerobern und die Pöbelherrschaft zu brechen. Auch das 25jährige Fräulein von Corday lernte die Flüchtlinge kennen und beschloß, ihren Beitrag zur Befreiung des Vaterlandes zu leisten. Am 9. Juli 1793 bestieg sie die Postkutsche nach Paris. Ihrem Vater hatte sie geschrieben, sie sei auf dem Weg nach England. Einer der Mitreisenden machte ihr einen Heiratsantrag und war sehr verschnupft, als sie sich weigerte, auf seine Werbungen einzugehen. Am 11. Juli traf die Kutsche in der Poststation auf der Place Notre-Dame-des-Victoires ein.

Charlotte stieg im nächstgelegenen Hotel ab, ließ sich Feder und Tinte geben und brachte eine »Botschaft an die Franzosen, die die Gesetze und den Frieden lieben« zu Papier. »Verbrecher«, lesen wir darin, »haben das Gemeinwohl ihrem Ehrgeiz geopfert, um auf den Ruinen des verwüsteten Frankreich das Gebäude ihrer Tyrannei zu errichten. O mein Vaterland! Dein Unglück zerreißt mein Herz. Ich habe dir nichts anzubieten als mein Leben.« Ihre Landsleute ermahnte sie, ihrem Beispiel nachzueifern: »Ich habe euch den Weg gezeigt. Ihr kennt eure Feinde. Steht auf, geht los und schlagt zu!«

Den nächsten Tag verbringt sie mit Botengängen zu Freunden der geflohenen Girondisten. Am frühen Morgen des 13. Juli kauft sie unter den Arkaden des Palais Royal für 40 Sous ein Küchenmesser. Ihre Absicht ist, Marat vor aller Augen im Konvent umzubringen. Sie ist tief enttäuscht, als sie erfährt, daß er an den Sitzungen nicht mehr teilnimmt. Als sie den Kutscher bittet, sie zu Marats Privatadresse zu fahren, erwartet sie eine zweite Überraschung: Der Mann weiß nicht, wo das weltbekannte Ungeheuer wohnt! Als sie schließlich in der Rue des Cordeliers anlangt, vertritt ihr die Concierge den Weg: Marat sei krank und empfange keine Besucher. Anderthalb Stunden später versucht sie es noch einmal. Jetzt ist es Marats Geliebte Simonne Evrard, die sie abweist. Sie kehrt ins Hotel zurück und schickt ihrem Opfer mit der Schnellpost ein Billett: »Ich komme aus Caen. Ihre Vaterlandsliebe sollte Sie auf die Verschwörungen neugierig machen, die man dort aussheckt. Ich erwarte Ihre Antwort.« Da die Antwort ausbleibt, läßt sie ein zweites Billett folgen, in dem eine »unglückliche Frau« Marat um Schutz anfleht.

Gegen sieben Uhr abends klopft sie zum drittenmal an Marats Tür. Das Messer hat sie zusammen mit ihrer »Adresse aux Français« und ihrem Taufschein im Ausschnitt versteckt. Diesmal öffnet das Dienstmädchen. Charlotte tritt ins Vorzimmer, stellt sich als Absenderin der beiden Billette vor und besteht mit lauter Stimme darauf, vorgelassen zu werden. Marat, der in seiner

Wanne sitzt und schreibt, hört den Disput der beiden Frauen und ruft, die junge Bürgerin möge eintreten. Das Gespräch zwischen dem Racheengel und seinem Opfer dauert nicht einmal zehn Minuten. Charlotte berichtet von den Feldzugsplänen der Girondisten, nennt Namen. Marat schreibt mit und sagt: »Ich werde sie alle guillotinieren lassen.« Nach dieser Bemerkung zückt Charlotte das Messer und stößt es ihm in die Lunge. Auf das Geschrei der Frauen stürzt aus der Nebenwohnung ein Zahnarzt herein. Vergebens versucht er, die Wunde durch Kompressen zu schließen. Marat ist tot.

Obwohl die Täterin weder zu fliehen versucht noch Widerstand leistet, wird sie mit einem Stuhl niedergeschlagen. Das erste Verhör findet in der Wohnung selbst statt. Charlotte leugnet nicht: Jawohl, sie sei mit der ausdrücklichen Absicht nach Paris gefahren, Marat umzubringen und Frankreich von einem Scheusal zu befreien. Sie habe ganz aus eigenem Antrieb gehandelt; niemand habe sie angestiftet. Als man ihr das Protokoll zur Unterzeichnung vorlegt, besteht sie darauf, einige Wendungen zu präzisieren. Die gleiche Kaltblütigkeit zeigt sie in der Verhandlung vor dem Revolutionstribunal am 17. Juli. Noch am Abend des gleichen Tages, während ein Regenschauer über Paris niedergeht, wird sie auf der Place de la Concorde, die damals Place de la Révolution hieß, guillotiniert. Daß der Scharfrichter ihren abgeschlagenen Kopf geohrfeigt habe, ist eine böswillige Legende. Eines so unprofessionellen Gefühlsausbruchs hätte sich Henri Sanson, der Sproß einer alten Scharfrichterfamilie, die ihr Handwerk von 1688 bis 1847 ausübte, niemals schuldig gemacht.

Der Kontrast zwischen dem vornehmen Fräulein aus der Provinz und dem von Ekzemen entstellten Wüterich beflügelte sofort die Phantasie. Nicht nur treue Royalisten sahen in Charlotte Corday eine würdige Nachfahrin der Jeanne d'Arc, die ihr Leben zum Besten der Nation geopfert hatte. Umgekehrt waren die Jakobiner entschlossen, die Bluttat propagandistisch auszuschlachten. Einer von ihnen, der Maler Jacques-Louis David, war selbst ein enger Freund des Ermordeten gewesen. Noch am Vorabend des Attentats hatte er Marat besucht, um mit ihm die Feierlichkeiten am 10. August zu besprechen. Für den Jahrestag der »zweiten Revolution« hatte David allegorische Riesenattrappen entworfen – die »Freiheit« mit phrygischer Mütze, das »Volk« als Herkules mit

Um sich Zugang bei Marat zu verschaffen, berichtet Charlotte Corday von einer Verschwörung der Girondisten in Caen und nennt dabei Namen. Marat schreibt mit und sagt: »Ich werde sie alle guillotinieren lassen.« Nach dieser Bemerkung zückt Charlotte das Messer und stößt es ihm in die Lunge. Auf das Geschrei der Frauen stürzt aus der Nebenwohnung ein Zahnarzt herein. Vergebens versucht er, die Wunde durch Kompressen zu schließen. Marat ist tot. Kopie nach dem Gemälde von Jacques Louis David.

geschwungener Keule und die »Natur« als überlebensgroße Frau, aus deren Brüsten Wasser quillt. Nun wurde eine weitere Attrappe errichtet – ein hölzerner Obelisk zu Ehren des Märtyrers der Revolution. Die Absicht war, ihn später in ein steinernes Denkmal umzuwandeln, wozu es freilich nicht mehr kam.

Ein anderer Auftrag des Konvents wurde dagegen ausgeführt. Am 16. Oktober pilgerte eine lange Prozession zum Hof des Louvre, wo Davids Ölgemälde »Marats Tod« ausgestellt war. An der Spitze des Zuges standen Trommler und Kanoniere. Ihnen folgten die politischen Clubs, die Zünfte mit ihren Bannern, Abordnungen sämtlicher Verfassungsorgane, ein Musikkorps und die ersten Rekruten des frisch ausgehobenen »Volksheers« mit Eichenzweigen in der Hand. Den Abschluß bildeten weißgekleidete junge Mädchen und Einheiten der Armee zu Fuß und zu Pferde. Die Festredner schwelgten in düsteren Warnungen vor den Machenschaften des Auslands. Kurzum, es ging zu wie im dritten Akt der »Meistersinger«. Das Bild hängt heute in Brüssel, wo der Maler seine letzten Lebensjahre verbrachte: Mit dem Kaiser Napoleon hatte sich der radikale Republikaner rechtzeitig arrangiert. Aber die Rückkehr der Bourbonen überforderte sogar seine Anpassungsfähigkeit.

42 französische Gemeinden änderten zu Ehren des Ermordeten ihren Namen: Aus St. Denis de l'Hôtel wurde Marat-sur-Loire, aus St. Aubin Mesnil-Marat. Auch der Montmartre verwandelte sich vorübergehend in einen Mont Marat. Natürlich ließen sich auch die Pariser Bühnen das dankbare Thema nicht entgehen. Im Théâtre de la Cité wurde den Zuschauern der »Tod des unglücklichen Marat und sein Aufstieg zu den elysischen Gefilden« geboten. Das Théâtre de l'Esplanade übertrumpfte die Konkurrenz, indem es den Verblichenen – in der Operette »Marat dans l'Olympe« – sogar singen ließ.

Historiker, die mit der Revolution sympathisieren, neigen dazu, die Bedeutung Marats herunterzuspielen. Sie stellen ihn als demagogischen Einzelgänger ohne wirklichen Einfluß dar. Wahr ist, daß er den Höhepunkt seiner Laufbahn überschritten hatte, als ihn die tödliche Klinge traf. Doch starb der Typus, den er verkörperte, mit dem Ende der Schreckensherrschaft keineswegs aus. Der Weltverbesserer, der im Namen der Humanität den Mord predigt, gehörte seitdem zum festen Personal aller revolutionären

Bewegungen. Gerade unter französischen Intellektuellen war diese Spezies häufig zu finden. »Ein revolutionäres Regime«, verkündete beispielsweise Marats Namensvetter Sartre, »muß sich einer gewissen Zahl von Individuen entledigen, die es bedrohen, und dafür sehe ich keinen anderen Weg als den Tod. Aus einem Gefängnis kann man immer wieder herauskommen. Die Revolutionäre von 1793 haben wahrscheinlich nicht genug getötet.« Der Philosoph Maurice Merleau-Ponty widmete dem Verhältnis zwischen »Humanisme et terreur« einen ganzen Essay, in dem er sich gegen die *mystification libérale* wandte, die Staaten des Westens seien weniger gewalttätig als die Sowjetunion. Im Gegenteil: Die sowjetische Gewaltherrschaft stehe moralisch höher, da sie eine »humanistische Zukunft« vorbereite. Marat hätte nicht gezögert, diese These im »Volksfreund« zu verbreiten.

Occultus occulto occisus est:
Kaspar Hauser

Die Szene ist oft genug beschrieben worden – wie am Pfingstmontag 1828 auf dem Nürnberger Unschlittplatz ein junger Mann auftauchte, der weder richtig gehen noch zusammenhängend sprechen konnte. Nach dem Brief, den er in der Hand trug, war er das Kind eines »armen Mägdleins« und eines »Schwolische« (Chevauleger) und wollte wie sein Vater zur leichten Kavallerie. Der Findling, der sich Kaspar Hauser nannte, wurde zunächst ins Gefängnis gesteckt, wo ihn die Nürnberger wie ein Wundertier bestaunten. Da er nur Brot und Wasser vertragen konnte und von den alltäglichsten Erscheinungen der Natur keinen Begriff hatte, machte sich rasch der Verdacht breit, Hauser sei lebenslang gefangengehalten worden. »Dieser Mensch ist weder verrückt noch blödsinnig«, urteilte der Gerichtsarzt, der ihn untersuchte, »aber offenbar auf die heilloseste Weise von aller menschlichen und gesellschaftlichen Bildung gewaltsam entfernt worden.«

Im Juli 1828 übergab man ihn dem vorzeitig »quieszierten« Nürnberger Gymnasialprofessor Georg Friedrich Daumer, dessen Gedichte von keinem Geringeren als Johannes Brahms vertont wurden, zur Pflege. Daumer unterrichtete seinen Schützling und stellte allerlei Experimente mit ihm an. Hauser lernte schnell. Allmählich lebten auch Erinnerungen an seine Vergangenheit wieder auf; angeleitet, begann er sie zu Papier zu bringen. Er erinnerte sich an ein Verlies mit niedriger Decke und zwei hölzerne Pferde, mit denen er seine einsamen Tage verbracht hatte. Ein Besuch der Nürnberger Burg erschütterte ihn tief: Es sei ihm, sagte er unter konvulsivischen Zuckungen, als habe er auch einmal in einem solchen »großen, großen Haus« gewohnt. Als man ihn drängte, das »große, große Haus« zu beschreiben, nannte er eine Ahnengalerie, einen Springbrunnen im Hof und ein Wappen, das er aufzeichnete.

Da wurde am 17. Oktober 1829, als Hauser auf dem Abtritt saß, ein Attentat auf ihn verübt. Ein Unbekannter verletzte ihn mit einem Beil an der Stirn. Der Anschlag verwandelte den Nürnberger Lokalfall in eine europäische Sensation. König Ludwig I. ordnete an, Hauser unter Polizeischutz zu stellen, und setzte eine Belohnung von 10 000 Gulden für die Aufklärung des Falles aus. Zu seiner Sicherheit wurde der »Kurand« zunächst in das Haus des Kaufmanns Biberach gebracht und, nachdem er dort einen Selbstmordversuch unternommen hatte, zum Gerichtsassessor Gottlieb von Tucher, einem Schwager Hegels, bei dem er bis zum November 1831 blieb.

Obwohl Zeugen gleichfalls einen Fremden im Daumerschen Haus gesehen hatten, war nicht jedermann von Hausers Erzählung überzeugt. Im Jahre 1830 veröffentlichte der Berliner Polizeirat Merker, der den Gegenstand seines Zweifels freilich nie gesehen hatte und auch die Akten nicht kannte, eine Schrift mit dem Titel »Caspar Hauser – nicht unwahrscheinlich ein Betrüger«. Es war die erste von unzähligen Publikationen, die Hauser als raffinierten Schwindler hinstellten und den Mordanschlag als Inszenierung, die das geschwundene Interesse an seiner Person wiederbeleben sollte.

Im Mai 1831 erschien die schillerndste Gestalt dieser an schillernden Gestalten wahrlich nicht armen Affäre auf der Szene: Lord Stanhope, ein englischer Abenteurer, der in Erlangen studiert hatte, war am Tage des Attentats in Nürnberg abgestiegen, ohne sich um das Stadtgespräch im geringsten zu kümmern. Nun setzte er plötzlich alle Hebel in Bewegung, um Hauser kennenzulernen. Schon fünf Tage nach ihrer ersten Begegnung machte er ihm kostbare Geschenke und erbot sich, da Hauser einige ungarische Worte zu verstehen schien, Forschungsreisen nach Ungarn zu finanzieren. Die Reisen fanden tatsächlich statt, doch brachten sie in das Geheimnis der Herkunft keinerlei Licht. Durch beharrliches Drängen gelang es Stanhope, anstelle Tuchers zu Hausers Ziehvater ernannt zu werden. Da er selbst ständig unterwegs war, schickte er seinen Pflegling im Dezember 1831 zum Lehrer Johann Georg Meyer nach Ansbach. Hier verbrachte Hauser die beiden letzten Jahre seines Lebens. Anselm von Feuerbach, der größte Kriminalist seiner Zeit, Vater des Philosophen, Großvater des Malers, hatte am Schicksal des Nürnberger Findlings von Anfang an innigen Anteil genommen. Nun verschaffte er ihm eine Stelle als Schreiber am Ansbacher Appellationsgericht, dessen Präsident er war.

Am 14. Dezember 1833 gegen vier Uhr nachmittags kommt Kaspar in derangiertem Zustand nach Haus. Mit verzerrtem Gesicht weist er auf eine Stichwunde unter seinem Herzen, wobei er die Worte ausstößt: »Hofgarten gegangen – Mann – Messer gehabt – Beutel geben – gestochen – ich laufen, was könnt – Beutel noch dort liegen.« Auf Meyers Frage, was er denn bei dem schlechten Wetter im Hofgarten gemacht habe, erwidert er: »Mann – bestellt – Vormittag – Stadtgericht«. Trotz seiner Verwundung besteht er darauf, mit Meyer in den Hofgarten zurückzukehren und den Beutel zu suchen. Nachdem sie ihn gefunden haben, bricht Hauser zusammen. Mit der Hilfe eines Konditors schleppt ihn Meyer auf sein Zimmer, wo er am 17. Dezember stirbt. Seine letzten Worte sind: »Das Ungeheuer – größer wie ich.«

In den drei Tagen zwischen Überfall und Tod ist Hauser mehrfach verhört worden. Auf die Frage: »Was hat Sie denn veranlaßt, in den Hofgarten zu gehen?« antwortet er: »Ich bin bewogen worden durch die Einladung, daß mir alles im Hofgarten gezeigt werden würde von dem Brunnen, der dort gegraben wird.« Den Täter beschreibt er als mittelgroßen, etwa 50 Jahre alten Mann mit Schnurrbart. In dem Beutel findet sich ein Zettel und auf ihm stehen in Spiegelschrift die folgenden Worte: »Hauser wird es Euch ganz genau erzählen können, wie ich aussehe und woher ich komme. Ich komme von – der bayr. Grenze – am Flusse – Ich will Euch sogar noch den Namen sagen: M.L.Ö.« Die beiden Ärzte, die die Autopsie vornehmen, kommen zu dem Schluß, daß Hauser mit einem »Banditenmesser« erstochen wurde. Einen Selbstmord halten sie zwar nicht für ausgeschlossen, aber für unwahrscheinlich.

Die Fahndung verläuft genauso ergebnislos wie nach dem Nürnberger Überfall. Das Banditenmesser wird ebensowenig gefunden wie seinerzeit das Beil. Auch diesmal melden sich neben Zeugen, die im Hofgarten einen Unbekannten mit hochgeschlagenem Mantelkragen und tief ins Gesicht gezogenem Hut beobachtet haben, wieder Zweifler: Der behandelnde Arzt Horlacher, der Hausers Verwundung zunächst nicht ernstgenommen hatte, mutmaßt, »daß die Wunde ebensogut durch eigene als durch

Gedenkstein für Kaspar Hauser an der Stelle des tödlichen Anschlags im Hofgar-
ten zu Ansbach. Die Inschrift »Hic occultus occulto occisus est« (Hier wurde ein
Geheimnisvoller von einem Geheimnisvollen umgebracht) ist noch immer richtig:
Die tiefsten Geheimnisse, die den Fall Kaspar Hauser umgeben, werden sich wohl
nie enträtseln lassen.

fremde Hand hat beigebracht werden können«. Der Lehrer Meyer
und Lord Stanhope distanzieren sich öffentlich von ihrem Schützling und nennen ihn einen Selbstmörder und Betrüger. Im
Jahre 1834 erscheint aber auch – vorsichtshalber im französischen
Straßburg – jene Schrift, die die Gerüchte, die man sich bis dahin
hinter vorgehaltener Hand zugeraunt hat, zum erstenmal an die
große Glocke hängt: »Einige Beiträge zur Geschichte Caspar Hausers nebst einer dramaturgischen Einleitung« von Joseph Heinrich
Garnier identifiziert den Ermordeten ohne Umschweife mit dem
badischen Thronfolger.

Garnier war nicht unbedingt die reinste Quelle, aus der die
Wahrheit fließen konnte: Sein Koemigrant Heinrich Heine nannte ihn »einen der rüstigsten Umtriebler« und bescheinigte ihm,
»daß er alle demagogischen Talente im höchsten Grade besaß«.
Anders stand es mit Feuerbach, der ein halbes Jahr vor Hauser die
Augen geschlossen hatte; manche behaupteten, sie seien ihm
geschlossen worden. In einem streng geheimen Mémoire an Karoline, die Mutter des Bayernkönigs, hatte er schon im Januar 1832

vermutet: »Bei den an Kaspar begangenen Verbrechen sind Personen betheiligt, welche über große außergewöhnliche Mittel zu gebieten haben. Kaspar muß eine Person sein, an dessen Leben oder Tod sich große Interessen knüpfen.« Seine Schlußfolgerung lautete: »Caspar Hauser ist das eheliche Kind fürstlicher Eltern, welches hinweggeschafft worden ist, um Andern, denen er im Wege stand, die Succession zu eröffnen. Ein Kind wurde für todt ausgegeben, wird jetzt noch für todt gehalten, lebt aber noch in der Person des armen Kaspar.«

Wo trafen diese dynastischen Voraussetzungen zu? Auch dieser brisanten Frage wich Feuerbach nicht aus: »Es ist nur Ein Haus bekannt, auf welches nicht nur mehrere zusammentreffende allgemeine Verdachtsgründe hinweisen, sondern welches auch durch einen ganz besonderen Umstand speciell bezeichnet ist, nämlich – die Feder sträubt sich, diesen Gedanken niederzuschreiben – das Haus B. Auf höchst auffallende Weise, gegen alle menschliche Vermuthung, erlosch auf einmal in seinem Mannesstamme das alte Haus der Z., um einem blos aus morganatischer Ehe entsprossenen Nebenzweig Platz zu machen. Dieses Aussterben des Mannesstammes ereignete sich nicht etwa in einer kinderlosen, sondern – seltsam genug! – in einer mit Kindern wohlgesegneten Familie. Was noch verdächtiger: zwei Söhne waren geboren, aber diese beiden Söhne starben, und nur sie starben, während die Kinder weiblichen Geschlechts insgesammt bis auf den heutigen Tag noch in frischer Gesundheit blühen.«

Die Adressatin des Mémoire konnte keinen Zweifel haben, wen Feuerbach meinte. Sie selbst stammte aus B. und gehörte zum Hause der Z. und wußte deshalb sofort, daß von Baden und den Zähringern die Rede war. Mit Großherzog Ludwig war 1830 der letzte männliche Zähringer dahingegangen. Den badischen Thron bestieg Leopold, der älteste Sohn der Gräfin Hochberg, die 1787 Ludwigs verwitweten Vater Karl Friedrich geheiratet hatte. In seinem Testament hatte Karl Friedrich für den Fall, daß die männlichen Zähringer aussterben sollten, die Hochberge zu Thronerben eingesetzt. Da Karl Friedrich aus erster Ehe drei Söhne hatte, schien dieser Fall höchst unwahrscheinlich. Und doch trat er ein: Sein ältester Sohn Karl Ludwig starb 1801, als auf einer Reise durch Schweden die Kutsche umschlug. Dessen Sohn Karl regierte nur sieben Jahre (1811–1818). Er hinterließ drei Töchter, doch seine beiden Söhne waren vorzeitig gestorben – der erste wenige

Tage nach seiner Geburt, der zweite kurz nach Vollendung des ersten Lebensjahres. Nach dem Intermezzo mit dem unverheirateten Ludwig (1818–30) hatten die Hochberge ihr Ziel erreicht.

Nach der offiziellen Lesart war Karls ältester Sohn am 16. Oktober 1812, gerade 18 Tage alt, am »Gichter mit Stickfluß« – modern gesprochen: einer Gehirnblutung – gestorben. An diesen Tod glaubte Feuerbach nicht. Er war davon überzeugt, daß in der Fürstengruft zu Pforzheim nicht der Kronprinz ruhte, sondern ein anderes Kind, mit dem er vertauscht worden war. Der Kronprinz lebte noch: Es war Kaspar Hauser.

Feuerbach konnte nicht wissen, daß Stephanie, die Mutter des Kronprinzen, seine Überzeugung teilte. Eine geborene Beauharnais, hatte sie nach dem Sturz ihres Adoptivvaters Napoleon und dem Tode ihres Gatten drei Jahre später am Karlsruher Hof einen schweren Stand. Sie zog sich nach Mannheim zurück. Hier erfuhr sie von Kaspar Hausers Auftauchen in Nürnberg und den Gerüchten, die ihn umgaben. Nun fiel ihr wieder ein, daß man sie – ebenso wie die Säugamme – von dem sterbenden Kind ferngehalten hatte; auch den toten Kronprinzen hatte sie nicht mehr sehen dürfen. Der umtriebige Stanhope, der auch an den badischen Höfen verkehrte, erbot sich, ihr seinen Schützling Kaspar vorzustellen, tat aber nichts dergleichen. So entschloß sie sich denn, selber nach Ansbach zu fahren. Im April 1832 machte sie sich, nur begleitet von einer einzigen Hofdame, unter strengster Geheimhaltung auf die Reise. Um der Registrierung durch die Fremdenpolizei zu entgehen, nächtigten die beiden Damen in einer Ortschaft vor Ansbach. Als sie Hauser am nächsten Tag im Hofgarten sah, war die Großherzogin von der Ähnlichkeit mit ihrem Mann so erschüttert, daß sie beinahe in Ohnmacht fiel. Diese Ähnlichkeit frappierte auch andere Zeitgenossen.

Warum hat Stephanie, wenn sie Hauser für ihren Sohn hielt, keinen Versuch unternommen, ihm den Thron zu verschaffen, der ihm widerrechtlich vorenthalten worden war? Dazu fehlte ihr die Macht. Sie hätte nicht nur den regierenden Großherzog Leopold gegen sich gehabt, sondern auch die badische Staatsräson. Napoleon hatte die Markgrafen von Baden zu Großherzögen erhoben und ihr Land beträchtlich vergrößert. Zwar rettete Großherzog Karl auf dem Wiener Kongreß Titel und Land, doch machten Bayern und Österreich für den Fall des Aussterbens der männlichen Zähringer Gebietsansprüche geltend – Bayern auf die

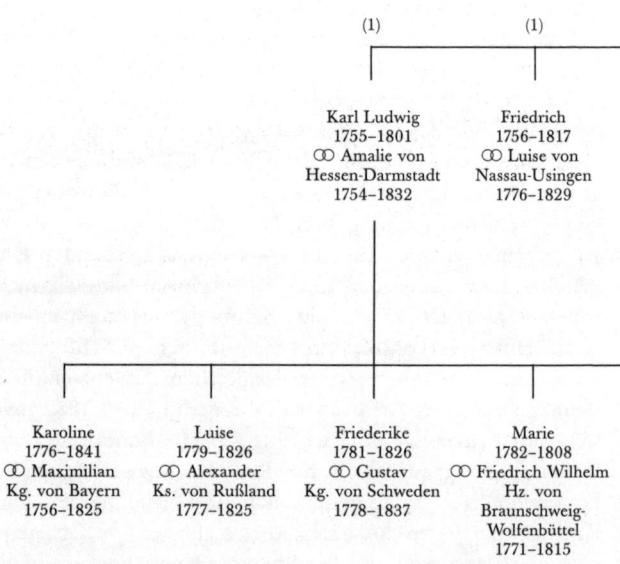

(1) (1)

Karl Ludwig
1755–1801
⚭ Amalie von
Hessen-Darmstadt
1754–1832

Friedrich
1756–1817
⚭ Luise von
Nassau-Usingen
1776–1829

Karoline
1776–1841
⚭ Maximilian
Kg. von Bayern
1756–1825

Luise
1779–1826
⚭ Alexander
Ks. von Rußland
1777–1825

Friederike
1781–1826
⚭ Gustav
Kg. von Schweden
1778–1837

Marie
1782–1808
⚭ Friedrich Wilhelm
Hz. von
Braunschweig-
Wolfenbüttel
1771–1815

Luise
1811–1854
⚭ Gustav von
Schweden
1799–1877

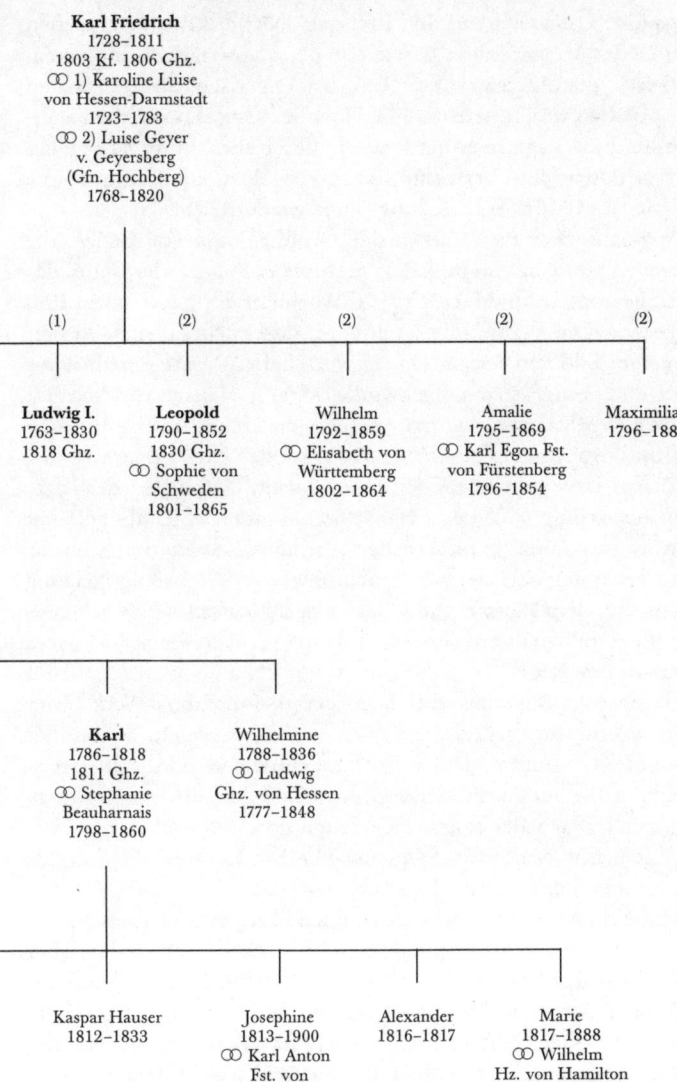

Karl Friedrich
1728–1811
1803 Kf. 1806 Ghz.
∞ 1) Karoline Luise
von Hessen-Darmstadt
1723–1783
∞ 2) Luise Geyer
v. Geyersberg
(Gfn. Hochberg)
1768–1820

(1)

Ludwig I.
1763–1830
1818 Ghz.

(2)

Leopold
1790–1852
1830 Ghz.
∞ Sophie von
Schweden
1801–1865

(2)

Wilhelm
1792–1859
∞ Elisabeth von
Württemberg
1802–1864

(2)

Amalie
1795–1869
∞ Karl Egon Fst.
von Fürstenberg
1796–1854

(2)

Maximilian
1796–1882

Karl
1786–1818
1811 Ghz.
∞ Stephanie
Beauharnais
1798–1860

Wilhelmine
1788–1836
∞ Ludwig
Ghz. von Hessen
1777–1848

Kaspar Hauser
1812–1833

Josephine
1813–1900
∞ Karl Anton
Fst. von
Hohenzollern-
Sigmaringen
1811–1885

Alexander
1816–1817

Marie
1817–1888
∞ Wilhelm
Hz. von Hamilton
1811–1863

Kurpfalz, Österreich auf den Breisgau. Nur einem tränenreichen Appell des Ministers von Berstett an den Zaren war es zu danken, daß sich der Aachener Kongreß den bayerisch-österreichischen Ansprüchen widersetzte und die Hochberge als Thronerben anerkannte. Eine Legitimierung Hausers durch die Mutter hätte nicht nur in Baden eine Verfassungskrise ausgelöst, sondern auch die Wiener und Münchner Teilungspläne wiederbelebt.

Stephanie war nicht die einzige Großherzogin von Baden, die Ansbach besuchte. Im Juni 1833 verbrachte Sophie, die Gattin des Großherzogs Leopold, eine ganze Woche in der bayerischen Provinzstadt. Die Vermutung ist erlaubt, daß auch sie sich ein persönliches Bild von Kaspar Hauser verschaffen wollte – freilich aus dem entgegengesetzten Blickwinkel: Wenn Hauser wirklich der Zähringerprinz war, wie man behauptete, dann war es um den Thron ihres Mannes geschehen. Es wäre der zweite Thronverlust in ihrem Leben gewesen: Ihr Vater Gustav Adolf IV., der letzte Schwedenkönig aus dem Hause der Wasa, lebte als »Oberst Gustavson« unter kümmerlichen Verhältnissen in der Schweiz. Man kann der Großherzogin nachfühlen, daß sie wenig Neigung verspürte, dem Beispiel ihres Vaters nachzueifern. Viele sehen in ihr die Drahtzieherin des Mordes, der den Nebenbuhler ihres Mannes beseitigte.

Beweise dafür, daß die Schwiegertochter das Werk ihrer Schwiegermutter vollendete, fehlen. Unklar ist auch, warum der störende Thronerbe nicht gleich umgebracht wurde. Mit seinem jüngeren Bruder Alexander verfuhr man jedenfalls weniger rücksichtsvoll. Nach der festen Überzeugung seines Vaters wurde er vergiftet. Ein Jahr später folgte Großherzog Karl, gerade 32 Jahre alt, seinem Söhnchen ins Jenseits.

Hatte man beim Erstgeborenen noch Skrupel? Oder geschah es mit einer tieferen Absicht, daß man ihn zwar verschwinden, aber am Leben ließ? Wenn wir annehmen, daß Karls Onkel Ludwig, der nach ihm den Thron bestieg, in das Komplott der Gräfin Hochberg eingeweiht war, dann macht das Versteckspiel plötzlich Sinn. Das jederzeit verfügbare Corpus delicti sollte sicherstellen, daß sich beide Seiten an die Verabredung hielten: Die Gräfin ließ den letzten Zähringer ungestört regieren. Dafür verpflichtete sich der unvermählte Ludwig, unvermählt zu bleiben und die Thronfolge der Hochberge nicht durch die Produktion von neuen Zähringern zu vereiteln.

Für Ludwigs Beteiligung spricht auch, daß justament in dem Augenblick, in dem der Thronerbe verschwand, der steile Aufstieg seines Intimus, des Buchhändlergehilfen Johann Heinrich Hennenhofer, begann. Ohne je in der Armee gedient zu haben, brachte es dieser »nach Art der Füchse im Dunkel der Nacht minierende Mensch«, wie ihn eine Stuttgarter Zeitung nannte, zum Major und Flügeladjutanten des Großherzogs. 1828, als die Prinzenaffäre ein glimpfliches Ende zu nehmen schien, wurde Hennenhofer in den Adelsstand erhoben. Daß er der Mann war, der den Prinzen von Versteck zu Versteck schleppte, in Nürnberg aussetzte und in Ansbach erstach, wurde zwar schon von den Zeitgenossen vermutet, hat sich bisher jedoch nicht beweisen lassen. Immerhin ist ein Dutzend Briefe erhalten, in denen Hennenhofer den Vertrieb der Garnier-Schrift, die ihn schwer belastete, nicht etwa durch gerichtliche Schritte, sondern durch Bestechung zu unterbinden suchte. In einem weiteren Brief verlangt er vom Hofbankier Geld. Er habe, schreibt er zur Begründung, dem verstorbenen Großherzog »hauptsächlich da beigestanden, wo Gottes Bevollmächtigter, das Gewissen, ihn zu schauderhaften Eröffnungen an mich gleichsam nötigte«.

Der ehemalige Buchhändler war ein gebildeter Mann, der seine Aktenvorlagen gern mit literarischen Anspielungen würzte. Er hatte einen sardonischen Humor: Als der reaktionäre Ludwig die von seinem Vorgänger gewährte Verfassung widerrufen wollte, entwarf Hennenhofer eine Petition, in der »getreue Untertanen« den Großherzog anflehten, ihm »ohne Dazwischenkunft eines Instituts« – gemeint war das Parlament – gehorchen zu dürfen. Ihm sind der Brief des »armen Mägdleins« und der neckische Spiegelschriftzettel ebenso zuzutrauen wie die dunkle Flaschenpost, die ein Schiffer im Oktober 1816 aus dem Rhein fischte. In dieser Flaschenpost, die vielleicht ein Erpressungsversuch war, macht ein bei Laufenburg eingekerkerter Gefangener namens »S. Hanes Sprancio« auf sich aufmerksam: Stellt man die Buchstaben um, ergeben sie: »Sein Sohn Caspar«.

Wer aber wurde anstelle des Thronerben in der Pforzheimer Fürstengruft beigesetzt? Dieses Mysterium darf inzwischen als aufgeklärt gelten. Ausweislich des Karlsruher Taufbuches wurde am 26. September 1812, also drei Tage vor dem Prinzen, ein Johann Ernst Jakob Blochmann geboren, Sohn des Arbeiters Christoph Blochmann, der zur Umgebung der Gräfin Hochberg gehörte. Bei seinen neun Geschwistern ist neben dem Tag der Taufe auch der Todestag vermerkt. Bei Johann Ernst Jakob fehlt er. Hingegen findet sich im protestantischen Sterberegister von Karlsruhe ein Eintrag, nach dem am 27. November 1833 im Münchener Militärhospital »Kaspar Ernst Blochmann, Soldat bei dem kön. griechischen Truppenkorps daselbst, Sohn des Hofbedienten Christoph Blochmann« gestorben ist. Dieser Eintrag hat drei Schönheitsfehler: Zum einen hat der Tote einen zusätzlichen Vornamen bekommen – ausgerechnet Kaspar. Zum andern steht der Vermerk an der falschen Stelle, nämlich zwischen den Toten, die Mitte Dezember beerdigt wurden – also zu dem Zeitpunkt, als Kaspar Hauser ermordet wurde. Zum dritten hat es bei dem »kön. griechischen Truppenkorps« niemals einen Soldaten namens Blochmann gegeben.

1996 erlitt die Kronprinzen-Theorie einen schweren Rückschlag. Genforscher der Universität München, die die Blutflecken auf Hausers Wäsche mit dem blauen Blut der Nachfahren seiner Schwestern Josephine und Marie verglichen, kamen zum Ergebnis, daß zwischen beiden kein Zusammenhang besteht. Ist damit die Unschuld der Hochberge erwiesen? Mitnichten. Es ist keineswegs ausgemacht, daß die Untersuchung von Blutflecken, die seit gut 160 Jahren eingetrocknet sind, noch brauchbare Resultate zeitigt. Die Genforscher selbst gaben zu, »daß wir bis dicht an die Nachweisgrenze gekommen sind«. Auch könnte es durchaus sein, daß die Kuratoren des Stadt- und Kreismuseums (heute: Markgrafenmuseum) in Ansbach die verblaßten Flecken auf ihrem besten Stück des besseren Effektes halber auffrischten – wie es ihre Kollegen auf der Wartburg mit dem berühmten Tintenfleck taten. Selbst wenn der Prätendent unecht war, ist die Möglichkeit nicht auszuschließen, daß ihn die Hochberge verschwinden ließen, um den Bayern ein Werkzeug aus der Hand zu schlagen, mit dessen Hilfe sie ihre Ansprüche auf den rechtsrheinischen Teil der Pfalz hätten durchsetzen können.

An der Stelle des Attentats im Hofgarten erhebt sich ein Gedenkstein mit der Inschrift »Hic occultus occulto occisus est« (Hier wurde ein Geheimnisvoller von einem Geheimnisvollen umgebracht). Die schöne Inschrift ist immer noch richtig: Die tiefsten Geheimnisse, die den Fall Kaspar Hauser umgeben, werden sich wohl nie enträtseln lassen.

Freiheitsmesser gezückt:
August von Kotzebue

»O Bund, du Hund, du bist nicht gesund!« seufzte Heinrich Heine, als der Gegensatz zwischen Preußen und Österreich den Frankfurter Bundestag zunehmend lahmlegte. Der Deutsche Bund war die magere Antwort auf den Traum der deutschen Einheit gewesen, deren Stunde nicht nur Publizisten wie Arndt und Görres, sondern auch Politiker wie Humboldt und Stein nach dem Ende der französischen Fremdherrschaft gekommen wähnten. Aber die drei Dutzend Fürsten, die Napoleons Ordnungswut von der Kleinstaaterei des alten Reiches übriggelassen hatte, wollten von einer starken Zentralgewalt nichts wissen. In Frankfurt wachten ihre Gesandten eifersüchtig darüber, daß niemand den dynastischen Interessen ihres Souveräns zu nahe trat. Artikel 13 der Bundesakte sah vor, daß sich jedes Mitglied eine Verfassung zu geben habe. Auch damit ließen sich die Staaten Zeit. In Hannover lebte nach dem Abzug der Franzosen die Folter wieder auf, in Mecklenburg die Leibeigenschaft.

Weder zum ersten- noch zum letztenmal in der deutschen Geschichte griff der politische Meinungsstreit auch auf die Studenten über. Zwei Dächer waren es vor allem, unter denen sich die Freunde der nationalen Einheit sammelten – die Turner und die Burschenschaften. Das »Turnen« – ein Wort, das den Geist der Ritterturniere heraufbeschwören sollte – hatte der Lehrer Friedrich Ludwig Jahn während der französischen Besatzungszeit erfunden. Seit 1811 zog er mit einer stetig wachsenden Schar langhaariger Gestalten in grauem Drillich auf die Berliner Hasenheide, um aus der verweichlichten Stadtjugend »tummelhafte Kerls« zu machen. Kiebitzlauf und Bratenwender, Kippen und Wippen, Frosch- und Karpfensprung sollten ihre Leiber für den großen Tag der Abrechnung stählen. Doch reichten Jahns pädagogische Ziele über die Ertüchtigung der Körper hinaus. Die Franzosen sollten nicht nur aus Deutschland vertrieben, auch ihr geistiger Einfluß sollte getilgt werden. Mit Bienenfleiß machte der »Turnvater« Jagd auf Fremd- und Lehnwörter und ruhte nicht eher, als bis seine sprachschöpferische Phantasie einen »ächt teutschen« Ersatz gefunden hatte. Universitäten verwandelten sich in »Vernunftturnplätze«, Mumien in »Dörrleichen«, Revolver in »Meuchelpuffer«. Die fatale Entdeckung, daß auch das Turnen – von lateinisch *tornare*, drehen – welschen Ursprungs war, blieb Jahn glücklicherweise erspart.

Die Turnerei ging von Berlin aus; die Wiege der Burschenschaften stand in Jena. Die »ehrlichen und wehrlichen« Studenten, die sie im Juni 1815 aus der Taufe hoben, darunter eine große Zahl von Heimkehrern aus dem soeben beendeten Kriege, wollten mit den herkömmlichen Landsmannschaften, deren Trinkfreude und Rauflust ihren akademischen Eifer weit übertraf, nichts zu schaffen haben. Ihre Ziele waren politischer Natur: Der »Studentenstaat« sollte das ersehnte Deutsche Reich gleichsam vorwegnehmen. Als Farben erkoren die Burschen das Schwarz-Rot-Gold des Lützowschen Freikorps, das sie fälschlich für »die« alten Reichsfarben hielten. Die Bewegung erfaßte rasch die übrigen Hochschulen. Schon drei Jahre später, am 18. Oktober 1818, wurde in Jena eine Dachorganisation, die Allgemeine Deutsche Burschenschaft, gegründet.

Damals hatten die Burschenschaften ihre erste Krise bereits hinter sich. Auf den Tag genau ein Jahr zuvor, am 18. Oktober 1817, hatten sie auf der Wartburg ein Fest organisiert, das zugleich an die Reformation und an die Völkerschlacht bei Leipzig erinnern sollte. Bei klarem Herbstwetter zogen fünfhundert Studenten, davon die Hälfte aus Jena, den Berg hinauf und lauschten im Rittersaal der Burg, den Großherzog Karl August gastfreundlich geöffnet hatte, patriotischen Reden. Danach folgte ein Gottesdienst. Am Abend wurden – unter weiteren Reden, deren Helden abwechselnd Luther und Blücher hießen – auf dem der Burg gegenüberliegenden Wartenberg Freudenfeuer angezündet. Die meisten Studenten waren schon auf dem Heimweg, als einige Turner noch ein Nachspiel in Szene setzten: Nach dem Vorbild des Reformators, der die Bannbulle des Papstes öffentlich verbrannt hatte, warfen sie unter »Pereat«-Rufen an die dreißig mißliebige Bücher ins Feuer.

Die Eulenspiegelei erregte in ganz Deutschland ungeheures Aufsehen. An den Höfen von Berlin und Wien griff Angst um sich. Staatskanzler Metternich erklärte dem preußischen Gesandten, jetzt sei es an der Zeit, »gegen diesen Geist des Jakobinismus zu wüten«; auch der »Altbursche« Karl August müsse zur Rechenschaft gezogen werden. In Berlin erhielt der Unterrichtsminister strengen Befehl, alle Studentenverbindungen bei Strafe der Relegation zu verbieten und das Turnwesen scharf zu beaufsichtigen. »Ich werde«, schrieb ihm der König, »nicht den mindesten Anstand nehmen, diejenige Universität, auf welcher der Geist der Zügellosigkeit nicht zu vertilgen ist, aufzuheben.«

Auch der zweiundzwanzigjährige Theologiestudent Karl Ludwig Sand war mit auf die Wartburg gezogen. Während der Ferien im heimatlichen Wunsiedel hatte er ein schwülstiges Bekenntnis zu den Zielen der Burschenschaften verfaßt und in einer Auflage von 200 Exemplaren drucken lassen. In diesem sonderbaren Dokument, das er auf dem Fest verteilte, klingt die Tat, die er anderthalb Jahre später begehen sollte, bereits an. »Jedwedem Unreinen, Unehrlichen, Schlechten«, heißt es darin. »soll der Einzelne auf eigene Faust nach seiner hohen Freiheit zum offenen Kampfe entgegentreten.« Auch das Opfer des Mordanschlags wurde auf dem Wartburgfest schattenhaft sichtbar: Eine der verbrannten Schriften war Kotzebues »Geschichte des Deutschen Reichs«.

Sand gehörte zu jener nicht eben seltenen Kategorie von Wirrköpfen, die nach dem Höchsten streben, aber Mühe haben, das Nächstliegende zu begreifen. »Ich beschwöre Dich, bester Karl«, schrieb ihm die besorgte Mutter, »laß Dich die Schwäche der Schwärmerei nicht abführen von bürgerlichen und häuslichen Hinsichten!« Die mütterliche Mahnung nutzte wenig. Eine Zeitlang spielte Sand mit dem Gedanken, als Missionar nach Indien zu gehen. Aber dann sah er seine Mission doch wieder in der Erlösung des Vaterlandes. Im Herbst 1818 unternahm er eine Reise nach Berlin, um dem verehrten »Turnvater« seine Aufwartung zu machen. Auf Jahns Vorschlag besuchte er mit seinem Reisegefährten die »heiligen« Schlachtfelder des Befreiungskrieges. Die beiden jungen Männer waren peinlich berührt, als die Bauern sie für angehende Zahnärzte hielten, die den Gefallenen die Zähne ausbrechen wollten, um sie Lebenden wieder einzusetzen.

Sand hatte 1814 in Tübingen mit dem Studium begonnen. Als Napoleon aus Elba floh und nach Paris zurückkehrte, meldete sich der junge Theologe zu den bayerischen Fahnen. Doch war der Krieg zu Ende, bevor er den Feind zu Gesicht bekam. Er bezog die Universität von Erlangen, wo er sich für die Idee der Burschenschaften begeisterte. Zum Sommersemester 1817 siedelte er in die Hauptstadt der Bewegung, nach Jena, über.

Im Jahr darauf trat ein Dozent in den Lehrkörper ein, der auf Sand einen verhängnisvollen Einfluß ausüben sollte. Karl Follen hatte die Universität Gießen verlassen, da ihm dort eine polizeiliche Untersuchung drohte. Er war das Haupt eines radikal-demokratischen Zirkels, dessen Mitglieder sich »die Schwarzen« oder auch »die Unbedingten« nannten. Sein politisches Credo war eine wunderliche Mischung aus jakobinischen und theokratischen Elementen. Was ihn von der Mehrheit der Burschenschafter unterschied, war seine Überzeugung, daß die neue, bessere Welt nur mit Gewalt durchzusetzen sei. In seinem »Großen Lied« empfahl er, »mit Kronen, Thronen, Frohnen, Drohnen und Baronen« kurzen Prozeß zu machen:

Freiheitsmesser gezückt!
Hurra! Den Dolch durch die Kehle gedrückt!

Daß Follen in Sands Mordplan eingeweiht war, konnte ihm nicht nachgewiesen werden. Daß er an der Tat eine moralische Mitschuld trägt, ist dagegen kaum zu bezweifeln.

Warum verfiel Sand ausgerechnet auf den Lustspieldichter August von Kotzebue? Kotzebue gehörte nicht zu den »Zwingherren«, deren Beseitigung Follen predigte. Er war der fruchtbarste und erfolgreichste Bühnenautor seiner Zeit, weit erfolgreicher als Goethe und Schiller. Obwohl der Weimarer Theaterdirektor Goethe von der leichten Ware seines Konkurrenten wenig hielt, blieb ihm nichts anderes übrig, als den Wünschen seines Publikums nachzugeben: Von Kotzebues mehr als zweihundert Stücken führte er 87 auf. Selbst der stolze Ludwig van Beethoven war sich nicht zu schade, den Umworbenen um ein Opernlibretto zu bitten: »Möge sie romantisch, ganz ernsthaft, heroisch, sentimental sein, kurzum, wie es Ihnen gefalle, werde ich sie mit Vergnügen annehmen.« Kotzebues Stücke sind heute vergessen. Nur »Krähwinkel«, der Schauplatz des Lustspiels »Die deutschen Kleinstädter«, ist zum geflügelten Wort geworden.

Wie es bei populären Schriftstellern nicht selten geht, stand auch Kotzebues Sinn nach Höherem. Es gab kaum einen politischen Streit oder eine literarische Fehde, in die er sich nicht einmischte. Da der Minister Goethe dem gebürtigen Weimaraner die erhoffte Beamtenlaufbahn versperrte, ging er an den Zarenhof nach Sankt Petersburg. Hier machte er rasch Karriere, wurde nobilitiert und heiratete nacheinander drei Damen aus baltischem Adel. Vorübergehend fiel er in Ungnade und wurde nach Sibirien verbannt. Aber bald war er wieder obenauf. Von seinem Gut in Estland aus beteiligte er sich kräftig am publizistischen Kampf gegen Napoleon. Zwar mußte er seine satirische Zeitschrift »Die Biene« nach einer Protestdemarche des französischen Botschafters einstellen. Doch konnte er sie, nachdem der Zar der antifranzösischen Koalition beigetreten war, fortsetzen – nunmehr unter dem Titel »Die Grille«. Anfang 1814 wurde er zum Staatsrat befördert und als Kaiserlich Russischer Generalkonsul nach Königsberg geschickt.

Im April 1817 läßt sich Kotzebue mit seiner dritten Frau, elf Kindern und einem Gefolge von Gouvernanten, Hauslehrern und Bedienten wieder in seiner Heimatstadt nieder. In der Tasche hat er einen »Beratervertrag«, der ihm ein Jahresgehalt von 4500 Talern garantiert. Dafür soll er zwei- bis dreimal im Jahr über politische, geistige und sonstige Entwicklungen in Deutschland und Frankreich berichten. An Stoff fehlt es ihm nicht. Auch der Zarenhof verfolgt die Gärung unter den deutschen Studenten mit Sorge. Kotzebue weiß, was man von ihm erwartet. Zu verstellen braucht er sich nicht: Der Frischgeadelte mißbilligt die politischen Ambitionen der Schicht, der er selbst entstammt. Mit geübter Feder macht er sich über Burschen und Turner lustig.

Durch eine Indiskretion gelangt einer seiner Berichte in die Hände des Historikers Heinrich Luden, der in Jena die liberale Zeitschrift »Nemesis« herausgibt. Als sich Luden anschickt, den Bericht zu veröffentlichen, läßt Kotzebue die Ausgabe von der Polizei beschlagnahmen. Andere Zeitschriften springen ein und drucken den Bericht nach. Kotzebue wehrt sich mit Verleumdungsklagen, dringt aber nicht durch. Nun gründet er selbst eine Zeitschrift: Im »Literarischen Wochenblatt« polemisiert er gegen dic Stubengelehrten, die in junge Gemüter leichtfertig einen Samen streuen, der am Ende bittere Früchte tragen werde. Nach den Vorkommnissen auf der Wartburg sei es hohe Zeit, der akademischen Freiheit enge Grenzen zu setzen. Metternich läßt ihn wissen, wie sehr er die Lektüre des »Wochenblattes« schätzt. Aber in Weimar ist Kotzebues Stellung unhaltbar geworden. Im Herbst 1818 verlegt er seinen Wohnsitz nach Mannheim, wo er – fern von Turnern und Burschenschaften – seinen Arbeitsfrieden wiederzufinden hofft. Seine Rechnung scheint aufzugehen: Die Residenzstadt empfängt den berühmten Gast mit einer Nachtmusik.

Etwa um die gleiche Zeit entschließt sich Sand zur Tat. Schon im Mai hat er in sein Tagebuch eingetragen: »Wenn ich sinne, so denke ich oft, es sollte doch Einer muthig über sich nehmen, dem Kotzebue oder sonst einem solchen Landesverräther das Schwert ins Gekröse zu stoßen.« Den letzten Anstoß gibt ihm eine geheime Denkschrift des russischen Staatsrats Sturdza, die der Zar auf dem ersten Kongreß der Heiligen Allianz in Aachen verteilen läßt. Sturdza nennt die Universitäten Pflanzstätten der Gottlosigkeit und der Revolution. Er plädiert dafür, diese »gotischen Trümmer« unter schärfste Aufsicht zu stellen und die akademische Freiheit abzuschaffen. Die Studenten seien als unmündige Bürger zu behandeln und einem festen Stundenplan zu unterwerfen. Wenn man die Pressefreiheit schon nicht beseitigen könne, so möge man die Jugend jedenfalls daran hindern, schlechte Bücher und Zeitschriften zu lesen. Wie nicht anders zu erwarten, findet die Denkschrift sofort ihren Weg in die Presse, wo sie mit einem Sturm der Entrüstung aufgenommen wird. Nur das »Literarische Wochenblatt« befindet, es stehe der Öffentlichkeit nicht zu, über vertrauliche Aktenvorgänge zu urteilen.

Monatelang bereitet Sand den Anschlag vor. Er besitzt einen kleinen Dolch, den er in Erlangen auf dem Jahrmarkt erstanden hat. Aus einem französischen Hirschfänger läßt er sich einen zweiten, größeren Dolch anfertigen. Er besucht Vorlesungen der Anatomie und studiert gewissenhaft die Lage des Herzens. Als ihn ein Freund besucht, gibt er ihm einen leichten Hieb ins Gesicht, und als der Freund erschrocken die Hände hochreißt, einen zweiten, heftigeren vor die Brust. »Siehst du«, sagt er lächelnd, »so muß man es machen, wenn man einen erstechen will.« Daneben verfaßt er fünf Schriften, in denen er das Attentat begründet. Eine von ihnen trägt den Titel »Todesstoß dem August von Kotzebue«. »Ich hasse nichts mehr«, heißt es darin, »als die Feigheit und Faulheit der Gesinnung dieser Tage. Ein Zeichen muß ich Euch deß geben, muß mich erklären gegen diese Schlaffheit, weiß nichts Edleres zu thun als den Erzknecht und das Schutzbild dieser feilen Zeit, Dich Verderber und Verräther meines Volkes – August von Kotzebue – niederzustoßen.« Seine Tat versteht er als Vollendung der Reformation: »Ein Christus kannst Du werden! Auf, mein Volk, besinne Dich, ermanne, befreie Dich!«

Die Abfassung der Schriften beschäftigt ihn mehrere Monate. Der Verdacht liegt nahe, daß er seiner Sache nicht ganz sicher ist und sich selbst erst überzeugen muß. Manches spricht sogar dafür, daß er hofft, an der Tat gehindert zu werden: Als er am 8. März 1819 nach Mannheim aufbricht, läßt er die inkriminierenden Papiere offen auf seinem Arbeitstisch liegen. Aber niemand wirft einen Blick darauf. Für die Reise benötigt er zwei Wochen. Erst am 23. März trifft er in Mannheim ein. Noch am gleichen Tag spricht er bei Kotzebue vor. Da er annimmt, als russischer Staatsbürger leichter Einlaß zu finden, gibt er sich als »Heinrichs aus Mitau« aus. Wie Charlotte Corday wird er zweimal abgewiesen, bevor man ihn beim dritten Versuch ins Haus bittet.

Um fünf Uhr nachmittags tritt er seinem Opfer gegenüber. Nach dem Austausch einiger Höflichkeiten zieht Sand den größeren seiner beiden Dolche – das »kleine Schwert«, wie er ihn nennt – und versetzt Kotzebue mit dem Ausruf »Hier, du Verräter des Vaterlandes!« zunächst einen Stich in den Oberkiefer und danach, als der Attackierte wie erwartet sein Gesicht mit den Händen bedeckt, zwei weitere in die linke Seite. Kotzebue bricht zusammen. »Er hat noch mit den Augenwimpern immer gezwickert«, gibt Sand später zu Protokoll, »so daß man bald das Weiße der Augen, bald nichts sah.« Als er sich umdreht, bemerkt er eines von Kotzebues Kindern, das während des Mordes eingetreten ist. Das Kind schreit. Sand wird plötzlich von Gewissensbissen gepackt. Er kehrt die Waffe gegen sich selbst. Als Familie und Diener hereinstürzen, liegen Täter und Opfer leblos am Boden. Während Kotzebue, der nur noch unartikulierte Laute von sich gibt, ins Nebenzimmer gebracht wird, kommt Sand wieder zu sich. Er läuft die Treppe hinunter. Seine Absicht ist, den

»Todesstoß« mit dem Reservedolch an die Haustür zu heften. Aber er hat den Dolch verloren. Auf die Rufe der Dienstboten sammelt sich vor dem Haus eine Menge, die in dumpfer Bestürzung zusieht, wie Sand in die Knie sinkt, sich das »kleine Schwert« zum zweitenmal in die Brust stößt und das Bewußtsein verliert.

Auf allen deutschen Bühnen wird der Ermordete durch Trauerfeiern geehrt. Aber auch dem Mörder, der schwerverletzt im Krankenhaus liegt, fliegen die Herzen zu. Die liberale Presse lehnt den Mord zwar ab, doch billigt sie das Motiv. »So wie die That geschehen ist durch diesen reinen, frommen Jüngling«, tröstet der Berliner Theologe de Wette Sands Mutter, »mit diesem Glauben, mit dieser Zuversicht ist sie ein schönes Zeichen der Zeit. Der Irrtum wird aufgewogen durch die Lauterkeit der Überzeugung, die Leidenschaft wird geheiligt durch die Quelle, aus der sie fließt.«

Als Sand so weit hergestellt ist, daß das Verfahren gegen ihn eröffnet werden kann, bestreitet er zunächst die Zuständigkeit des Gerichts: Als »junger Deutscher und bekennender Christ« könne er sich nur einer Justiz unterwerfen, die vom Volk eingesetzt sei. Dann ändert er seine Taktik und begründet die Tat mit einem übergesetzlichen Notstand: Da die deutschen Regierungen aus Angst vor Rußland untätig blieben, sei dem einzelnen Bürger die »heilige Pflicht« zugefallen, den Verräter zum Schweigen zu bringen. Auf die Frage, warum er Kotzebue nicht publizistisch entgegengetreten sei, antwortet Sand, »es sei unmöglich gewesen, etwas durch Schriften gegen ihn zu tun, weil alle die weibischen Wesen in Deutschland mit ihm geweint und ihn angebetet hätten«.

Am 5. Mai 1820 verurteilt das badische Oberhofgericht den Angeklagten zum Tod durch das Schwert. Am 20. Mai wird er auf der Wiese vor dem Heidelberger Tor geköpft. Da man feindselige Demonstrationen befürchtet, wird die Hinrichtung auf fünf Uhr früh angesetzt. Sand muß versprechen, nicht zum Volk zu reden. 1500 Soldaten, teils zu Fuß, teils zu Pferde, umstellen das Schafott. Für alle Fälle wird auch ein Artillerie-Detachement in Alarmbereitschaft versetzt. Die Vorkehrungen erweisen sich als unnötig. Die Hinrichtung vollzieht sich in ernstem Schweigen. Nur als der Kopf fällt, steigt aus der Menge ein Murmeln auf. Danach allerdings ist kein Halten mehr. Man umdrängt das Schafott, wischt das Blut mit Tüchern auf. Sands Haare kommen als Reliquien auf den Markt, desgleichen der Stuhl, auf dem er während der kurzen

Mit dem Ausruf »Hier, du Verräter des Vaterlandes!« versetzte Karl Ludwig Sand, der Mörder August von Kotzebues, seinem Opfer die tödlichen Messerstiche. Als aber der Attentäter eines von Kotzebues Kindern bemerkte, das während des Mordes ins Zimmer getreten war, wurde er von Gewissensbissen gepackt und kehrte die Waffe gegen sich selbst. Stahlstich, um 1840.

Fahrt zur Hinrichtung saß: Ein Splitter davon ist noch heute im Museum von Wunsiedel zu besichtigen.

Wenn Sand geglaubt hatte, das Volk werde seinem Beispiel folgen und die »Zwingherren« verjagen, so hatte er sich getäuscht. Als vier Monate nach seiner Tat, am 1. Juli 1819, der Apothekergehilfe Löning einen Mordanschlag auf den nassauischen Regierungspräsidenten Karl von Ibell verübte, wandte sich sogar die liberale Presse erschrocken ab. Die herausgeforderten Monarchen schlugen hart zurück. Am 20. September verabschiedete der Bundestag die Karlsbader Beschlüsse, die die Freiheit der Presse und der Hochschulen empfindlich beschränkten: Die Burschenschaften und das öffentliche Turnen wurden verboten, Zeitungen und Zeitschriften einer scharfen Zensur unterworfen. Während »Kuratoren« den Lehrbetrieb überwachten und die Polizei verdächtige Briefe »perlustrierte«, machte sich in Mainz eine »Zentral-Untersuchungskommission« daran, den Umtrieben der »Demagogen« nachzuspüren.

Der Theologe de Wette verlor seinen Lehrstuhl. Jahn wurde verhaftet und erst sechs Jahre später wieder auf freien Fuß gesetzt. Follen kam dem gleichen Schicksal zuvor, indem er nach Frankreich floh. 1824 wanderte er nach Amerika aus und endete als unitarischer Prediger und Deutschlehrer in Harvard. Hier brachte er nun doch noch eine kleine Revolution zustande: Ihm ist es zu danken, daß jedes Jahr zur Weihnachtszeit auf dem Campus ein Christbaum steht.

Rache für Italien:
Napoleon III.

Es fällt heute schwer, sich den Haß vorzustellen, den der friedlie-
bende, durch und durch biedere »Bürgerkönig« Louis Philippe bei
seinen Untertanen erregte. Nicht weniger als zehn Attentate legen
Zeugnis davon ab, daß er mit seiner Politik des Juste-milieu das
Kunststück fertigbrachte, Legitimisten, Republikaner und Bona-
partisten gleichermaßen vor den Kopf zu stoßen. Das spekta-
kulärste dieser Attentate verübte der Korse Joseph Fieschi: Am
28. Juli 1835 beschoß er den König aus einer Höllenmaschine, die
er aus 24 Flintenläufen zusammengebastelt hatte. Der alte Mar-
schall Mortier und elf Höflinge kamen ums Leben; Louis Philippe
wurde nur leicht verletzt. Die Höllenmaschine ist heute eines der
Prunkstücke des französischen Nationalarchivs im Hôtel de Sou-
bise.

Womöglich noch größeres Aufsehen erregte der Anschlag, mit
dem ein anderer Südländer den Nachfolger des »Bürgerkönigs«,
Napoleon III., aus dem Wege zu räumen suchte. Auch dieser
Anschlag ging daneben: Die vier mit Knallquecksilber gefüllten
Kugeln, die der Italiener Felice Orsini und seine Helfershelfer auf
den Kaiser schleuderten, verletzten 156 Menschen, von denen
acht später starben. Napoleon und seine Frau Eugénie gehörten
nicht dazu: Unversehrt entstiegen sie ihrer Kutsche und setzten zu
Fuß ihren Weg zur Oper fort. Ihr politisches Ziel erreichten die
vier Kugeln trotzdem.

Das postnapoleonische Italien, in dem Orsini groß wurde, glich
in vieler Hinsicht dem Deutschland der Karlsbader Beschlüsse,
der verbotenen Burschenschaften und verfolgten »Demagogen«.
Der Wiener Kongreß ließ nicht nur den Traum der deutschen
Einheit unerfüllt; er zerschlug auch das »Königreich Italien«, das
Napoleon 1805 aus dem Boden gestampft hatte. An seine Stelle
traten der Kirchenstaat, zwei Königreiche und vier Herzogtümer.

Venetien und die Lombardei wurden von Österreich annektiert. Italien war, wie Metternich triumphierend verkündete, »nur noch ein geographischer Begriff«. Der Code Napoléon wurde überall abgeschafft und mit ihm die Gleichheit vor dem Gesetz. Die Inquisition kehrte zurück. Der Drang nach Verfassungen, meinte Ferdinand I., König beider Sizilien, sei eine Mode wie der absonderliche Verzicht auf Puder; sie werde ebenso schnell vergehen, wie sie gekommen sei. Die Päpste Leo XII. (1823–29) und Gregor XVI. (1831–46) sträubten sich sogar gegen medizinische und technische Neuerungen: Schutzimpfung und Gasbeleuchtung, Hängebrücken und Eisenbahnen waren in ihren Augen nichts weiter als Blendwerke des Teufels. Mit Republikanern, Liberalen und anderen aufsässigen Elementen wurde kurzer Prozeß gemacht. Als Gregor XVI. starb, schmachteten in den Gefängnissen des Kirchenstaates 2000 politische Gefangene. Wer in Venetien und der Lombardei unangenehm auffiel, fand sich in Brünn auf dem berüchtigten Spielberg wieder.

In diesem Klima der Unterdrückung gedieh der Geheimbund der Carbonari, der »Köhler«, die sich geschworen hatten, »den Wald von den Wölfen zu säubern«. Als 1820 die Revolution von Spanien auf Süditalien übergriff, stellten sich die Carbonari an ihre Spitze. Sie zwangen den gepuderten Ferdinand, die spanische Verfassung auch in Neapel einzuführen. Die konstitutionelle Herrlichkeit dauerte nur ein Jahr. Mit Zustimmung Preußens und Rußlands rückten österreichische Truppen in Neapel ein. König Ferdinand widerrief die Verfassung und nahm an den Aufrührern blutige Rache. Auch im Königreich Sardinien und im Kirchenstaat kam es mehrfach zu Unruhen, die jedesmal nach kurzer Zeit zusammenbrachen. Vom Papst gebannt, verlegten die Carbonari schließlich ihr Hauptquartier nach Frankreich, wo sie bald zu völliger Bedeutungslosigkeit herabsanken.

An den Unruhen im Kirchenstaat hatten sich auch zwei französische Prinzen beteiligt: Napoléon Louis und Charles Louis Napoléon Bonaparte waren die Söhne der Hortense, ehemals Königin von Holland, die nach dem Sturz ihres Schwagers und der Scheidung von ihrem Mann in der Schweiz residierte. Die Sommermonate verbrachten sie häufig bei Großmutter Laetitia in Rom. Als die Carbonari dort wieder einmal zum Sturz des Papstes aufriefen, waren die beiden jungen Männer Feuer und Flamme. Sie unterzogen sich dem mystischen Aufnahmeritual und traten dem Männerbund bei. Die Behörden fackelten nicht lange: Nachdem Charles, die Trikolore schwingend, durch die Straßen Roms geritten war, wurden die beiden Prinzen ausgewiesen. Sie schlossen sich nun den Aufständischen an, die die Ewige Stadt berennen und den Kirchenstaat in eine Republik verwandeln wollten. Als die Österreicher anrückten, war auch dieses Abenteuer beendet. Der ältere Bruder überlebte es nicht: Bei Forlì starb er an den Masern. Daß es Charles heil überstand, verdankte er der eilig herbeigereisten Mutter: Die Österreicher ließen die abgedankte Königin galant passieren. Sie konnten nicht ahnen, daß der Lakai auf dem Kutschbock in Wirklichkeit der Sohn war, nach dem sie fahndeten.

Charles oder, wie er sich später nannte, Napoleon III. zog es vor, seinen Jugendstreich zu verdrängen. Felice Orsini dagegen vergaß nicht, daß der Kaiser einmal den Carbonari-Eid geschworen und später gebrochen hatte. Auch Vater Orsini war Carbonaro gewesen. Als der Sohn sein Jurastudium beendete, waren die Köhler schon nach Frankreich emigriert. Felice schloß sich dem »Jungen Italien« an – der Organisation, in der der Genueser Anwalt Giuseppe Mazzini die versprengten Reste der Patrioten sammelte. Mazzini setzte die operettenhaften Putschversuche der Carbonari fort, die die Einheit Italiens zwar keinen Deut näher brachten, aber die Kabinette und die Phantasie der Zeitgenossen in Atem hielten. Orsini erwies sich als williges Werkzeug. Im Mai 1844 wurde er mit seinem Vater verhaftet und von der Sacra Consulta, dem höchsten Gericht des Kirchenstaates, wegen »Verschwörung gegen alle Regierungen Italiens« zu lebenslanger Galeerenstrafe verurteilt. Nur ein Zufall bewahrte ihn vor diesem schrecklichen Schicksal: In der Nacht vor dem Abtransport starb Gregor XVI. Sein Nachfolger, Pius IX., amnestierte die politischen Gefangenen gegen das Versprechen, die öffentliche Ordnung nie mehr zu stören.

Orsini dachte nicht daran, das Versprechen zu halten. Als 1848 in ganz Europa Aufstände ausbrachen, war er wieder mit von der Partie. In der piemontesischen Armee, die vergebens versuchte, die Österreicher aus der Lombardei zu verjagen, brachte er es vom Korporal zum Hauptmann. Nach der Vertreibung des Papstes wurde er zum Abgeordneten der »Römischen Republik«

gewählt. Auch dieses Intermezzo war bald Geschichte. Mit Hilfe französischer Truppen kehrte Pius IX. aus Gaeta, wohin er sich geflüchtet hatte, nach Rom zurück. Daß es ausgerechnet der ehemalige Carbonaro war, der den Kirchenstaat noch einmal vor dem Untergang rettete, entsprang einem nüchternen Blick auf die katholischen Wähler. Bonapartes Kalkül ging auf: Zwei Jahre später beförderte ein Plebiszit den *Prince-Président* zum Kaiser. Justament dieser Verrat war es, den ihm Orsini nie verzieh.

Vorerst hielt es Orsini freilich für angezeigt, sich nach Nizza zurückzuziehen, wo er eine Hanffabrik eröffnete. In Nizza lernte er Alexander Herzen, Georg Herwegh und andere Emigranten kennen, die ihre Heimat aus politischen Gründen verlassen hatten. Vor allem mit Emma Herwegh, die im Revolutionsjahr 1848 gemeinsam mit ihrem Gatten eine deutsch-französische Freischar befehligt hatte, verband ihn eine enge Freundschaft. Doch bald rief ihn Mazzini wieder zu den Fahnen. Er hatte einen neuen Umsturzplan ausgeheckt: Am Faschingsdienstag 1853 sollten der Papst, der französische und der österreichische Kaiser gleichzeitig ermordet werden. Der Plan mißlang ebenso wie die folgenden – eine Landung bei La Spezia und ein Einmarsch durch das Veltlin. Zweimal wurde Orsini festgenommen, zweimal kam er wieder frei.

Im Dezember 1854 verließ ihn jedoch sein guter Stern. Mit Herweghs leicht verändertem Paß war er als Schweizer Uhrmacher »Georges Harnagh« nach Siebenbürgen gereist, um die dort stationierten italienischen Einheiten aufzuwiegeln. Unterwegs verbrachte er einige Tage in Wien. Bei einem Opernbesuch fand er sich überraschend in der Nähe des jungen Kaiserpaars wieder, mußte jedoch die günstige Gelegenheit mangels einer Waffe ungenutzt verstreichen lassen. In Hermannstadt wurde er beim Abendessen verhaftet und unter schwerer Bedeckung an das zuständige Gericht in Mantua überstellt. Länger als ein Jahr saß er, auf das Schlimmste gefaßt, im Castello San Giorgio und erwartete sein Urteil. Erst am 30. März 1856 gelang ihm die Flucht – nach seinem eigenen Bericht, indem er sich mit Hilfe der getreuen Emma, die eine Säge ins Gefängnis geschmuggelt hatte, an zusammengeknüpften Handtüchern und Bettlaken in den Burggraben hinunterließ. Die Österreicher hingegen waren fest davon überzeugt, daß er einen Wärter bestochen hatte.

Welche der beiden Versionen auch immer zutrifft – nach seiner Leidenszeit in Mantua hatte Orsini von seinem Mentor Mazzini genug, der zwar Gewalt predigte, aber das Risiko gern andern überließ. Der Mann der Stunde war der sardische Ministerpräsident Camillo Cavour: Er erwartete die Einigung Italiens nicht von heroischen Gesten und publikumswirksamen Terrorakten, sondern vom diplomatischen Druck der Westmächte. Orsini, der sich in London mit Sprachunterricht und Vorträgen mehr schlecht als recht über Wasser hielt, bot Cavour seine Dienste an. Doch der hielt es für klüger, auf die Bekanntschaft mit dem notorischen Berufsrevolutionär zu verzichten. Orsini bekam auf seinen Brief keine Antwort. Daraufhin entschloß er sich, auf eigene Faust zu handeln. Eine aufsehenerregende Tat sollte das Gewissen der Welt wachrütteln und sie an die Not Italiens erinnern.

Auf diesem Weg ermutigte ihn ein französischer Seelenfreund, den er im »Café Suisse«, einem Emigrantentreffpunkt in Soho, kennengelernt hatte. Der Schiffsarzt Simon Francis Bernard hatte im Revolutionsjahr 1848 seinen wahren Beruf entdeckt: Nach dem Vorbild der Jakobiner gründete er einen politischen Club »La Bonne Nouvelle«, in dem er allabendlich vor vier- bis fünftausend Zuhörern die frohe Botschaft des Kommunismus verkündete. Der Club wurde mehrmals geschlossen, was Bernard nicht davon abhielt, ihn immer wieder an anderen Orten zu eröffnen. Erst als man ihn im Februar 1849 zu fünf Jahren Gefängnis verurteilte, floh er ins Ausland – zunächst nach Brüssel, später nach London. Bernard war es, der den Blick des tatendurstigen Italieners auf das Opfer lenkte, von dessen Tod der größte Effekt zu erwarten war – auf Napoleon III.

Als Liebhaber der damals ganz neuen Photographie hatte sich Bernard gewisse Grundkenntnisse der Chemie angeeignet. Er wußte, daß der englische Chemiker Howard 1799 das Knallquecksilber, auch Howardsches Knallpulver genannt, entdeckt hatte. Dabei handelte es sich um eine Mixtur aus Quecksilber, Salpetersäure, Alkohol und Wasser, die, wenn sie kräftig geschüttelt wurde, mit großem Getöse explodierte. Am 4. November 1857 kaufte er in einer Apotheke hinter der Paulskathedrale die nötigen Ingredienzien – zum Entwickeln von Daguerreotypien, wie er dem Apotheker erklärte.

Um den Behälter für die explosive Mischung kümmerte sich ein englischer Bekannter von ihm, der schon recht betagte Thomas Allsop. Auch Allsop war Kommunist und obendrein ein leidenschaftlicher Feind des Christentums: In einer Anzeige, mit der er ein Haus auf dem Lande suchte, hatte er zur Bedingung gemacht, daß in einem Umkreis von fünf Meilen keine Kirche zu finden sei. Bei einem Ingenieur in Birmingham namens Taylor bestellte Allsop sechs hohle Metallkugeln mit Bohrlöchern, die durch Schrauben verschlossen wurden, was ihnen das Aussehen eines Stechapfels gab. Das hölzerne Modell, das Allsop mitbrachte, war offenkundig von der Bombe inspiriert, mit der unbekannte Täter einige Jahre zuvor versucht hatten, Napoleons Salonwagen in die Luft zu jagen. Taylor sah in der Bestellung nichts Arges. Er vermutete, der würdige alte Herr müsse etwas mit dem Kriegsministerium zu tun haben.

Das Ausprobieren übernahm der Chefredakteur der sozialistischen Zeitung »The Reasoner«, George Jacob Holyoake. Holyoake war der letzte Engländer, der wegen Gotteslästerung ins Gefängnis kam. Auf sein Drängen verabschiedete das Parlament den *Evidence Amendment Act*, der den Zeugeneid auch ohne religiöse Beteuerungsformel zuließ. Mit zwei wohlgefüllten Kugeln reiste er nach Sheffield, wo er einen Vortrag zu halten hatte. Da ihm die Wirtin seiner Pension allzu neugierig schien, nahm er die Versuchskaninchen in den Vortragssaal mit. Am nächsten Morgen warf er eine der beiden Kugeln in einen abseits gelegenen Steinbruch – mit durchschlagendem Erfolg. »Meine beiden Begleiter«, schrieb er vergnügt an Bernard, »haben sich wie erwartet betragen. Der eine sagte nichts – vielleicht, weil er keine Gelegenheit dazu hatte. Der andere zeigte, was in ihm steckte, und war ganz aus dem Häuschen. Man hat seitdem von ihm gehört, aber nichts mehr gesehen.«

Zu Gehilfen bei der Ausführung der Tat gewann Orsini drei Landsleute, die ihre Heimat aus unterschiedlichen Gründen verlassen hatten und in London lebten. Giuseppe Andrea Pieri war wegen Diebstahls vorbestraft und hatte eine Zeitlang in der französischen Fremdenlegion gedient. 1848 war er nach Italien zurückgekehrt, wo er unter dem Vorwand, die Royalisten zu züchtigen, an der Spitze eines Räuberhaufens die Gegend von Pistoia terrorisierte. Auch Antonio Gomez hatte wegen Diebstahls im Gefängnis gesessen; auch er hatte in der Fremdenlegion gedient, es jedoch vorgezogen, das Weite zu suchen, als die Kämpfe in Algerien ungemütlich wurden. Carlo di Rudio war Soldat der kurzlebigen »Römischen Republik« gewesen. Seine Flucht nach Amerika endete mit einem Schiffbruch vor der spanischen Küste. In einem Londoner Wirtshaus hatte ihn ein anderer Emigrant der Spionage für Österreich bezichtigt und durch sechs Messerstiche schwer verletzt.

Am 28. November 1857 reiste Orsini mit Allsops Paß nach Paris, wo er in der Rue de Mont Thabor ein herrschaftlich möbliertes Appartement bezog. Das Knallpulver führte er in einem Paket mit sich. Die fünf Kugeln vertraute Bernard einem Kellner des »Café Suisse« an, der sie im Glauben, es handle sich um »Geräte einer neuen Erfindung für Gas« nach Brüssel brachte; als solche wurden sie in Ostende verzollt. In Brüssel übernahm ein ebenso ahnungsloser Stallbursche, der Orsinis Pferd auf der Eisenbahn begleitete, den Weitertransport. Anfang Januar folgten die drei italienischen Komplizen nach, jeder mit einem falschen Paß – Pieri als ein preußischer Herr Pierey, Gomez als »Allsops« Butler Swiney und di Rudio als portugiesischer Bierreisender da Silva.

Das Attentat wurde auf den 14. Januar 1858 angesetzt. An diesem Tag nahm der populäre Bariton Jean Massol mit einer Operngala von der Bühne Abschied. Auch die kaiserliche Familie und ihr Hausgast, der Herzog von Sachsen-Koburg, wurden erwartet. Die Oper stand damals in der Rue Le Peletier; der Bau des Palais Garnier begann erst drei Jahre später. Orsini nahm es als gutes Omen, daß den Beschluß der Soiree ein Ballett machte, dessen Gegenstand – Opernfreunden aus Verdis »Maskenball« bekannt – die Ermordung Gustavs III. war.

Um halb acht brachen die Verschwörer zum Tatort auf und verteilten sich in der wartenden Menge. Orsini hatte zwei Sprengkapseln bei sich, jeder seiner Gehilfen eine. In dem dichten Gedränge bemerkte Orsini nicht, daß Pieri, noch bevor das Opfer in Sicht war, verschwand: Ein Kriminalkommissar in Zivil, der an diesem Abend die Oper besuchte, hatte den aus Frankreich ausgewiesenen Dieb erkannt und, da er sich verdächtig benahm, verhaftet. Als die Wagenkolonne gegen neun am Horizont auftauchte, warfen Gomez, Rudio und Orsini nacheinander ihre Kugeln. Alle vier explodierten. Die Straßenbeleuchtung verlosch, das

Glasdach über dem Eingang der Oper krachte klirrend zu Boden, und auf dem Pflaster wälzten sich schreiende Menschen und Pferde. Auch die kaiserliche Karosse wurde beschädigt. Doch als man die verklemmte Tür öffnete, entstiegen ihr die Majestäten unverletzt.

Auch in der Oper, wo die Vorstellung schon im Gange war, hatte man die vier Detonationen gehört. Als Eugénie mit blutigem Kleid die Kaiserloge betrat, ging ein Stöhnen durch das Parkett. Aber es war nur das Blut des Adjutanten, den ein Splitter am Hals verwundet hatte. In der Pause nahm das Kaiserpaar die Glückwünsche des herbeigeeilten Kabinetts entgegen. Die Rückkehr zu den Tuilerien gegen Mitternacht artete in einen Triumphzug aus: Ganz Paris war auf den Beinen, um den so wunderbar Geretteten zuzujubeln.

Mit Hilfe des verhafteten Pieri war es ein leichtes, die übrigen Verschwörer zu identifizieren und festzunehmen. Orsini schlief ruhig, als die Polizei in seine Wohnung eindrang. Sein Kopfkissen war blutgetränkt: Eine der Explosionen hatte ihn an der Schläfe verletzt. Im Prozeß bekannte er sich ohne Umschweife zur Tat. Seine Gehilfen suchte er dagegen zu entlasten. Sein aristokratischer Anstand und sein würdiger Ernst verfehlten ihren Eindruck nicht. »Orsini ist der Held dieses Trauerspiels«, berichtete der österreichische Gesandte Hübner indigniert nach Wien. »Alle großen Damen sind hingerissen. Sie bewundern seine Schönheit, seinen Mut und seine Gelassenheit. Auch die Kaiserin ist ganz verrückt nach diesem Mörder in Samthandschuhen.« Gerüchte wollten wissen, nur ein Machtwort des Kaisers habe verhindert, daß Eugénie den Bombenwerfer im Gefängnis besuche.

Orsinis Verteidiger Jules Favre, ein bekannter Politiker, der in den Friedensverhandlungen von 1870/71 eine führende Rolle spielen sollte, verfehlte nicht, die Parallelen zwischen Italien und dem vom Wiener Kongreß gedemütigten Frankreich wirkungsvoll herauszuarbeiten. Zum größten Ärger der Österreicher verlas er einen Brief an den Kaiser, in dem der Angeklagte nicht für sich bat, sondern für seine Heimat: »Möge Eure Majestät die Worte eines Patrioten nicht zurückweisen, der auf den Stufen zum Schafott steht. Machen Sie mein Land frei, und die Segenswünsche von 25 Millionen Menschen werden Sie überall und ewig begleiten.«

Vier Sprengkapseln warfen Orsini und seine Mitverschwörer auf die kaiserliche Karosse. Es gab acht Tote und 156 Verletzte. Aber Napoleon III. und seine Gemahlin Eugénie blieben unverletzt. Zeitgenössisches Gemälde von Vittori.

Napoleon war für diese Art von Rhetorik durchaus empfänglich. Schließlich hatte er selbst ein halbes Leben lang konspiriert. Als Maurer verkleidet, war er aus der Festung Ham geflohen. Seinen Thron verdankte er einem blutigen Staatsstreich. Respekt vor Menschenleben war gewiß das allerletzte, was ihn von dem Mann, der ihn ermorden wollte, unterschied. Er schickte seinen Vertrauten, den Polizeichef Pietri, in die Conciergerie, um Orsini sein Bedauern darüber auszudrücken, daß die Vollstreckung der Todesstrafe aus Gründen der Staatsräson leider nicht zu umgehen sei. Der Abschiedsbrief des Verurteilten wurde auf Weisung des Kaisers von allen Zeitungen publiziert.

Am 13. März 1858 wurden Orsini und Pieri – letzterer als Rückfalltäter – vom Scharfrichter Heidenreich geköpft. Die Stelle in der Rue de la Roquette, wo die Guillotine stand, ist im Straßenpflaster deutlich zu erkennen: Fünf große Steine waren dazu ausersehen, den Aufprall des 40 Kilo schweren Fallbeils abzufangen. In Anspielung auf die *cinq pierres* ernannte der Pariser Volkswitz den fatalen Ort zur »Abbaye de Saint Pierre«. Gomez und di Rudio wurden zu lebenslangen Freiheitsstrafen verurteilt. Di Rudio gelang es, drei Jahre später aus Cayenne zu fliehen. Diesmal kam er wirklich bis nach Amerika. Im amerikanischen Bürgerkrieg brachte er es zum Major. Er starb 1913 in San Francisco. Gomez wurde nach vielen Jahren begnadigt. Als gebrochener Mann kehrte er nach Neapel zurück. Beide schrieben Memoiren, in denen sie ihren Anteil am Attentat gebührend herausstrichen.

In London hatte das Attentat eine Kabinettskrise zur Folge. Um den Mißbrauch der britischen Gastfreundschaft durch kontinentale Extremisten zu verhindern, brachte die Regierung Palmerston eine *Conspiracy Bill* ein. Sie hatte nicht mit der öffentlichen Meinung gerechnet, die auf die französischen Ausfälle gegen das »Schlangennest« und »Verbrecherlabor« England mit wütendem Trotz reagierte. Die *Conspiracy Bill* wurde niedergestimmt. Palmerston trat zurück. Auch der Prozeß gegen Bernard endete mit einem Fiasko. Sein Verteidiger machte sich nicht einmal die Mühe, die Anklagepunkte zu widerlegen, sondern appellierte einfach an den Patriotismus der Geschworenen: »Zeigen Sie dem französischen Kaiser, daß sich eine englische Jury nicht einschüchtern läßt.« Die Geschworenen sprachen Bernard frei. Allsop, auf dessen Kopf eine Belohnung ausgesetzt war, verschwand für einige Monate nach Argentinien. Als er zurückkam, hatte der Staatsanwalt die Anklage stillschweigend fallenlassen. Holyoakes Beteiligung kam erst dreißig Jahre später ans Licht, als er sie selbst in seiner Autobiographie enthüllte.

Am 20. Juli 1858, sechs Monate nach dem Attentat, reiste Cavour unter dem Decknamen Giuseppe Benzo nach Plombières in den Vogesen, wo Napoleon III. seine Verdauungsstörungen kurierte. In einem streng geheimen Treffen verabredeten sie, daß Sardinien Österreich zum Krieg provozieren und daß Frankreich Sardinien zu Hilfe kommen werde. Ein Jahr später trat das geschlagene Österreich die Lombardei an Frankreich ab, das sie seinerseits an Sardinien weiterreichte. Es war der erste Schritt zur Einigung Italiens.

Unser amerikanischer Vetter:
Abraham Lincoln

»Attentate«, belehrte Außenminister Seward den amerikanischen Gesandten in Paris, der im Juli 1864 vor Mordkomplotten der Südstaaten warnte, »gehören nicht zur amerikanischen Tradition; ein so abscheulicher Verzweiflungsakt ist unserem politischen System fremd.« Neun Monate später war Präsident Lincoln tot. Seward selbst wurde bei einem zweiten Mordanschlag schwer verletzt. Lincoln war nur einer von vier amerikanischen Präsidenten, die einem Attentat zum Opfer fielen. Zehn weitere verdankten es ihrem guten Stern, daß sie die Versuche, ihnen das Schicksal Lincolns, Garfields, McKinleys und Kennedys zu bereiten, lebend überstanden. Der erste Präsident, auf den ein Mordanschlag verübt wurde, war Andrew Jackson. Am 30. Januar 1835 gab ein geistesgestörter Anstreicher namens Richard Lawrence zwei Schüsse auf ihn ab. Lawrence, der sich für König Richard III. hielt, war erbost darüber, daß die Regierung der abgefallenen Kolonien keine Anstalten machte, auf seine Schadenersatzforderungen einzugehen.

Sewards Sorglosigkeit angesichts der Warnung aus Paris ist um so erstaunlicher, als er über den Haß, der seinem Präsidenten aus den Südstaaten entgegenschlug, nicht im Zweifel sein konnte. Über der nahezu religiösen Verehrung, die Lincoln heute genießt, vergessen die Amerikaner leicht, daß er zu Lebzeiten ein höchst umstrittener Mann war. Daß er – mit weniger als 40 Prozent der Wähler hinter sich – überhaupt ins Weiße Haus einzog, verdankte er weniger eigenen Qualitäten als der mangelnden Geschlossenheit seiner Gegner: Da sich die Demokraten nicht einigen konnten, traten sie mit zwei Bewerbern an, die sich gegenseitig matt setzten. Lincolns Wahl war das auslösende Moment für die Sezession der elf Südstaaten, die sich ebenso im Recht fühlten wie Slowenien, Kroatien und Bosnien, als sie den jugoslawischen Staatsverband verließen.

Auch im Norden war Lincoln alles andere als populär. Sein entschiedenes Durchgreifen gegenüber den Sezessionisten fand keineswegs allgemeinen Beifall. Nicht nur die »Friedensdemokraten« – auch *Copperheads* (Mokassinschlangen) genannt – waren von der Möglichkeit überzeugt, sich mit den Sklavenhaltern gütlich zu einigen. Daß Lincoln den Angriff auf Fort Sumter am 12. April 1861 als Kriegserklärung wertete und, ohne den Kongreß zu fragen, sofort mit der Aushebung von Truppen begann, wurde ihm von vielen seiner eigenen Wähler schwer verübelt. Der Unwille steigerte sich, als er – wiederum ohne Zustimmung des Kongresses – am 3. März 1863 die allgemeine Wehrpflicht einführte. Die Folge waren die schlimmsten Ausschreitungen, die New York vorher und nachher erlebte: Erst nach vier Tagen konnte der plündernde und brandschatzende Mob durch eilig abkommandierte Frontregimenter zerstreut werden; an die tausend Menschen kamen dabei ums Leben.

Lincolns autokratischer Herrschaftsstil entfremdete ihn sogar seiner eigenen Partei. Mitglieder seines Kabinetts gefielen sich darin, öffentlich Anekdoten zum besten zu geben, die den Präsidenten als ungehobelten Hinterwäldler oder gar als Kriegsgewinnler hinstellten. Zu Beginn des Jahres 1864 zögerten die republikanischen Königsmacher, Lincoln ein zweitesmal als Kandidaten zu benennen. Wieder war es die Zerstrittenheit der Opposition, die ihm die Nominierung sicherte.

Horace Greeley, der Herausgeber der »New York Tribune«, schätzte, da er selbst der Adressat von jährlich hundert Drohbriefen sei, müsse Lincoln zehntausend erhalten. Daß es die Briefschreiber bei Drohungen vielleicht nicht bewenden lassen würden, war schon bei der Amtseinführung des Präsidenten befürchtet worden. Als versöhnliche Geste gegenüber den Südstaaten, die geschlossen gegen ihn gestimmt hatten, beabsichtigte Lincoln, auf seiner Reise von Springfield nach Washington einen Umweg über den Süden zu machen. Die gefährliche Idee wurde ihm rasch ausgeredet. Aber auch auf der Nordroute mangelte es nicht an ominösen Zwischenfällen: In Indiana wurde gerade noch rechtzeitig eine defekte Schiene entdeckt, die den Zug des designierten Präsidenten um ein Haar hätte entgleisen lassen. In Ohio fiel dem Gepäckmeister ein verdächtiger Koffer auf; als man ihn öffnete, fand sich darin eine Bombe.

Je näher man der Hauptstadt kam, um so nervöser wurden Lincolns Begleiter. Detektive der Agentur Pinkerton hatten vor einer weitverzweigten Verschwörung gewarnt, deren Fäden im notorisch aufsässigen Baltimore zusammenliefen. Widerwillig verzichtete Lincoln auf den geplanten feierlichen Einzug in Washington; statt dessen kam er spät nachts an und ließ sich ohne weitere Umstände vom Bahnhof zum Weißen Haus kutschieren. Die um ihr Vergnügen geprellte Presse rächte sich auf ihre Weise: Karikaturen zeigten den Präsidenten, in phantastische Verkleidungen gehüllt, auf der Flucht vor imaginären Verfolgern oder als blinden Passagier auf einem Güterwagen. Den unfreundlichen Empfang hat Lincoln nie ganz verwunden. Ratschläge, an seine persönliche Sicherheit zu denken, schlug er seitdem in den Wind.

Kurz nach der Inauguration plante der texanische Gendarm Ben McCulloch, die damals nur schwach gesicherte Hauptstadt mit 500 Mann zu überfallen und den Präsidenten zu entführen. Der Plan fiel ebenso ins Wasser wie spätere Projekte. Das aussichtsreichste ging auf das Konto von Walker Taylor, einem Neffen des Nordstaaten-Generals Joseph Taylor, der zugleich mit der Frau des Südstaaten-Präsidenten Jefferson Davis verwandt war. Nach Ausbruch des Bürgerkrieges trat er in die Armee der Konföderierten ein. Bei Fort Donelson schwer verwundet, verfiel er im Lazarett auf den Gedanken, seine gesellschaftlichen Kontakte in Washington zu nutzen, um Lincoln zu kidnappen. In Zivilkleidern reiste er durch die feindlichen Linien, meldete sich bei seinem Onkel und begleitete ihn zu einem Empfang im Weißen Haus, wo sich der Präsident teilnahmsvoll nach seiner Verletzung erkundigte. Anschließend fuhr er nach Richmond, der Hauptstadt der Konföderierten, und bot Davis an, ihm seinen Widersacher ins Haus zu liefern: »Es ist ebenso einfach, wie über deine Schwelle zu treten.« Doch Davis winkte ab. Lincoln sei ein Westerner und werde sich wehren. »In diesem Falle würdest du ihn umbringen. Den Verdacht, der Ermordung von Mr. Lincoln zugestimmt zu haben, könnte ich nicht ertragen. Unsere Sache könnte ihn nicht ertragen.«

Nicht jedermann war so zartbesaitet wie Davis. Im Lokalblatt von Selma (Alabama) erschien eine Anzeige, in der sich ein gewisser George Washington Gayle erbot, für ein Honorar von einer Million Dollar Präsident Lincoln, Vizepräsident Johnson und

Außenminister Seward zu ermorden. Daß es schließlich ein Schauspieler war, der Lincoln erschoß, und daß es in einem Theater geschah, hat die Tat in jene melodramatische Aura getaucht, die zur Popularität des Opfers nicht wenig beitrug.

John Wilkes Booth war ein Abkömmling der berühmtesten Mimenfamilie Amerikas. Vater Junius Brutus Booth war 1821 aus England eingewandert, um eine lästige Ehefrau abzuschütteln. Sein Bühnenruhm wurde von dem seines Sohnes Edwin noch übertroffen: Wenn wir den Augenzeugen glauben wollen, dann muß Edwin der bedeutendste Hamlet des 19. Jahrhunderts gewesen sein. Auch John Wilkes, 1839 geboren, war ein gefeierter Schauspieler, gewiß weniger subtil als sein Bruder, ihm in der glänzenden Erscheinung jedoch überlegen. Ihn als zweitklassigen Schmierenkomödianten hinzustellen, wie es einige Autoren getan haben, ist ebenso unsinnig wie die Theorie, er habe sich zum Mord entschlossen, um seine künstlerischen Mißerfolge durch eine aufsehenerregende Tat zu kompensieren. Abwegig ist auch die bei amerikanischen Psychoanalytikern beliebte Annahme, der Mord sei eine Ersatzhandlung für die Beseitigung des Vaters oder des Bruders gewesen: »Johnny« war der Liebling seines Vaters; auch mit Bruder Edwin verstand er sich gut.

Nein, das Tatmotiv ist auch ohne Zuhilfenahme der Psychoanalyse zu erklären. Auf der Farm im südlichen Maryland, auf der die zehn Booth-Kinder aufwuchsen, hatte John Wilkes die Allüren eines verwöhnten Herrensöhnchens angenommen, das die hochmütige Verachtung für den Lebensstil des Nordens und den Haß auf den »Holzfäller« aus Springfield teilte. Die Sklaverei rühmte er als »eine der größten Wohltaten, die Gott diesem gesegneten Land zuteil werden ließ«. In dem Tagebuch, das man nach seinem Tode bei ihm fand, klagte er über das mangelnde Verständnis für seine Tat: »Ich bin verzweifelt. Und warum? Weil ich getan habe, wofür man Brutus ehrte, wofür man Tell unter die Helden erhob. Aber auf mich, der ich einen größeren Tyrannen erschlug als alle bisher bekannten, sieht man herab wie auf einen gemeinen Meuchelmörder.« Da nicht nur der Vater, sondern auch ein Bruder Brutus hieß, hatte John Wilkes gute Gründe, sich dem Cäsarenmörder persönlich verwandt zu fühlen. Vielleicht nicht zufällig war »Julius Cäsar« das letzte Stück, in dem er gemeinsam mit seinen Brüdern auftrat: Edwin spielte den Brutus, Junius Brutus jr. den Cassius; er selbst war Mark Anton.

Auch John Wilkes Booth plante zunächst, den Präsidenten zu entführen, ihn über Maryland in den Süden zu bringen und mit diesem Faustpfand die Freilassung der konföderierten Kriegsgefangenen zu erzwingen. Die Kapitulation von General Lee am 9. April 1865 warf seinen Plan über den Haufen. Nun ging Booth aufs Ganze: Nicht nur Lincoln, sondern auch Johnson, Seward und General Grant, der Oberbefehlshaber der Unionstruppen, sollten beseitigt werden. Für die Ausführung gewann er sechs Komplizen, darunter zwei Schulfreunde, Samuel Arnold und Michael O'Laughlin, die allerdings bald wieder ausschieden. Übrig blieben drei Kriegsveteranen – George Atzerodt, Lewis Paine, John Surratt – und der geistig zurückgebliebene Lehrling David Herold. Johnson sollte von Atzerodt ermordet werden, Seward von Paine und Herold. Booth selbst übernahm Lincoln und Grant, die am 14. April in Ford's Theatre zu einer Vorstellung der Komödie »Our American Cousin« erwartet wurden. Welche Aufgabe Surratt zugedacht war, wurde auch im Prozeß nicht geklärt.

Wie in den meisten Fällen verlief auch dieses Mordkomplott nicht ganz nach Plan. Atzerodt bekam im letzten Augenblick kalte Füße und ließ den Vizepräsidenten in Frieden. Paine brachte dem Außenminister, der sich im Bett von einem Verkehrsunfall erholte, drei Stichwunden bei; doch waren die Verletzungen nicht tödlich. Grant schließlich verzichtete auf den Theaterbesuch, da sich seine Frau nicht mit Mrs. Lincoln vertrug. Das Hauptopfer hingegen entkam Booth nicht. Da er im Theater bekannt war und sich frei bewegen konnte, fiel es ihm leicht, in die unbewachte Präsidentenloge einzudringen und Lincoln aus nächster Nähe in den Kopf zu schießen. Das Publikum hielt den Knall zunächst für einen Bühneneffekt. Erst als Booth aus der Loge auf die Bühne sprang und »Sic semper tyrannis!« rief – andere wollten »The South is avenged!« (Der Süden ist gerächt) gehört haben –, begriff es, daß etwas Unerhörtes vorgefallen war. In dem Chaos, das daraufhin ausbrach, gelang es Booth, obgleich er sich bei seinem Sprung den linken Knöchel gebrochen hatte, zu fliehen. Der bewußtlose Präsident wurde in das dem Theater gegenüberliegende Haus des Schneiders William Petersen gebracht, wo er am nächsten Morgen kurz vor halb acht starb – wie es der Zufall wollte, in einem Bett, in dem auch sein Mörder genächtigt hatte:

Da Lincolns Leibwächter nicht an seinem Platz war, gelang es John Wilkes Booth, während einer Vorstellung im Ford's Theatre in die Loge des Präsidenten einzudringen und ihm aus nächster Nähe in den Kopf zu schießen.
Zeitgenössischer Holzstich.

Petersen pflegte Zimmer an Schauspieler zu vermieten, die in Ford's Theatre gastierten.

Hätte sich Booth nicht das Bein gebrochen, dann wäre er möglicherweise in den Süden entkommen. So aber wurde er am 26. April zusammen mit Herold in einer Scheune bei Port Royal (Virginia) entdeckt. Herold ergab sich den Soldaten, die die Scheune umstellten. Da Booth keine Anstalten machte, seinem Beispiel zu folgen, steckten sie die Scheune in Brand. Als Booth hustend heraushumpelte, fiel ein Schuß; ob er ihn selbst abgegeben hatte oder ein übereifriger Sergeant namens Corbett, ist bis heute umstritten. Booth starb innerhalb weniger Minuten.

Die übrigen Verschwörer saßen zu diesem Zeitpunkt schon hinter Gittern. Als einzigem gelang es Surratt, zunächst nach Kanada und von dort nach Europa zu fliehen. In einem Klima der Hysterie, in dem die öffentliche Meinung nur geringen Wert darauf legte, zwischen den Verbrechen der Angeklagten und denen der Konföderierten säuberlich zu unterscheiden, begann am 9. Mai der Prozeß. Er endete mit vier Todesurteilen. Am 7. Juli 1865 wurden Paine, Herold, Atzerodt und Surratts Mutter, in deren Haus sich die Verschwörer getroffen hatten, gehenkt. Die Hinrichtung ermangelte nicht der grotesken Züge: Da der 7. Juli ein sehr heißer Tag war, wurden die Todeskandidaten, während man ihnen die Schlinge um den Hals legte, mit Schirmen vor der sengenden Sonne geschützt. Arnold und O'Laughlin erhielten lebenslange Haftstrafen, ebenso Dr. Samuel Mudd, ein Arzt in Maryland, der das gebrochene Bein des flüchtigen Attentäters geschient hatte. Die Verurteilten saßen ihre Strafe in Fort Jefferson vor der Küste Floridas ab, dem übelsten Gefängnis des Landes. O'Laughlin erlag hier einer Gelbfieber-Epidemie. Die beiden anderen wurden 1869 begnadigt. Surratt wurde in Rom, wo er bei der Schweizergarde des Kirchenstaates diente, aufgespürt und nach Amerika ausgeliefert. Doch konnten sich die Geschworenen nicht auf einen Schuldspruch einigen, so daß man ihn wieder freilassen mußte.

Surratts Unterschlupf beim Papst nährte Spekulationen, bei dem Attentat habe die katholische Kirche die Hand im Spiel gehabt. Andere wunderten sich über die mangelhafte Bewachung des Präsidenten: Als Booth in Lincolns Loge eindrang, war der diensthabende Polizist, ein gewisser John Parker, nicht auf seinem Posten. Parker war schon mehrfach wegen Pflichtvergessenheit aufgefallen. War es Leichtsinn oder mehr, daß man es ausgerechnet ihm überließ, das Leben des Präsidenten zu schützen? Die Unterlagen über das gegen ihn eingeleitete Disziplinarverfahren sind verschollen. Fest steht nur, daß das Verfahren eingestellt und Parker erst vier Jahre später in Unehren entlassen wurde. Wieder andere waren davon überzeugt, Booth sei kaltblütig erschossen worden, um ihn daran zu hindern, seine Auftraggeber zu verraten.

Aber wer waren diese Auftraggeber? Die folgenreichste der Verschwörungstheorien, die das Attentat in Ford's Theatre zu erklären suchen, stammt von Otto Eisenschiml: Sie findet sich in vielen Varianten wieder und beherrscht bis heute die populärwissenschaftliche Diskussion. Eisenschiml, ein österreichischer Chemiker, machte in Amerika nicht nur viel Geld, sondern entwickelte dort auch eine Passion für den Bürgerkrieg. Die Fragen, die ihm nach dem Studium der einschlägigen Literatur immer noch unbeantwortet schienen, brachte er 1939 in dem Bestseller »Why Was Lincoln Murdered?« zu Papier: Warum wurden weder der säumige Leibwächter noch der Soldat, der Booth weisungswidrig erschoß, bestraft? Warum fiel das Telegraphennetz nach dem Attentat für zwei Stunden aus? Warum wurden sämtliche Ausfallstraßen gesperrt – mit Ausnahme derjenigen, die Booth auf seiner Flucht benutzte? Eisenschiml hatte auf seine Fragen auch eine Antwort parat: Kriegsminister Edwin Stanton, in dessen Hand die Aufklärung des Mordes lag, habe gerade hieran nicht das geringste Interesse gehabt; obgleich vom Komplott rechtzeitig unterrichtet, habe er den Präsidenten sehenden Auges seinem Schicksal überlassen. Als Motiv vermutete Eisenschiml Differenzen über die Behandlung des besiegten Südens: Anders als der versöhnliche Lincoln sei Stanton für hartes Durchgreifen gewesen.

Tatsächlich spricht mancherlei dafür, daß dem Süden ohne den Mord die rachsüchtige Besatzungspolitik – euphemistisch »Reconstruction« genannt – erspart geblieben wäre. Aber sonst steht Eisenschimls Theorie auf wackligen Füßen. Daß Stanton vom Komplott wußte, ist keineswegs erwiesen, wohl dagegen, daß er Lincoln ausdrücklich vor dem Theaterbesuch warnte. Gestört war nur das kommerzielle Telegraphennetz, nicht das militärische. Daß die Straße nach Port Tobacco nicht gesperrt wurde, hatte seinen Grund ganz einfach darin, daß es dorthin keine telegraphische Verbindung gab und daß in dieser Gegend nur schwache militärische Kräfte standen.

Das große Publikum hat sich von diesen Einwänden nicht beirren lassen. Alle paar Jahre kommt ein neues Buch auf den Markt, das die alte Theorie wieder aufwärmt. Von Zeit zu Zeit erinnern sich die amerikanischen Verleger an eine noch phantastischere Variante. Hiernach wurde nicht Booth, sondern ein anderer bei Port Royal erschossen. Es fehlte nicht an Augenzeugen, die den wahren Booth nach dem 26. April 1865 gesehen haben wollten. Ob es immer derselbe war, ist allerdings fraglich: Nicht weniger als fünf amerikanische Heimatmuseen rühmen sich, den Schädel des Präsidentenmörders zu besitzen.

Der Wille des Volkes:
Alexander II. und
Pjotr Arkadjewitsch Stolypin

Monarchie absolue, modérée par le régicide (absolute Monarchie, gemäßigt durch Königsmord) – ganz falsch ist diese boshafte Definition der Verfassung des Zarenreiches gewiß nicht. Von den achtzehn Zaren der Romanow-Dynastie starben fünf eines unnatürlichen Todes. Die Attentäter hatten es freilich nicht nur auf die gekrönten Häupter abgesehen. Auch die Verwandten des Kaisers, Höflinge und Spitzenbeamte mußten jederzeit mit ihrem Ableben rechnen. Wobei hinzuzufügen ist, daß sich die Gewalttätigkeit über die russische Geschichte nicht gleichmäßig verteilte. Perioden der Friedfertigkeit wechselten mit jähen Ausbrüchen einer Mordlust, die erst wieder abklang, nachdem sie Dutzende von Opfern gefordert hatte.

Ihren heftigsten Ausschlag erlebte die Wellenbewegung um 1880 und nach den Unruhen des Jahres 1905. In diesen Sturmzeiten konnte es vorkommen, daß die Wut der Revolutionäre nicht nur die Ewiggestrigen traf, sondern auch Freunde des Fortschritts, die gleichfalls die Demokratisierung Rußlands wollten, wenn auch weniger hitzig und mit anderen Mitteln. Bezeichnenderweise waren es zwei Vertreter des gemäßigten Lagers, gegen die sich die folgenschwersten Attentate richteten: Zar Alexander II. und Ministerpräsident Stolypin. Hätten beide Gelegenheit gehabt, ihr Reformwerk zu vollenden, dann wäre Rußland das bolschewistische Experiment vermutlich erspart geblieben.

Alexanders Thronbesteigung im Jahre 1855 wurde von den russischen Intellektuellen, die sein autoritärer Vater Nikolaus ins Exil getrieben hatte, mit großen Hoffnungen begrüßt. Der junge Zar enttäuschte die Hoffnungen nicht. Er beseitigte die Leibeigenschaft, milderte die Zensur und reformierte die Justiz; Landkreise und Gemeinden erhielten ein gewisses Maß an Selbstverwaltung. Nach dem Aufstand in Polen (1863) und dem Attentat des Studenten Karakosow auf den Kaiser (1866) kühlte sein Reformeifer stark ab. Die polizeilichen Nachforschungen brachten zutage, daß ein großer Teil der akademischen Jugend mit den »Nihilisten« sympathisierte; viele gehörten geheimen Zirkeln an, in denen es nur ein Thema gab – den Umsturz der Gesellschaft.

Das Wort »Nihilist« war durch Turgenjew populär geworden. In seinem 1862 erschienenen Roman »Väter und Söhne« tritt ein Medizinstudent namens Basarow auf, der an der russischen Gegenwart kein gutes Haar läßt; auch Reformen hält er für aussichtslos: »Verneinung ist das Gebot der Stunde, und so verneinen wir eben alles.« Womöglich noch einflußreicher war ein zweiter Roman, der ein Jahr später erschien. In »Was tun?« entwarf Nikolai Tschernyschewski das Ideal einer sozialistischen Zukunftsgesellschaft. Anders als Marx sah er die Keimzelle der künftigen Gesellschaftsordnung nicht im Industrieproletariat, sondern in der Dorfgemeinde *(mir)*, die nach russischem Herkommen als Kollektiveigentümer über das Gemeindeland verfügte. Tschernyschewski war neben Alexander Herzen der wichtigste Sprecher der Narodniki (von *narod*, Volk) – einer literarischen und politischen Bewegung, die den Agrarsozialismus nicht als theoretisches Konzept verstand, sondern als Anweisung für das praktische Leben. Zu Tausenden zogen Intellektuelle aus den Städten aufs Land, um sich, Auge in Auge mit dem urrussischen Bauerntum, von der Verschmutzung durch westliches Gedankengut zu reinigen.

Die Mehrheit der Narodniki hoffte auf die friedliche Umwandlung der Gesellschaft. Aber es gab auch andere. Ihre Bibel war der »Katechismus eines Revolutionärs« (1869), in dem sich Sätze fanden wie: »Wir widmen uns ausschließlich der Zerstörung der herrschenden Gesellschaftsordnung. Um den Aufbau einer neuen kümmern wir uns nicht. Das ist Sache derer, die nach uns kommen.« Oder: »Karakosow war nur das Vorspiel. Beginnen wir mit dem Drama!« Der Verfasser des »Katechismus«, Sergej Netschajew, kam nicht mehr dazu, sein Programm in die Tat umzusetzen. 1872 wurde er von der Schweiz, wohin er geflohen war, ausgeliefert und wegen der Ermordung eines widerspenstigen Gefolgsmannes zu lebenslangem Kerker verurteilt. Der Prozeß inspirierte Dostojewski zu seinem Roman »Die Dämonen«.

Mochte Netschajew auch in der Peter-Pauls-Festung schmachten – seine Botschaft wurde gehört. Im Januar 1878 begann eine Serie von Mordanschlägen, der unter anderem General Mesenzow, der Chef der politischen Polizei, und Fürst Kropotkin, der Gouverneur der Provinz Charkow, zum Opfer fielen. Mit welchen Sympathien die Täter rechnen konnten, wurde im Prozeß gegen Vera Sassulitsch deutlich. Die sechsundzwanzigjährige Tochter eines Gutsherrn hatte den Stadthauptmann von St. Petersburg, General Trepow, bei einem Attentat schwer verletzt. Unter dem Jubel des Publikums sprach das Geschworenengericht die Angeklagte frei. Als die Polizei Anstalten machte, sie erneut zu verhaften, kam es zu einer Straßenschlacht, in der die Zivilisten die Oberhand behielten: Die Attentäterin wurde versteckt und einige Tage später über die Landesgrenze geschmuggelt.

Auch der Zar, den die Revolutionäre dreizehn Jahre lang verschont hatten, wurde nun wieder die Zielscheibe von Mordanschlägen: Am 2. April 1879* versuchte ihn der Lehrer Alexander Solowjew beim Morgenspaziergang zu erschießen. Der Zar duckte sich und lief im Zickzack zum Winterpalast zurück. Solowjew wurde ergriffen und vor ein Militärgericht gestellt, das ihn zum Tode verurteilte. Im November des gleichen Jahres verminten Andrej Scheljabow und Alexander Michailow – zwei von der Universität verwiesene Studenten – die Eisenbahnstrecke, die der Zar auf der Rückreise von der Krim gewöhnlich durchfuhr, an drei Stellen. Da er wider Erwarten einen anderen Weg nahm, entging er der ersten Mine. Die zweite Mine versagte. Die dritte explodierte zwar und versetzte einige Hofchargen in heftigen Schrecken; doch hatte der kaiserliche Salonwagen die Stelle längst passiert.

Den gewagtesten Anschlag unternahm der Schreiner Stepan Chalturin. Er bewarb sich um eine Anstellung auf der kaiserlichen Jacht, erhielt sie, wurde dann aber in die Küche des Winterpalastes versetzt. Hier spielte er so überzeugend den gutmütigen Tölpel vom Lande, daß ihn die Polizei, obgleich sie von dem Attentatsplan Wind bekommen hatte, unbehelligt ließ. Innerhalb von vier Monaten schaffte Chalturin in kleinen Dosen mehr als hundert Pfund Dynamit in den Palast und versteckte sie unter seinem Bett. Am 5. Februar 1880, um zwanzig nach sechs, ließ er die

---

*Zeitangaben nach dem alten (Julianischen) Kalender, der in Rußland bis 1918 galt

Ladung unter dem Eßzimmer des Zaren hochgehen. Alle Lichter im Palast erloschen. Elf Menschen kamen bei der Explosion ums Leben, 56 wurden verletzt. Der Zar war nicht unter ihnen: Er hatte Prinz Alexander von Hessen zur Privataudienz empfangen und sich zum Abendessen verspätet. In dem Durcheinander, das der Explosion folgte, gelang es Chalturin, unbemerkt zu entwischen. Er wurde erst zwei Jahre später nach einem weiteren Attentat festgenommen und hingerichtet.

Chalturin, Michailow und Scheljabow waren Mitglieder der Narodnaja Wolja (Wille des Volkes), einer terroristischen Gruppe, die sich im August 1879 von den gemäßigten Narodniki getrennt hatte. Ihren harten Kern bildete ein Exekutivkomitee, dem 32 junge Männer und Frauen angehörten. Die *Narodnowolzi* bekannten sich nicht nur offen zur Gewalt, sondern verurteilten die von ihnen ausersehenen Vertreter des Systems in aller Form zum Tode. Wie nicht anders zu erwarten, stand an der Spitze ihrer Abschußliste der Zar selbst. Strengste Sorgfalt bei der Vorbereitung des nächsten Attentats sollte sicherstellen, daß sich die vorangegangenen Fehlschläge nicht wiederholten. Scheljabow trat dafür ein, den Zaren durch Handgranaten zu töten. Doch seine Mitverschworenen mißtrauten dieser neumodischen Waffe und plädierten für die bewährten Minen. Man beschloß, beide Verfahren nebeneinander anzuwenden. An der Malaja Sadowaja – einer Straße, die der Zar auf dem Wege vom Winterpalast zum Paradeplatz zu benutzen pflegte – mieteten die Attentäter einen Laden, in dem sie tagsüber Käse verkauften; nachts diente er ihnen als Stützpunkt, um vom Keller aus einen Schacht unter die Straße zu treiben. Zugleich wurde Nikolai Kibaltschitsch, der technische Experte des Exekutivkomitees, beauftragt, vier Handgranaten herzustellen.

Die Polizei war unterdessen nicht müßig. Es gelang ihr, Grigori Goldenberg, den Mörder des Fürsten Kropotkin, zu fassen und im Gefängnis zum Sprechen zu bringen. Im Oktober 1880 standen sechzehn Mitglieder der Narodnaja Wolja vor dem Petersburger Militärgericht. Zwei wurden zum Tode verurteilt, die übrigen zu langjährigen Freiheitsstrafen. In den folgenden Monaten wurden die führenden Köpfe des Exekutivkomitees einer nach dem anderen verhaftet, Ende Februar 1881 auch Scheljabow. Nun übernahm seine Geliebte Sophia Perowskaja das Kommando. In den

Heiligenlegenden der Vorrevolution nimmt sie einen Ehrenplatz ein – weil sie eine Frau war und überdies die Tochter des Generalgouverneurs von St. Petersburg.

Den entscheidenden Schlag hatte Scheljabow kurz vor seiner Verhaftung auf den 1. März angesetzt. Am Morgen dieses Tages erhielt der Käseladen überraschenden Besuch: Durch mißtrauische Nachbarn aufmerksam gemacht, inspizierte die Polizei das Geschäft mit den verdächtig wortgewandten Verkäufern. Zwar stieg sie auch in den Keller hinab, doch versäumte sie es, die Fässer zu öffnen, in denen der Sprengsatz lagerte. Kaum hatten die Besucher den Laden verlassen, wurde die Mine in den Schacht geschoben. Währenddessen tummelten sich vier Attentäter, jeder mit einer Handgranate bewaffnet, auf der Straße. Sophia Perowskaja hatte es übernommen, die Route des Zaren auszuspähen. Kurz nach drei gab sie das verabredete Zeichen: Die kaiserliche Suite näherte sich dem Paradeplatz nicht auf der Malaja Sadowaja, sondern auf dem Ufer des Katharinenkanals. Die vier rannten zum Kanal; aber nur zwei, Nikolai Rysakow und Ignati Grinewitzki, warfen ihre Bomben. Die erste verletzte ein Kind und beschädigte die kaiserliche Karosse. Wäre der Zar nicht ausgestiegen, um den Schaden zu besichtigen und mit dem festgenommenen Rysakow einige Worte zu wechseln, dann hätte er den Anschlag überlebt. So aber hatte Grinewitzki Gelegenheit, ihm seine tödliche Ladung aus nächster Nähe vor die Füße zu schleudern. Sie zerriß Täter und Opfer zugleich.

Am nächsten Tag erschien ein Manifest, in dem sich das Exekutivkomitee der Tat rühmte: »Der Tyrann Alexander wurde von uns, den Sozialisten, beseitigt. Er mußte sterben, weil ihm sein Volk gleichgültig war. Er erdrosselte es mit Steuern. Dem Bauern stahl er das Land; die Arbeiter überließ er Plünderern und Ausbeutern. Die Tränen des Volkes ließen ihn kalt. Er interessierte sich nur für die Reichen. Ein Zar sollte ein guter Hirte sein, der sich um seine Herde kümmert. Alexander II. war ein reißender Wolf...« Eine Woche später folgte ein offener Brief an den Nachfolger, Alexander III., mit der Forderung, alle politischen Gefangenen freizulassen und eine demokratisch gewählte Volksvertretung einzuberufen.

Für ein solches Programm war Alexander III. der falsche Mann. Anders als sein Vater hatte er mit Reformen nichts im

Wäre Alexander II. nach der Explosion der ersten Bombe nicht aus seiner Karosse gestiegen, um den Schaden zu besehen, dann hätte er den Anschlag überlebt. So aber hatte der zweite Attentäter Gelegenheit, ihm die tödliche Ladung aus nächster Nähe vor die Füße zu schleudern. Sie zerriß Täter und Opfer zugleich.

Sinn. Graue Eminenz am Hof wurde Konstantin Pobjedonoszew, der erzreaktionäre Generalprokuror des Heiligen Synods. In seiner ersten Regierungserklärung bekannte sich der neue Zar ausdrücklich zur autokratischen Gewalt.

Am 26. März 1881 wurden Scheljabow, Rysakow, Kibaltschitsch und Sophia Perowskaja vor Gericht gestellt, außerdem Timofej Michailow, einer der beiden anderen »Grenadiere«, und Gesia Helfmann, in deren Wohnung sich die Verschwörer getroffen hatten. Der Prozeß dauerte drei Tage. Ohne Umschweife bekannte sich Scheljabow dazu, das Unternehmen geleitet zu haben: »Daß ich an dem Attentat nicht physisch beteiligt war, lag nur am Zufall meiner Verhaftung. Meine moralische Beteiligung steht außer Frage.« Seine Versuche, die politischen Ziele der Narodnaja Wolja zu erläutern und den Gerichtssaal zur Agitation zu nutzen, führten immer wieder zu scharfen Rededuellen mit dem Vorsitzenden. Fünf der Angeklagten wurden zum Tode verurteilt, die schwangere Gesia Helfmann zu lebenslangem Kerker.

Am Tag der Hinrichtung, dem 3. April, drängten sich auf dem Semjonowski-Platz, wo im Herbst die Trabrennen stattfanden, mehr als 80 000 Zuschauer. Die Spitzen der Hofgesellschaft hatten sich das Recht ausbedungen, nach vollzogener Exekution vom Strick ein Stück abzuschneiden – nach russischem Aberglauben ein unfehlbarer Glücksbringer. Um Unruhen vorzubeugen, hatte die Armee 12 000 Mann aufgeboten. Die Vorsichtsmaßnahme erwies sich als überflüssig. Abgesehen davon, daß der dicke Michailow zweimal aus der Schlinge fiel, verlief die Prozedur ohne Zwischenfälle. Nur der alte General Totleben, der berühmte Verteidiger von Sebastopol, war unzufrieden: Einen so begabten Techniker wie Kibaltschitsch hätte man nicht hinrichten dürfen, meinte er. Man hätte ihn in ein Labor einsperren und zwingen müssen, sein Talent in den Dienst der Regierung zu stellen.

Sechs Jahre später war die Narodnaja Wolja am Ende. Ihre Mitglieder waren entweder tot, im Gefängnis oder im Ausland. Nicht am Ende war freilich der politische Terror. Die Sozialrevolutionäre – eine 1902 gegründete extreme Partei – nahmen den Faden dort wieder auf, wo ihn die *Narodnowolzi* hatten fallenlassen. Auf ihr Konto ging die Ermordung der Innenminister Sipjagin (1902) und Plehwe (1904) sowie des Großfürsten Sergej, des Generalgouverneurs von Moskau (1905). Den schwersten Schlag versetzten sie dem Zarentum durch das Attentat auf Pjotr Stolypin am 1. September 1911. Mit seinem Tod verließ der einzige Mann die Bühne, der das Zeug dazu gehabt hätte, Rußland in eine konstitutionelle Monarchie zu verwandeln. Nicht ohne Grund machte ihn Alexander Solschenitzyn zum Helden seines Romans »August 1914«.

Im Frühjahr 1906, als Nikolaus II. unter Mißachtung aller Regeln der Anciennität den Gouverneur der Provinz Saratow zum Innenminister ernannte und kurz darauf auch zum Ministerpräsidenten, stand das Überleben der Dynastie auf Messers Schneide. Der katastrophale Krieg gegen Japan hatte das morsche Gefüge des Staates schonungslos enthüllt. Überall im Lande kam es zu Streiks und Massendemonstrationen, die – wie jeder Filmfreund weiß – auch auf die Marine übergriffen. Nur mit brutaler Gewalt gelang es der Armee, die Unruhen zu ersticken. Zugleich sah sich der Zar genötigt, die Zügel zu lockern und erstmals in der russischen Geschichte seine Macht mit einer gewählten Volksvertretung zu teilen.

Der junge Gouverneur hatte sich dem Zaren durch Berichte empfohlen, in denen er darauf drang, die kollektive Gemeindeordnung aufzuheben und den Bauern zum Eigentümer des Landes zu machen, das er bestellte. Der wirtschaftlich unabhängige Bauer, davon war Stolypin überzeugt, werde der sozialistischen Propaganda kein Gehör schenken, sondern eine treue Stütze des Thrones sein. Da sich die Duma sträubte und starke Kräfte am Hof gegen den Aufsteiger aus der Provinz intrigierten, konnte Stolypin nur Teile seines Programms verwirklichen. Immerhin gelang es ihm, die letzten Reste der Leibeigenschaft zu beseitigen: Die Bauern wurden den Stadtbewohnern gleichgestellt und erhielten damit auch das Recht, ihre Dörfer zu verlassen. Bis zum Ausbruch des Weltkriegs nutzten drei Millionen Bauern ihre neue Bewegungsfreiheit und siedelten sich auf dem Kronland in Sibirien und in der asiatischen Steppe an, das ihnen die Regierung zur Verfügung stellte.

Den Sozialrevolutionären blieb die Gefahr, die ihnen von dem reformwilligen Ministerpräsidenten drohte, nicht verborgen. Am 12. August 1906, wenige Wochen nach seinem Amtsantritt, zerstörte eine Bombe seine Datscha auf einer der Inseln im Newa-Delta. Zwei seiner Kinder wurden schwer verletzt; die Tochter Natalja blieb lebenslang ein Krüppel. Auf Einladung des Zaren zog die Familie in den Winterpalast, wo sie bis 1910 blieb. Bis dahin hatten sich die Verhältnisse fühlbar beruhigt: Da Stolypin politische Flexibilität mit rücksichtsloser Härte gegenüber Rechtsbrechern zu verbinden wußte, hatten sich die Reihen der Terroristen, denen 1907 mehr als 3000 Beamte – hauptsächlich Polizisten – zum Opfer gefallen waren, stark gelichtet.

Seine eigene Sicherheit nahm er dagegen auf die leichte Schulter. Er hatte sich innerlich damit abgefunden, daß wie seine Vor-

Schon bevor er am 11. September 1911 den Schüssen eines Mörders erlag, war der reformwillige Pjotr Stolypin einer Reihe von Attentaten nur knapp entgangen. Am 12. August 1906, wenige Wochen nach seinem Amtsantritt, zerstörte eine Bombe seine Datscha auf einer der Inseln im Newa-Delta. Zwei seiner Kinder wurden schwer verletzt, die Tochter Natalja blieb lebenslang ein Krüppel. Das Photo zeigt Stolypins Haus unmittelbar nach dem Anschlag.

gänger Sipjagin und Plehwe auch ihn früher oder später die Kugel eines Meuchelmörders treffen würde. Als Gouverneur in Saratow hatte er drei Attentate überstanden. Beim dritten hatte er seinen Mantel geöffnet und dem Revolverhelden zugerufen: »Schießen Sie doch!« Worauf der die Waffe erschrocken fallen ließ. Die erwartete Stunde schlug in der Kiewer Oper, wohin Stolypin den Zaren begleitet hatte. In der Pause näherte sich ihm der junge Anwalt Dimitri Bogrow und schoß ihm zwei Kugeln in den Leib. Es habe geklungen, schrieb der Zar seiner Mutter, als sei ein Opernglas zu Boden gefallen. Er habe sich umgedreht und gesehen, wie der Ministerpräsident, kreidebleich, mit der linken Hand das Kreuz schlug. Erst danach sei ihm aufgefallen, daß die rechte Seite seiner Uniform voller Blut war. Stolypin starb drei Tage später. Wie er es für den Fall eines Attentats angeordnet hatte, wurde er am Ort seines Todes begraben.

Das Rätsel, wie der Attentäter, dessen politische Sympathien kein Geheimnis waren, in die Galavorstellung Einlaß erhalten hatte und noch dazu, ohne untersucht zu werden, löste sich rasch: Bogrow gehörte nicht nur den Sozialrevolutionären an; er war zugleich Agent der Ochrana, der zaristischen Geheimpolizei. Die Kombination war nicht so ungewöhnlich, wie es zunächst scheinen mochte: Auch Asew, der Mörder Plehwes, hatte für die Ochrana Spitzeldienste geleistet. Dennoch war die Enthüllung beiden Seiten peinlich. Die Sozialrevolutionäre wurden der Beseitigung ihres Erzfeindes nicht recht froh. Die Polizei wiederum tat alles, was in ihrer Macht stand, um den Prozeß gegen Bogrow so rasch und unauffällig wie möglich zu Ende zu bringen. Kein Wunder, daß sie selbst in den Verdacht geriet, mit dem Attentäter unter einer Decke zu stecken. Auch Bogrow scheint gehofft zu haben, daß ihm die Ochrana zur Flucht verhelfen werde. Darin hatte er sich freilich getäuscht: Am 24. September wurde er gehenkt.

Der Zar wartete die Beerdigung nicht ab, sondern fuhr, wie geplant, auf Urlaub. Auch in den Nachrufen der russischen Presse überwog ein Ton der Kühle, fast der Erleichterung. Nur einige ausländische Korrespondenten hatten begriffen, was geschehen war. Stolypin, schrieb die »Times«, sei als Märtyrer für eine noble Sache gestorben – die Umwandlung Rußlands in eine Demokratie. Solschenitzyn beschließt das Kapitel über den Tod seines Helden mit den Worten: »Er brachte der Welt das Licht. Und die Welt wies ihn ab.«

Die Schwarze Hand:
Erzherzog Franz Ferdinand

Die Verhältnisse auf dem Balkan waren 1914 nicht übersichtlicher als achtzig Jahre später. Serbien, seit 1830 Erbfürstentum unter türkischer Oberhoheit, hatte auf dem Berliner Kongreß (1878) die Unabhängigkeit erhalten. Die beiden Balkankriege (1912–13) brachten dem jungen Staat einen erklecklichen Gebietszuwachs, aber nicht den ersehnten Zugang zum Mittelmeer. Slowenien – damals Krain genannt – und Dalmatien gehörten zu den »im Reichsrat vertretenen Ländern« der Doppelmonarchie, Slawonien und Kroatien hingegen zu deren ungarischer (transleithanischer) Hälfte. Bosnien und die Herzegowina waren Provinzen des Osmanischen Reiches, standen jedoch seit dem Berliner Kongreß unter österreichischer Verwaltung. Im Oktober 1908 vollzog Österreich auch formell die Annexion – ein »Fähnrichsstreich«, wie Wilhelm II. sich ausdrückte, der die Wiener Vabanquespieler teuer zu stehen kommen sollte.

Zum einem verdarb er gründlich die Beziehungen zu Rußland, das sich düpiert fühlte und fortan nach Gelegenheiten suchte, die Scharte wieder auszuwetzen. Zum andern wurde anstelle Konstantinopels nunmehr Wien die Zielscheibe der großserbischen Agitation. Die Besetzung Bosniens im Juli 1878 hätte die Österreicher warnen sollen: Statt des vollmundig angekündigten »Parademarsches« sah sich das k.u.k. Heer in einen Partisanenkrieg verwickelt, mit dem es erst nach dem Aufgebot von 150 000 Mann fertig wurde.

Die Einigung der südslawischen Völker war zunächst unter dem Schlagwort »Illyrien« betrieben worden, dem Namen der römischen Provinz, den Napoleon wiederbelebt hatte, als er die habsburgischen Besitzungen auf dem Balkan Frankreich einverleibte. Nachdem Serbien unabhängig geworden war, rückte Belgrad zum natürlichen Sprecher der Einheitsbestrebungen auf. Im

November 1905 trafen sich serbische und kroatische Abgeordnete in Zadar, dem Hauptort Dalmatiens, und verkündeten feierlich: »Serben und Kroaten sind ein Volk.«

Die Annexion Bosniens wurde in Belgrad mit Empörung aufgenommen. 48 Stunden später hoben serbische Politiker, Professoren und Militärs die Narodna Odbrana (Nationale Verteidigung) aus der Taufe – eine Organisation, deren Ziel es war, die österreichische Herrschaft durch Propaganda und Sabotageakte zu untergraben. Für letztere wurde eine besondere Schule gegründet, an der sich Interessenten zu Partisanen (Komitadschis) ausbilden lassen konnten. Die Leitung der Schule lag in der Hand des Majors Vojin Tankosić. Binnen kürzester Zeit hatte die Narodna Odbrana Bosnien mit einem dichten Agentennetz überzogen, das den Österreichern natürlich nicht lange verborgen blieb. Sie protestierten bei der Regierung in Belgrad, die es für klüger hielt, vor dem diplomatischen Druck zurückzuweichen. Die Narodna Odbrana wurde angewiesen, für Großserbien mit Worten, aber nicht mit Taten zu kämpfen.

Mit dieser Nachgiebigkeit war eine starke Strömung in der serbischen Armee gar nicht einverstanden. Am 9. Mai 1911 gründeten zehn Offiziere eine geheime Gesellschaft, die sich im ersten Artikel ihrer Satzung zur »Einigung aller Serben« bekannte und im zweiten zur Anwendung von Gewalt: »Die Organisation gibt Terroranschlägen gegenüber intellektueller Propaganda den Vorzug.« Aufgenommen wurde nur, wer sich einem ausgeklügelten Zeremoniell unterwarf. Wer den Eid auf die Satzung brach, mußte mit dem Tod rechnen. Der Name der Geheimgesellschaft war Ujedinjenje ili Smrt (Einheit oder Tod). Bekannter wurde sie unter ihrem Spitznamen Crna Ruka (Die Schwarze Hand). Nicht zu Unrecht hat man sie als »Mischung aus dem Kadavergehorsam der Jesuiten, der Rücksichtslosigkeit der russischen Nihilisten und den Ritualen des Ku-Klux-Klan« beschrieben. Die beherrschende Figur war der 34jährige Major Dragutin Dimitrijević, von seinen Freunden Apis genannt. Wie die meisten seiner Vereinsgenossen hatte er im Juni 1903 an der Offiziersrevolte teilgenommen, bei der König Alexander I. und seine Frau Draga auf grausige Weise umgebracht und verstümmelt worden waren. Auch Major Tankosić, der Leiter der Partisanenschule, war an dieser Revolte beteiligt gewesen. Auch er schloß sich der »Schwarzen Hand« an.

Im Herbst 1912 bewarb sich der achtzehnjährige Gavrilo Princip um Aufnahme in die Schule. Tankosić warf einen Blick auf den schmächtigen Jüngling und beschied ihn barsch, er sei für jede Art von Kriegsdienst untauglich. Niedergeschmettert kehrte der Abgewiesene nach Sarajevo zurück. Princip stammte aus der Krajina, einer unwegsamen, wildromantischen Berglandschaft im Nordwesten Bosniens, die in den letzten Jahren wieder viel von sich reden gemacht hat. Wie die meisten serbischen Bauern *(kmets)* in der Provinz bewirtschafteten auch die Princips ein Stück Land, das nicht ihnen, sondern einem muslimischen Großgrundbesitzer gehörte. Diese noch aus der Türkenzeit herrührende Agrarverfassung, die den Serben praktisch die Stellung von Leibeigenen zuwies, trug viel zu den Spannungen zwischen den Volksgruppen bei und war natürlich Wasser auf die Mühlen der Belgrader Propaganda.

Da Gavrilo aufgeweckt schien, beschloß die Familie, ihn auf die Handelsschule in Sarajevo zu schicken. Mit etwas Glück, so hoffte sie, werde er später im Basar ein Geschäft eröffnen können. Gavrilo fand bald heraus, daß er für die Wissenschaft der doppelten Buchführung und des Zinseszinses nicht gemacht war. Dafür lernte er etwas anderes: Danilo Ilić, der fünf Jahre ältere Sohn seiner Zimmerwirtin, gehörte einem Kreis von jungen Leuten an, die in den Kaffeehäusern von Sarajevo Pläne schmiedeten, die verhaßten »Schwaben« zu vertreiben und die Serben in einem Staat zu vereinigen. Die Mordanschläge der russischen Nihilisten machten auf diesen Kreis mächtigen Eindruck. Im Juni 1910 gab der Student Bogdan Žerajić, auch er der Sohn eines armen *kmet*, auf Feldzeugmeister Varešanin, den Gouverneur Bosniens, zwei Schüsse ab. Die beiden Kugeln verfehlten ihr Ziel, nicht jedoch die dritte: Mit ihr nahm sich Žerajić selbst das Leben. Princip besuchte oft das Grab, und nach einer langen Nachtwache legte er das feierliche Gelübde ab, Žerajićs Beispiel zu folgen.

Im Februar 1912 kam es in Sarajevo zu Schülerunruhen, die nur mit Hilfe der Armee niedergeschlagen werden konnten. Zwanzig Schüler wurden relegiert, darunter auch Princip. Zu Fuß wanderte er nach Belgrad, um sich den Komitadschis anzuschließen. Als er die Grenze überschritten hatte, fiel er auf die Knie und küßte die serbische Erde. Doch das gelobte Land wies ihn ab. Princip gab nicht auf. Im Sommer 1913 – der zweite Balkankrieg war soeben zu Ende gegangen – finden wir ihn wieder in Belgrad, wo sich eine siegestrunkene Armee in ihren Triumphen sonnte. »Die Serben«, berichtete der britische Gesandte nach London, »sehen sich bereits vor den Toren Wiens.« In Belgrad hatte Princip inzwischen auch Freunde gefunden, vor allem den Setzerlehrling Nedeljko Čabrinović und den Gymnasiasten Trifko Grabež. Beide stammten ebenfalls aus Bosnien und ärgerten sich über die Hänseleien der »richtigen« Serben, die ihren zugereisten Vettern Fatalismus und mangelnden Mut vorwarfen.

Ende März 1914 zeigte sich eine Gelegenheit, diesen Makel abzuwaschen. Österreichische Zeitungen berichteten, der Thronfolger, Erzherzog Franz Ferdinand, werde im Frühsommer an Manövern in Bosnien teilnehmen und dabei auch Sarajevo besuchen. Wer als erster auf den Gedanken kam, den hohen Gast umzubringen, ist nicht klar. Fest steht, daß sich Princip, Čabrinović und Grabež bald einig waren und auch Danilo Ilić, Princips Mentor in Sarajevo, in ihren Plan einweihten. Die Frage war: Wer besorgte die Waffen, und wie schmuggelte man sie nach Sarajevo? Princip wandte sich an den »schönen Cigo« – den Eisenbahner und ehemaligen Komitadschi Milan Ciganović, der gute Beziehungen zu Major Tankosić unterhielt. Tankosić war bereit zu helfen, bestand aber darauf, die Attentäter müßten zunächst schießen lernen. Am 25. Mai zog Ciganović mit den drei jungen Leuten in einen Wald vor den Toren Belgrads und brachte ihnen die wichtigsten Handgriffe bei. Zwei Tage danach überreichte er ihnen in einem Belgrader Biergarten vier geladene Revolver, vier Reservemagazine und sechs Handgranaten, dazu ein Röhrchen mit Zyankali: Um zu verhindern, daß sie beim Verhör ihre Komplizen verrieten, wies er sie an, sich nach der Tat sofort zu vergiften.

So beschrieben die Attentäter vor Gericht den Belgrader Teil der Vorbereitungen. Ob sie die ganze Wahrheit sagten, ist unter den Historikern umstritten. Manche vermuten, die Schwarze Hand habe nicht nur die Waffen geliefert, sondern auch den Mordbefehl gegeben. Sie können sich dabei auf eine Aussage berufen, die Dimitrijević (Apis) drei Jahre später vor einem serbischen Kriegsgericht machte. Allerdings ging es in diesem Prozeß um seinen eigenen Kopf. Unter diesen Umständen lag es nahe, sich einer Tat zu rühmen, die in Serbien als Heldenstück gefeiert wurde. Dennoch bleibt es schwer verständlich, warum die

Schwarze Hand, wenn sie wirklich hinter dem Attentat stand, die Ausführung nicht ihren kampferprobten Komitadschis überließ, sondern drei unerfahrenen Jünglingen.

Wie dem auch sei – zunächst ging es darum, das Trio und seine heiße Ware über die Grenze zu schaffen. Über sieben Zwischenstationen, wo sich jeweils Vertrauensleute der Schwarzen Hand oder der Narodna Odbrana ihrer annahmen, gelangten die drei am 4. Juni nach Sarajevo. Die Waffen hatten sie vorsichtshalber bei einem Kinobesitzer in Tuzla deponiert. Dort holte sie Ilić am 14. Juni ab und versteckte sie im Haus seiner Mutter. In Sarajevo hatte Ilić inzwischen drei weitere Attentäter angeworben – den Tischler Muhamed Mehmetbašić und die Schüler Vaso Čubrilović und Cvetko Popović.

Man darf bezweifeln, daß das zum Septett angeschwollene Trio eine einigermaßen zutreffende Vorstellung von der Person besaß, der es nach dem Leben trachtete. Franz Ferdinand gehörte zu der nicht eben riesigen Opposition am Wiener Hof, die begriffen hatte, daß die nationalen Anliegen der Südslawen nicht länger als *quantité négligeable* behandelt werden konnten. Zunächst neigte er dazu, den österreichisch-ungarischen Dualismus zu einem Trialismus zu erweitern. Später gab er einer bundesstaatlichen Lösung, in der alle Völker der Donaumonarchie gleichberechtigt sein sollten, den Vorzug. Kernstück seines außenpolitischen Credos war die Überzeugung, ein Krieg mit Rußland sei unter allen Umständen zu vermeiden. Ein solcher Krieg, äußerte er mehrfach, werde Habsburgs Untergang sein. Vergeblich widersetzte er sich der Annexion Bosniens. Erfolgreicher war sein Widerstand gegen Generalstabschef Conrad von Hötzendorf, der darauf drang, den Belgrader Irredentisten durch einen Präventivkrieg ein für allemal das Handwerk zu legen. »Es ist eine Ironie des Schicksals«, konstatierte nach dem Mord der britische Konsul in Budapest, »daß der künftige Herrscher, der allgemein als Verfechter der südslawischen Rechte galt, der verbrecherischen großserbischen Propaganda zum Opfer fallen mußte.«

Nach dem Attentat fehlte es nicht an rückwärtsgewandten Propheten. Ein Besuch Sarajevos am 28. Juni, dem Vidovdan (St. Veitstag), war zu hören, habe die Serben provozieren müssen. Richtig ist, daß dieser Tag bis heute das serbische Geschichtsbild beherrscht: Mit der Niederlage auf dem Amselfeld am 28. Juni

1389 begann die nahezu fünfhundertjährige Türkenherrschaft. Daß die Wiener Beamten, die den Besuch vorbereiteten, ausgerechnet auf diesen Tag verfielen, hatte seinen höchst banalen Grund in der Bettenkapazität des Kurorts Ilidže, wo Franz Ferdinand und sein Gefolge nächtigten: Die Manöver sollten in der warmen Jahreszeit stattfinden, ohne mit der Sommersaison zu kollidieren. Dennoch darf die Bedeutung der Koinzidenz nicht überschätzt werden. Die Verschwörer waren längst zur Tat entschlossen, als die Einzelheiten des Besuches bekannt wurden.

Franz Ferdinand und seine Frau Sophie hatten schon am 27. Juni einen privaten, im Protokoll nicht vorgesehenen Ausflug nach Sarajevo gemacht und, von den Einheimischen freundlich begrüßt, im Basar Souvenirs gekauft. Das offizielle Programm am nächsten Tag begann mit der Ankunft des Sonderzuges um zehn Uhr. Danach waren Besuche im Rathaus und im Museum vorgesehen und zum Abschluß ein Mittagessen beim neuen Gouverneur, Feldzeugmeister Potiorek. Um zwei Uhr sollte das hohe Paar wieder nach Ilidže zurückfahren.

Auf dem Appelkai – der Uferpromenade an der Miljačka, die Bahnhof und Rathaus verband – warteten die sieben Attentäter. Ilić hatte um acht Uhr früh in einer Konditorei die Waffen und das Zyankali verteilt. Er selbst hatte beschlossen, dem Attentat nur als Zuschauer beizuwohnen. Die Wartezeit überbrückten die Verschwörer auf unterschiedliche Weise: Čabrinović, der zur Feier des großen Tages seinen Sonntagsstaat angelegt hatte, ließ sich, die Handgranate in der Tasche, fotografieren. Es war die einzige der sechs Granaten, die tatsächlich gezündet wurde. Doch traf sie den falschen Wagen und verletzte nicht den Thronfolger, sondern den Adjutanten des Gouverneurs. Auch Čabrinovićs Versuch, sich zu vergiften, mißlang: In seiner Aufregung verschüttete er das Zyankali. Danach sprang er in die Miljačka, wurde aber herausgeholt und verhaftet. Die übrigen Verschwörer suchten sofort das Weite – bis auf Princip und Grabež. Im Prozeß sprach Grabež verächtlich von »Attentätern minderer Güte« *(atentatori slabijeg kvaliteta).*

Trotz des Zwischenfalls fuhr die Wagenkolonne des Erzherzogs zum Rathaus weiter. Die Begrüßungszeremonie lief ab, als sei nichts geschehen. Franz Ferdinand diktierte sogar ein Telegramm, das den Kaiser beruhigen sollte. Vorschläge, den Aufenthalt in

Ein Exemplar 16 Heller. Illustrierte Monatlich Krone 1.20 mit Zustellung ins Haus.

15. Jahrgang. Nr. 5204.

Kronen Zeitung

Das Standrecht in Sarajewo verhängt.

Eigentüm., Verl.: R. Elbemeyer, Rechtsanwalt und Zeitungsverlag G. David & Co., Wien, IX. Frankgasse 23. Verantwortl.: K. Elbemeyer.

Administration: XXX. Frankengasse 23, Tel. 17142.
Stadtbureaux: I. Schottenring 19, Kiosk 7577.

Wien, Dienstag, den 30. Juni 1914.

Redaktion: Wien, IX/1, Frankgasse 23. Tel. Lokal 7577, Interurb. 7576. Manuskripte werden nicht zurückgesendet.

Provinz-Abonnement vierteljährlich 5 Kronen. Erscheinen im Auslande und für Wien täglich früh und abends.

Große Demonstrationen gegen die Serben.

Das Attentat von Sarajewo. Die Ermordung des Thronfolgers und seiner Gemahlin.

Kaum zwei Meter trennten Gavrilo Princip vom Wagen des Erzherzogs Franz Ferdinand, der zu einem offiziellen Besuch in Sarajevo war. Der Attentäter überlegte einen Augenblick, ob er seine Handgranate werfen oder schießen sollte. Dann hob er den Revolver und gab zwei Schüsse ab. Beide waren tödlich. Vor Gericht erklärte der Mörder: »Ich bin kein Verbrecher, denn ich habe einen Mann getötet, der unrecht tat. Ich habe recht getan.« Die Abbildung zeigt die Titelseite der Illustrierten Kronen-Zeitung vom 30. Juni 1914.

Sarajevo abzubrechen, lehnte er ab. Nur in einem Punkt wurde das Programm geändert: Vor der Besichtigung des Museums wollte Franz Ferdinand den verwundeten Adjutanten im Garnisonsspital besuchen. Doch vergaß man, die Änderung der Route dem Chauffeur des ersten Wagens mitzuteilen. Statt den Appelkai geradeaus zurückzufahren, bog die Kolonne, wie ursprünglich geplant, an der Lateiner-Brücke nach rechts ab. Dies aber war genau die Ecke, wo Princip stand. Er traute seinen Augen nicht, als die Wagen plötzlich vor ihm stehenblieben, bevor sie im Krebsgang zum Appelkai zurückstrebten. Kaum zwei Meter trenn-

113

ten ihn von Franz Ferdinand und Sophie. Princip überlegte einen Augenblick, ob er seine Handgranate werfen oder schießen solle. Dann hob er den Revolver und gab mit abgewandtem Kopf zwei Schüsse ab. Beide waren tödlich. Es war 10 Uhr 50, als die Tat geschah: Der Thronfolger hatte nicht einmal eine Stunde in Sarajevo verbracht.

Nicht jedermann am Wiener Hof war über das Verschwinden des gefährlichen Neuerers untröstlich. Der Kriegspartei verschaffte der Mord den ersehnten Anlaß, Belgrad zu züchtigen. Es half dem serbischen Ministerpräsidenten Pašić nicht, daß er jede Verbindung zu den Attentätern leugnete – in einem Zeitungsinterview nannte er sie »österreichische Bürger, ja nicht einmal Bürger, sondern wahnsinnige Kinder« – und sich den harschen Forderungen der Wiener »Begehrnote« nahezu bedingungslos unterwarf: Am 28. Juli, genau einen Monat nach dem Attentat, erklärte Österreich Serbien den Krieg. Es war der berühmte Augenblick, in dem – nach den Worten des britischen Außenministers Grey – »in Europa die Lichter ausgingen«. Der Erste Weltkrieg begann. Eines seiner Ergebnisse war die Geburt jenes Staates, der die Südslawen unter einem Dach vereinte.

Die Frage, ob Pašić die Wahrheit sagte, hat die Gemüter bis heute bewegt. Ein schlüssiger Beweis dafür, daß die serbische Regierung hinter dem Anschlag stand, wurde jedenfalls nie gefunden. Ganz abwegig ist es, sie mit der Schwarzen Hand gleichzusetzen. Zwischen beiden bestanden schwere Spannungen. Drei Wochen vor dem Attentat war Apis drauf und dran, die Regierung durch einen Staatsstreich zu stürzen. Im Juni 1917 wurde er von einem serbischen Kriegsgericht zum Tode verurteilt und erschossen. Hauptbelastungszeuge war der »schöne Cigo«.

Der Prozeß gegen die Attentäter und ihre Komplizen begann am 12. Oktober, als die serbische Vorhut dreißig Kilometer vor Sarajevo stand. Vom Septett auf dem Appelkai fehlte nur Mehmetbašić: Er war nach Montenegro entkommen. Alle 25 Angeklagten erklärten sich schuldig, Princip mit dem Zusatz: »Ich bin kein Verbrecher, denn ich habe einen Mann getötet, der unrecht tat. Ich habe recht getan.« Das einzige, was er bedauerte, war, daß seine zweite Kugel Sophie und nicht den Gouverneur getroffen hatte. Als er gefragt wurde, ob ihn die letzten Worte des Erzherzogs – »Sopherl, Sopherl, stirb mir nicht, bleib für die Kinder!« – nicht rührten, antwortete er trotzig: »Ich bin doch kein Tier!«

Von den sieben Attentätern wurde nur Ilić zum Tode verurteilt. Da die übrigen noch nicht zwanzig waren, erhielten sie langjährige Freiheitsstrafen. Am 3. Februar 1915 wurden Ilić und zwei Mitglieder der Narodna Odbrana, die beim Transport der Waffen geholfen hatten, darunter der Kinobesitzer aus Tuzla, im Hof des Defensivlagers von Sarajevo gehenkt. Princip, Čabrinović und Grabež wurden zur k.u.k. Militärstrafanstalt in Theresienstadt »instradiert«, wo alle drei an der Tuberkulose starben, Princip als letzter am 28. April 1918. Zwei Jahre später wurden seine Gebeine exhumiert und von einer vielköpfigen Delegation nach Sarajevo überführt. Die Lateiner-Brücke, an der die tödlichen Schüsse fielen, heißt heute Princip-Brücke. Von den Folgen des Attentats, der Vereinigung mit Serbien, wollen die Bosniaken freilich nichts mehr wissen.

Der Feind steht rechts:
Matthias Erzberger und Walther Rathenau

Viereinhalb Jahre nach dem Attentat von Sarajevo saßen die Romanows, die Habsburger und die Hohenzollern nicht mehr auf ihren Thronen. Dem Absolutismus des Zaren folgte der Absolutismus des Politbüros. Daß den Deutschen das gleiche Schicksal damals erspart blieb, lag gewiß nicht an der demokratischen Gesinnung der Kommunisten. USPD und Spartakusbund ließen nichts unversucht, um die Wahlen zur Nationalversammlung zu verhindern. Der »parlamentarischen Maulwurfsweisheit« stellte Rosa Luxemburg die »Dialektik der Revolutionen« entgegen, und auf einer Massenkundgebung vor der Reichskanzlei höhnte Karl Liebknecht, er habe die Macht, »dieses ganze Nest auszuräumen«. Nach eigenem Bekenntnis war der Spartakusbund, aus dem in den letzten Tagen des Jahres 1918 die KPD hervorging, »entschlossen, mit dem demokratischen Staatsplunder Schluß zu machen und eine Räterepublik nach russischem Muster aufzurichten«. Nicht an der mangelnden Entschlossenheit der Kommunisten scheiterte die deutsche Revolution, sondern daran, daß ihren Führern das Organisationstalent eines Lenin und Trotzki fehlte.

Um sich gegen die Linke zu verteidigen, mußte sich die Reichsregierung allerdings mit der Rechten verbünden. Es waren die Reste der kaiserlichen Frontarmee, die den Übergang von der Monarchie zur parlamentarischen Republik sicherten. Dieses aus der Not geborene Bündnis erwies sich als kostspielige Hypothek. Die Mehrheit der Freiwilligen hatte nicht vergessen, daß sie ihren Eid auf den Kaiser geschworen hatte, und empfand für die neue Herrschaft, der sie diente, wenig Sympathie. Der Reichsregierung blieb nichts anderes übrig, als über die zweifelhafte Loyalität ihrer Beschützer hinwegzusehen. Da der Versailler Vertrag das Heer auf 100 000 Mann begrenzt hatte, drückte sie beide Augen zu, als neben der regulären Reichswehr eine »Schwarze Reichswehr« mit »Zeitfreiwilligen« entstand. Auch die Freikorps, die kommunistische Unruhen mit nicht gerade zimperlichen Mitteln erstickten, erfreuten sich in den ersten Jahren der Republik amtlicher Duldung.

Keiner der Söldnerführer, die damals ihre große Stunde hatten, war ein Stratege vom Kaliber Wallensteins. Doch fehlte es nicht an bemerkenswerten Charakteren. Vielleicht der bemerkenswerteste war der Korvettenkapitän Hermann Ehrhardt. Der 1881 geborene Sproß einer badischen Pastorenfamilie war, nachdem er einen Lehrer geohrfeigt hatte, aus dem Gymnasium geflogen. Er trat in die kaiserliche Marine ein und machte sich durch stramme soldatische Haltung einen guten Namen. Als im November 1918 meuternde Matrosen auf deutschen Kriegsschiffen die rote Fahne hißten und der Kaiser kurz darauf nach Holland floh, brach für Ehrhardt – wie für die meisten seiner Berufsgenossen – eine Welt zusammen. Mit 300 gleichgesinnten Offizieren und Unteroffizieren gründete er einen Stoßtrupp, der den Siegeszug des Bolschewismus aufhalten sollte. Ihre Feuertaufe erlebte die »Brigade Ehrhardt« in Wilhelmshaven, wo – nach Kiel – der zweite »Arbeiter- und Soldatenrat« die Macht ergriffen hatte. Im Januar 1919 stürmte sie eine Kaserne, in der sich 400 Kommunisten verschanzt hatten. Der Sturmangriff war der Anfang vom Ende der Räteherrschaft in den Kriegshäfen der Nord- und Ostseeküste.

Die glückliche Operation machte die Brigade in ganz Deutschland bekannt. Reichswehrminister Noske zog sie zu Einsätzen in Braunschweig und München heran, wo gleichfalls »Räterepubliken« ausgerufen worden waren. Auch diese Aufträge wurden prompt erledigt. Im Herbst 1919 finden wir die Brigade in Oberschlesien. Doch waren die Kämpfe mit polnischen Freischärlern schon abgeflaut, als sie eintraf. Da weitere Aufträge der Reichsregierung ausblieben, sah sich Ehrhardt nach neuen Alliierten um. Er fand sie in Walther von Lüttwitz, einem General mit politischen Ambitionen, und dem Gründer der »Nationalen Vereinigung«, Wolfgang Kapp. Der Putsch, mit dem die beiden im März 1920 die Reichsregierung zu stürzen suchten, war militärisch ein Erfolg: Ohne auf Widerstand zu stoßen, rückte die Brigade in das Berliner Regierungsviertel ein. Politisch war der Putsch dagegen ein Fiasko. Ein Generalstreik und der Widerstand der Beamtenschaft machten dem Unternehmen nach vier Tagen ein Ende. Der drohenden Verhaftung entzog sich Ehrhardt durch die Flucht nach München, wo ihn Polizeipräsident Pöhner deckte.

Im Mai 1920 wurde die Brigade offiziell aufgelöst. Doch lebte sie in einer Reihe von Ablegern fort. Der gefährlichste war die »Organisation Consul« (O.C.). Nach außen trat die O.C. unter einer Vielzahl von Decknamen auf – »Neudeutscher Bund«, »Bund Wiking« oder »Bayerische Holzverwertungsgesellschaft«. Auch mit dem streng geheimen »Germanenorden«, dessen Mitglieder bei ihrer Aufnahme ein »Blutbekenntnis« abzulegen hatten, in dem sie versicherten, mit »Angehörigen der farbigen oder hebräischen Rasse« weder verwandt noch verschwägert zu sein, war sie mehr oder weniger personengleich. Wie viele der politischen Attentate, die Deutschland in den Jahren 1921 und 1922 erschütterten, auf den persönlichen Befehl Ehrhardts zurückgingen, ist bis heute nicht klar. Unklar ist auch, woher die O.C. ihre beträchtlichen Mittel bezog. Zwar lag die Leitung der Geschäfte pro forma in der Hand anderer. Doch war der »Consul«, in dessen Namen die Geschäfte betrieben wurden, unzweifelhaft Ehrhardt selbst: Da ihm in Berlin immer noch ein Hochverratsprozeß drohte, zog er es vor, in München als »Consul Eichmann« aufzutreten.

In einer Broschüre »Deutschlands Zukunft – Aufgaben und Ziele« bekannte sich Ehrhardt zur Monarchie »als der für uns grundsätzlich geeignetsten Verfassung«. Mit welchen Mitteln die Rückkehr zur Monarchie bewerkstelligt werden sollte – darüber schwieg sich die Broschüre aus. Deutlicher wurde der »Wiking«, die Vereinszeitschrift der ehemaligen Marinebrigadiere: »Unser Kampf richtet sich gegen die Totengräber des nationalen Gedankens, gegen Demokratie, Sozialdemokratie und Judentum.« Daß dieser Kampf nicht nur geistig gemeint war, sollte sich bald zeigen. Im Sommer 1921 – etwa um die Zeit, als Ehrhardts programmatische Schrift erschien – gab Kapitänleutnant Manfred von Killinger, der Direktor der »Holzverwertungsgesellschaft«, zwei jungen Offizieren, die das Kriegsende aus der Bahn geworfen hatte, den Befehl, Matthias Erzberger umzubringen. In einer geheimen Sitzung des Germanenordens, bedeutete er ihnen, sei das Los auf sie gefallen. Die beiden Erwählten, Heinrich Schulz und Heinrich Tillessen, machten sich sofort auf den Weg und reisten wochenlang hinter ihrem Opfer her.

Erzberger war weder Sozialdemokrat noch Jude, sondern seit 1903 Abgeordneter der gutkatholischen Zentrumspartei. Doch brauchte, wer es darauf anlegte, nicht lange nach Gründen zu suchen, um ihn unter die »Totengräber des nationalen Gedankens« zu rechnen. Im Laufe des Weltkrieges hatte sich Erzberger vom Annexionisten zum Anhänger eines Verständigungsfriedens geläutert. Beim Sturz des Reichskanzlers Bethmann Hollweg war er die treibende Kraft. Der Waffenstillstand von Compiègne trug seine Unterschrift. Im Juni 1919 wurde Erzberger Reichsfinanzminister. Seine Verdienste um die Steuerreform – die umfangreichste der deutschen Geschichte – konnten die Erinnerung an die Rolle, die er in den letzten Monaten des Krieges gespielt hatte, nicht auslöschen. Seine Nemesis war Karl Helfferich, auch er ein ausgewiesener Finanzexperte und zugleich Sprecher der Deutschnationalen. Mit einer haßerfüllten Artikelserie in der »Kreuzzeitung« unter der Überschrift »Fort mit Erzberger!« gelang es Helfferich, seinen Todfeind zu einer Beleidigungsklage zu provozieren. Der Prozeß endete für Erzberger mit einem Pyrrhussieg: Das Gericht verurteilte den Angeklagten zwar zu einer geringfügigen Geldstrafe, sah es jedoch als erwiesen an, daß der Nebenkläger private und öffentliche Interessen nicht immer säuberlich getrennt hatte. Erzberger mußte zurücktreten.

Noch während des Prozesses, am 26. Januar 1920, wurde Erzberger beim Verlassen des Landgerichts Moabit durch einen Pistolenschuß an der Schulter verletzt. Der Täter, ein arbeitsloser Exkadett namens Oltwig von Hirschfeld, berief sich ausdrücklich auf Helfferichs Artikelserie, dessen Leitmotiv »Fort mit Erzberger!« er offenbar ganz wörtlich genommen hatte. Dennoch kam er mit einer Gefängnisstrafe von 18 Monaten davon.

Bei Erzberger hinterließ das Attentat einen tiefen Schock. Während er energisch seine Rückkehr in die Politik betrieb, graute ihm vor den Folgen. »Die Kugel, die mich treffen soll«, vertraute er seiner Tochter Maria an, »ist schon gegossen.« Den Sommer 1921 verbrachte die Familie in ihrer schwäbischen Heimat. Am 26. August machte Erzberger mit seinem Fraktionskollegen Dietz einen Spaziergang von Griesbach zur Alexanderschanze. Im Wald bemerkten die beiden, daß ihnen Schulz und Tillessen folgten, und kehrten um. In diesem Augenblick zogen die Verfolger Pistolen und streckten Erzberger, der sich hinter eine Böschung

»Die Kugel, die mich treffen soll«, hatte Erzberger kurz vor seinem Tod seiner Tochter anvertraut, »ist schon gegossen.« Im August 1921 lauerten ihm die Attentäter bei einem Spaziergang in seiner schwäbischen Heimat auf. Erzberger versuchte, sich hinter einer Böschung in Sicherheit zu bringen, wo ihn die tödlichen Schüsse der Mörder trafen. Das Photo zeigt die Beisetzungsfeierlichkeiten in Oppenau. Der Leichenwagen passiert eine Ehrenformation Schwarzwälder Schützen.

geflüchtet hatte, durch acht Schüsse nieder. Er war sofort tot. Der nur leicht verletzte Dietz schleppte sich zum Hotel zurück. Unterwegs begegnete ihm eine Urlauberin aus Hamburg. Als er ihr erzählte, was geschehen war, bemerkte sie trocken: »Wie konnten Sie nur mit Erzberger spazierengehen!«

Die Täter wurden von der badischen Polizei rasch identifiziert. Doch verweigerte Bayern, wohin sie zurückgekehrt waren, die Amtshilfe. Statt Schulz und Tillessen verhaften zu lassen, schickte ihnen Polizeipräsident Pöhner eine schriftliche Vorladung. Die beiden hatten reichlich Zeit, sich nach Ungarn abzusetzen, wo sie der rechtsradikale Politiker Gyula Gömbös als Ehrengäste aufnahm, bevor sie mit falschen Pässen nach Spanien weiterreisten. Killinger wurde in Offenburg vor Gericht gestellt, doch sprachen ihn die Geschworenen frei. Dagegen wurde der Chefredakteur des »Offenburger Tageblatts« zu einer Geldstrafe verurteilt: Die Zeitung hatte Teile der Anklageschrift veröffentlicht.

Eine Woche vor Killingers Freispruch, am 4. Juni 1922, wurde auf Philipp Scheidemann ein Säureattentat verübt. Scheidemann, damals Bürgermeister von Kassel, gehörte zu den bekanntesten Sozialdemokraten; er war es gewesen, der am 9. November 1918 vom Balkon des Reichstags die Republik ausgerufen hatte. Wegen des starken Windes verfehlte die Klistierspritze, aus der die Blausäure schoß, ihr Ziel. Wieder gehörten die beiden Täter, Hanns Hustert und Karl Oehlschläger, der Organisation Consul an. Da Killinger noch in Untersuchungshaft saß, hatte Karl Tillessen, der ältere Bruder des Erzberger-Attentäters, den Mordauftrag erteilt.

Hustert und Oehlschläger waren noch flüchtig, als die O.C. ein drittes Mal zuschlug. Am Vormittag des 24. Juni 1922 verließ Reichsaußenminister Rathenau sein Haus im Grunewald, um ins Auswärtige Amt zu fahren. An der Stelle, wo die Koenigsallee eine S-Kurve macht, verlangsamte sein Chauffeur die Fahrt. In diesem Augenblick wurde der Wagen von einem zweiten überholt. Als die beiden Fahrzeuge auf gleicher Höhe waren, fielen aus einer Maschinenpistole neun Schüsse. Bevor die Attentäter davonbrausten, warfen sie noch eine Handgranate in den Wagen des Außenministers. Dieser Vorsorge hätte es nicht mehr bedurft: Schon der erste Schuß war tödlich.

Wie Erzberger galt auch Rathenau bei der Rechten als »Erfüllungspolitiker«. Obendrein war er Jude. Daß er zwei Monate zuvor im Rapallo-Vertrag Deutschlands außenpolitischen Spielraum beträchtlich erweitert hatte, nützte ihm nichts. Es war wiederum Helfferich, der am 23. Juni – einen Tag vor dem Mord – im Reichstag zum Generalangriff blies. In einer von Tumulten begleiteten Rede rief er dazu auf, die Regierung für ihre »verbrecherische Politik«, die das Geld entwertet, den Mittelstand ruiniert und das deutsche Volksvermögen dem Ausland ausgeliefert habe, vor Gericht zu stellen. »Helfferich ist der Mörder, der wirkliche, verantwortliche«, notierte Graf Kessler in seinem Tagebuch. Das war auch die Meinung von Reichskanzler Wirth. »Der Feind steht rechts«, rief er im Reichstag und wies mit dem Finger auf die betreten schweigenden Deutschnationalen. Im Juli verabschiedete der Reichstag das »Gesetz zum Schutze der Republik«. Für die Aburteilung politischer Straftaten wurde ein besonderer Staatsgerichtshof geschaffen.

Auf der Fahrt von seinem Landhaus in Grunewald ins Auswärtige Amt wurde Rathenaus Wagen von einem zweiten Automobil überholt. Als die Fahrzeuge auf gleicher Höhe waren, fielen aus einer Maschinenpistole neun Schüsse. Bevor die Attentäter davonbrausten, warfen sie noch eine Handgranate in den Wagen des Außenministers. Dieser Vorsorge hätte es nicht mehr bedurft: Schon der erste Schuß war tödlich gewesen. Unser Photo zeigt den Schauplatz des Attentats, die Koenigsallee in Berlin. An der gekennzeichneten Stelle fuhr das Auto Rathenaus, der Wagen der Attentäter kreuzte in der Richtung des Pfeiles.

Die Renommiersucht eines Mitwissers führte die Polizei zu der Garage in Schmargendorf, wo die Attentäter das Mordfahrzeug geparkt hatten, und von dort zu dessen Chauffeur, dem Studenten Ernst Werner Techow. Die beiden Schützen, Erwin Kern und Hermann Fischer, wurden nach längerer Jagd auf der Burg Saaleck gestellt. Kern kam bei dem Schußwechsel ums Leben. Fischer beging Selbstmord. Ihre Abschiedsbotschaft an die Welt war ein gemeinsames Hoch auf Kapitän Ehrhardt. Im Prozeß gelang es dem Staatsanwalt jedoch nicht, Techow und seinen zwölf Mitangeklagten Verbindungen zur Organisation Consul nachzuweisen. Ihre eiserne Verschwiegenheit war nicht zuletzt den Pralinen zuzuschreiben, die ein unbekannter Freund dem redseligsten Verschwörer ins Gefängnis geschickt hatte: Da sie mit Arsen vergiftet waren, erkrankte er schwer. Techow wurde zu 15 Jahren Zuchthaus verurteilt, die übrigen zu geringeren Freiheitsstrafen. Einer von ihnen, der zwanzigjährige Ernst von Salomon, hat die Vorbereitungen zum Attentat später in seinem Buch »Die Geächteten« beschrieben.

Ein Nebenergebnis der Fahndung nach Kern und Fischer war,

daß auch die Scheidemann-Attentäter der Polizei ins Netz gingen. Sie wurden wegen Mordversuchs zu je zehn Jahren Zuchthaus verurteilt. Auch in diesem Prozeß blieb die O.C. schattenhaft im Hintergrund. Zwar wurde Ehrhardt im November 1922 endlich festgenommen. Doch beschränkten sich die Ermittlungen auf seine Teilnahme am Kapp-Putsch. Am 13. Juli 1923, zehn Tage vor Beginn des Prozesses, gelang es ihm, aus dem Gefängnis zu fliehen. Er verbrachte einige Monate in Tirol und Ungarn, bevor er nach München zurückkehrte. Im November hielt er schon wieder vor Studenten und Industriellen vaterländische Reden. Im Oktober 1924 eröffnete der Staatsgerichtshof in Leipzig ein Verfahren gegen 26 Mitglieder der O.C. Doch war die Staatsanwaltschaft offenkundig nicht mit dem Herzen bei der Sache. Die Anklageschrift wurde geheimgehalten, die Öffentlichkeit auf weite Strecken ausgeschlossen. Niemand war daran interessiert, die Verbindungen zwischen der Reichsregierung und den Freikorps an die große Glocke zu hängen. 18 Angeklagte wurden wegen Geheimbündelei zu kurzen Haftstrafen verurteilt, die sie wegen der zu erwartenden Amnestie nicht einmal anzutreten brauchten.

Auch wenn Ehrhardt von der Justiz geschont wurde – seine große Zeit war vorbei. Die paramilitärischen Organisationen aus der Frühzeit der Republik wurden von den Kampfverbänden der Nationalsozialisten nach und nach absorbiert. Ehrhardt selbst war auf Hitler schlecht zu sprechen. Am »Marsch auf die Feldherrnhalle« nahm er nicht teil – nicht, weil er dessen Ziel mißbilligte, sondern weil er ihm keine Chancen einräumte. Zwar ließ er es zu, daß ein Gefolgsmann, der Marineleutnant a.D. Hans-Ulrich Klintzsch, den Aufbau der SA in die Hand nahm. Doch beorderte er Klintzsch schon im Mai 1923 zurück. Während der Röhm-Affäre stand Ehrhardt auf der Abschußliste der Gestapo. In letzter Minute gelang es ihm, nach Österreich zu entkommen, wo seine zweite Frau – eine geborene Prinzessin Hohenlohe – ein Gut besaß. Hier ist er 1971 gestorben.

Die übrigen Angehörigen der O.C. machten im Dritten Reich höchst unterschiedliche Karrieren. Manfred von Killinger, Ehrhardts rechte Hand, trat früh in die SA ein und wurde 1933 Ministerpräsident von Sachsen. Das Kriegsende erlebte er als Botschafter in Bukarest. Beim Einrücken der Roten Armee nahm er sich das Leben. Hartmut Plaas, einer der Mitverschworenen des

Rathenau-Komplotts, stieß dagegen zum Widerstand. Am Vorabend des 20. Juli starb er im KZ. Ehrhardt hatte noch versucht, seinem alten Kameraden zu helfen. Dadurch machte er sich selbst verdächtig und wurde einige Monate in einem Lager bei Neuruppin gefangengesetzt.

Schulz und Tillessen, die Mörder Erzbergers, kehrten 1933 nach Deutschland zurück und wurden amnestiert. Tillessen brachte es im Zweiten Weltkrieg zum Korvettenkapitän, Schulz zum Adjutanten beim »Reichsführer SS«. Nach dem Krieg wurde Tillessen in Freiburg vor Gericht gestellt, jedoch wegen der Amnestie freigesprochen. Die französische Militärregierung kassierte das Urteil und verwies den Fall an ein anderes Gericht mit der Maßgabe, die Amnestie als null und nichtig zu betrachten. Im Februar 1947 verurteilte das Landgericht Konstanz Tillessen zu 15 Jahren Zuchthaus. Schulz erhielt in einem zweiten Prozeß 12 Jahre Zuchthaus. Auf Fürsprache der Witwe Erzbergers brauchten beide nur einen Teil der Strafe abzusitzen: 1952 wurden sie entlassen.

Liebe schwärmt auf allen Wegen:
Leo Davidowitsch Trotzki

Daß die Revolution ihre eigenen Kinder frißt, mußte derjenige, der es zum erstenmal aussprach, am eigenen Leibe erfahren: Am 31. Oktober 1793 wurde Pierre Vergniaud, der brillanteste Redner der Girondisten, mit zwanzig Gesinnungsgenossen guillotiniert. Die Maxime galt nicht nur für die Französische Revolution. Die Schreckensherrschaft der russischen stellte die *Grande Terreur* der Jakobiner weit in den Schatten. Allein in den beiden Jahren 1937 und 1938 – auf dem Höhepunkt der großen Säuberung, mit der sich Stalin wirklicher oder vermeintlicher Gegner in der Partei, im Staatsapparat und in der Armee entledigte – kamen mindestens zehn Millionen Menschen ums Leben. Die Säuberungen lagen in der Hand des Volkskommissariats für innere Angelegenheiten (NKWD), das 1934 als Nachfolgerin von Tscheka und GPU geschaffen worden war; später ging aus ihm der KGB hervor.

Das NKWD machte nicht nur in der Sowjetunion Jagd auf mißliebige Elemente. Eine besondere Einheit befaßte sich mit solchen, die im Ausland lebten und daher dem Zugriff der Justiz entzogen waren. Wer auf ihre Liste geriet, hatte weder Schauprozeß noch Straflager zu gewärtigen, sondern die Liquidation durch Meuchelmord. Nicht immer gelang es den Killern, ihre Spuren zu verwischen. Einige Operationen erregten sogar bei Journalisten und Intellektuellen, die vom Sowjetkommunismus die Erlösung der Welt erwarteten, Befremden. Zu diesen Operationen gehörte das Verschwinden des Generals Jewgeni Miller, der am 22. September 1937 in Paris gekidnappt und danach nie wieder gesehen wurde. Miller war Vorsitzender des Verbandes zaristischer Veteranen. In die Falle gelockt hatte ihn sein Stellvertreter, Nikolai Skoblin, der sowohl im Solde des sowjetischen wie des deutschen Geheimdienstes stand. Anscheinend hoffte das NKWD, Skoblin werde Miller im Amt nachfolgen. Diese Hoffnung erfüllte sich nicht. Skoblin wurde demaskiert, konnte jedoch nach Spanien fliehen.

Kurz vorher, in der Nacht vom 3. auf den 4. September, war der sowjetische Agent Ignaz Reiss in der Nähe von Lausanne auf offener Straße erschossen worden. Angesichts der Moskauer Schauprozesse hatte er sich von der Partei losgesagt und dies obendrein dem Zentralkomitee in einem vorwurfsvollen Brief mitgeteilt. Damit hatte er sich selbst das Todesurteil gesprochen. Als Lockvogel bediente sich das Mordkommando einer alten Freundin von Reiss, der Leipziger Kommunistin Gertrud Schildbach. Für den Fall, daß der Patronenhagel nicht ausreichen sollte, hatte Fräulein Schildbach strychningefüllte Pralinen mitgebracht, um dem abtrünnigen Genossen damit den Rest zu geben.

Daß seinen Freund Walter Krivitsky das gleiche Schicksal erst dreieinhalb Jahre später ereilte, verdankte er seiner Vorsicht und der Flucht in die Vereinigten Staaten. Krivitsky, der eigentlich Samuel Ginsberg hieß, war von 1935 bis 1937 Leiter des militärischen Nachrichtendienstes der Sowjetunion (GRU) in Westeuropa gewesen. Auch er hatte sich, empört über Stalins entfesselte Mordlust, von seinem Auftraggeber abgewandt. Statt das Zentralkomitee zu unterrichten, packte er vor britischen und amerikanischen Regierungsstellen aus und veröffentlichte unter dem Titel »Ich war Stalins Agent« sogar seine Lebenserinnerungen. Am 10. Februar 1941 wurde Krivitsky in einem Washingtoner Hotel erschossen aufgefunden. Nach überaus flüchtigen Ermittlungen stellte das FBI fest, der Tote habe Selbstmord begangen. Die Waffenbrüderschaft, die Amerikaner und Sowjets kurz darauf einte, war nicht dazu angetan, diesen beruhigenden Befund in Zweifel zu ziehen.

Auch Leo Trotzki, Stalins gefährlichster Mitbewerber um die Nachfolge Lenins, blieb länger am Leben, als es die Moskauer Mordzentrale eigentlich vorgesehen hatte. Sein Abstieg vollzog sich in kleinen Schritten: 1925 verlor er sein Amt als Kriegskommissar. 1926 wurde er aus dem Politbüro, 1927 aus dem Zentralkomitee geworfen. 1928 verbannte ihn Stalin nach Kasachstan. 1929 wurde Trotzki ausgewiesen. Er ging zunächst in die Türkei, später nach Frankreich und Norwegen. Seit 1937 lebte er in Coyoacán, einem Vorort von Mexico City. Ein Jahr zuvor, im August 1936, waren Trotzki und sein Sohn, Leo Sedow, *in absentia* zum Tode verurteilt worden.

Trotzki war damals ein Mann ohne Einfluß. Die Vierte Internationale, die er als Gegenkirche zum Moskauer Vatikan ins Leben gerufen hatte, war wenig mehr als ein armseliges Häuflein versprengter Sektierer. Weiterhin bedrohlich war dagegen seine umfassende Kenntnis der sowjetischen Frühgeschichte und der Methoden, mit denen Stalin seine Rivalen ausgebootet hatte. Nicht zufällig richtete sich der erste Gewaltakt des NKWD gegen Trotzkis Archiv in Paris: Im November 1936 verschwand es spurlos. Einige Monate danach wurde Trotzkis Sekretär, Erwin Wolf, in Spanien ermordet. Im Februar 1938 erkrankte Trotzkis Sohn, der in Paris das »Bjulletin«, das Monatsblatt der Abweichler, herausgab, an einer Blinddarmentzündung. Die Operation war erfolgreich. Dennoch starb Sedow im Krankenhaus unter mysteriösen Umständen, wahrscheinlich das Opfer einer Vergiftung. Am 16. Juli 1938 wurde ein kopf-, arm- und beinloser Rumpf aus der Seine gefischt. Anhand von Narben konnte der Tote identifiziert werden: Es war Rudolf Klement, der Sekretär der Vierten Internationale.

Drahtzieher beim Verschwinden des Archivs und bei der Liquidation der drei Männer aus der Umgebung Trotzkis war der Anthropologe Mark Zborowski, der unter dem Decknamen »Etienne« für das NKWD spionierte. Er hatte das Vertrauen von Trotzkis Sohn so vollständig gewonnen, daß dieser ihm anstandslos Haus- und Briefkastenschlüssel überließ. Zborowski war es, der Sedow ins Krankenhaus brachte; nach seinem Tod übernahm er die Herausgabe des »Bjulletin«. Erst zwei Jahrzehnte später wurde er in New York enttarnt. Doch kam er, da er über andere Spione offenherzig Auskunft gab, mit einer verhältnismäßig milden Strafe davon.

Mit der Beseitigung von Trotzki senior betraute das NKWD einen nicht minder erfahrenen Agenten, der sich zuletzt im spanischen Bürgerkrieg verdient gemacht hatte: Als »General Kotow« hatte er die aus dem Ausland herbeigeeilten Freiwilligen in die Geheimnisse der Sabotage eingeweiht. Sein richtiger Name war Nahum Eitingon; mit dem Freud-Jünger Max Eitingon war er, obgleich dies gelegentlich behauptet wurde, nicht verwandt. Die seit langem geplante Aktion hatte insofern eine gewisse Dringlichkeit erhalten, als Trotzki mit einem amerikanischen Verlag über eine Stalin-Biographie verhandelte.

Im Herbst 1939 traf Eitingon, nunmehr unter dem Decknamen

»Leonow«, in Mexiko ein. Mit ihm reisten seine Geliebte, die spanische Kommunistin Caridad Mercader, und zwei bewährte Killer, Vittorio Codovila und Carlos Contreras: Auf Codovilas Konto ging die Ermordung des Führers der spanischen Linkssozialisten, Andrés Nin; »General Carlos« hatte in seiner Einheit, dem gefürchteten 5. Regiment, dadurch für Disziplin gesorgt, daß er jeden Tag einige seiner Leute erschießen ließ. Eitingons Wahl für die Leitung des Mordanschlags fiel jedoch auf einen Dritten, den bekannten mexikanischen Maler David Alfaro Siqueiros. Siqueiros war ein fanatischer Kommunist; im spanischen Bürgerkrieg hatte er die Brigade der mexikanischen Freiwilligen angeführt.

Am 24. Mai 1940, um zwei Uhr früh, drangen etwa 20 als Polizisten verkleidete Männer in Trotzkis Grundstück ein. Ob sie der Türhüter, ein junger Amerikaner namens Sheldon Harte, freiwillig hineinließ oder ob er dazu gezwungen wurde, konnte er selbst nicht mehr aufklären: Vier Wochen später wurde sein Leichnam in einem von Siqueiros gemieteten Haus gefunden. Die Eindringlinge überwältigten die Leibwächter, durchschnitten die Telefonleitungen und nahmen Trotzkis Schlafzimmer, dessen Tür sie durch eine Selbstschußanlage gesichert wußten, von außen unter Maschinengewehrfeuer. Bevor sie sich zurückzogen, schleuderten sie noch zwei Brandbomben und eine Sprengbombe durchs Fenster. Die Sprengbombe explodierte nicht; die Brandbomben richteten nur geringen Schaden an. Trotzki, seine Frau und sein Enkelkind, die sich zu Boden geworfen hatten, überstanden das Attentat mit so geringfügigen Verletzungen, daß die Polizei zunächst an eine Inszenierung glaubte, um den halbvergessenen Revolutionär wieder ins Rampenlicht zu rücken.

Ende September 1940 wurde Siqueiros in seinem Versteck aufgespürt. Die 300 abgegebenen Schüsse, behauptete er, hätten Trotzki nur erschrecken sollen; die Absicht, ihn umzubringen, habe den Eindringlingen ferngelegen. Da aus aller Welt Petitionen einliefen, das »Bollwerk der Kultur und des Fortschritts« zu schonen, fand die windige Verteidigung des Malers Gehör. Das Gericht entließ Siqueiros aus der Untersuchungshaft. Kaum in Freiheit, entschwand er nach Chile. Das Visum hatte ihm der chilenische Dichter und, was in diesem Falle wichtiger war, Konsul Pablo Neruda besorgt, auch er ein fanatischer Kommunist.

Nach dem fehlgeschlagenen Überfall wurde Trotzkis Anwesen zu einer regelrechten Festung ausgebaut. Wachtürme, Stahltüren und bombensichere Wände sollten verhindern, daß sich der Überfall vom 24. Mai wiederholte. Eitingon verlegte sich daher auf eine andere Taktik: Nicht von außen war die Nuß zu knacken, sondern durch einen Insider, dem Trotzki vertraute. Die Person, die dies bewerkstelligen konnte, war auch schon gefunden: Ramón Mercader, der 26jährige Sohn seiner Geliebten, hatte sich in der Umgebung des Opfers bereits eingeführt. Der Trick, mit dem dies geschah, war einer der ältesten aus dem Werkzeugkasten der Geheimdienste – die Liebe.

Im Juli 1938 hatte Sylvia Ageloff einen verführerischen jungen Mann kennengelernt. Miss Ageloff, eine gläubige Trotzkistin, war Sozialarbeiterin bei der New Yorker Stadtverwaltung; in ihrer freien Zeit diente sie ihrem Guru als Kurier. Das unscheinbare, bebrillte Geschöpf war überwältigt, als ihr in Paris, wo sie am Gründungskongreß der Vierten Internationale teilnahm, ein belgischer Student namens Jacques Mornard vorgestellt wurde, der sich sofort intensiv für sie interessierte. Die beiden wurden rasch ein Paar. Mornard gab vor, aus einer alten Diplomatenfamilie zu stammen; das Geld, das er mit beiden Händen ausgab, habe er nebenher als Sportreporter verdient. Sylvia nahm ihm alles ab. Sie schöpfte auch keinen Verdacht, als ihr Geliebter wegen eines »ernsten Unfalls« in seiner Familie plötzlich verschwand und wochenlang nichts von sich hören ließ. Der »ernste Unfall« dürfte das Auftauchen des Rumpfes in der Seine gewesen sein: Mercader – denn er war es, der sich unter dem Pseudonym Mornard verbarg – beherrschte als gelernter Koch auch das Tranchieren. »Unter seinen Händen«, berichtete später einer der Zeugen, »schien ein gebratenes Huhn wie von selbst zu zerfallen.«

Als Sylvia nach New York zurückkehrte, folgte ihr Mercader. Eine belgische Zeitung, erklärte er seiner überglücklichen Freundin, habe ihn als Korrespondenten nach Amerika geschickt. Sie wunderte sich darüber ebensowenig wie über den sonderbaren neuen Namen, den er trug: Der kanadische Paß, mit dem er einreiste, wies ihn als »Frank Jacson« aus. Als Begründung für den Namenswechsel gab er an, er habe sich vor dem Militärdienst gedrückt. Durch Sylvia lernte er das französische Ehepaar Rosmer kennen, das Trotzkis Enkel aus Paris nach Mexiko gebracht hatte und seitdem auf dem Anwesen in Coyoacán lebte. Eine längere Krankheit von Monsieur Rosmer gab ihm Gelegenheit, ihn mehrfach zu besuchen und sich dabei ein wenig umzusehen.

Ursprünglich beschränkte sich Mercaders Rolle darauf, für Siqueiros und dessen Stoßtrupp das Terrain zu erkunden. Bevor er selbst mit dem Vollzug des Todesurteils beauftragt wurde, bestand seine Mutter auf gewissen Zusicherungen. Caridad Mercader war eine treue Parteigenossin, die im spanischen Bürgerkrieg, ohne mit der Wimper zu zucken, so manchen Häretiker ans Messer geliefert hatte. Aber hier ging es um ihren eigenen Sohn. Eitingon mußte ihr versprechen, daß nach dem Attentat alles getan werde, um Ramón sicher außer Landes zu bringen.

Am 28. Mai 1940, vier Tage nach dem fehlgeschlagenen Überfall, drückte Mercader seinem Opfer zum erstenmal die Hand. Er hatte sich erboten, die Rosmers in seinem Buick nach Veracruz zu bringen, wo sie die Heimreise antreten wollten. Natalja Trotzki war dankbar für die Abwechslung und fuhr gleichfalls mit. Am 12. Juni verabschiedete sich Mercader selbst: Er müsse für einige Wochen nach New York; ob die Wächter unterdessen den Buick benutzen wollten? Hocherfreut nahmen die Trotzkis das Angebot an.

Ende Juli war »Jacson« wieder da, diesmal mit Sylvia. Allen fiel auf, daß er sich verändert hatte: Er war bleich, nervös und hatte keinen Appetit. Wie er später gestand, fürchtete er, Trotzki könne ihn zu sich hinüberziehen, bevor er seinen Auftrag erledigt habe. Am 8. August war er mit Sylvia bei den Trotzkis zum Tee. Bei dieser Gelegenheit fragte er, ob er das nächstemal einen Artikel mitbringen dürfe, um ihn begutachten zu lassen. Er durfte. Am 17. August empfing Trotzki seinen Mörder im Büro. Mit der Verwandlung seines Hauses in eine Festung hatte er sich abgefunden. Aber auf den Ratschlag, Besuchern nie allein gegenüberzutreten, wollte er nicht hören. Trotzki fand »Jacsons« Artikel schwach und empfahl verschiedene Verbesserungen. Im Rückblick beschlich ihn ein leichtes Mißtrauen. »Ich mag ihn nicht«, sagte er seiner Frau. »Wer ist er eigentlich? Wir sollten mehr über ihn herausfinden.« Den Zweck des Besuches ahnte er freilich nicht: Er war die Generalprobe für das Attentat.

Drei Tage später, am 20. August, erschien Mercader zur zweiten Lesung. Trotz des warmen, trockenen Wetters trug er einen

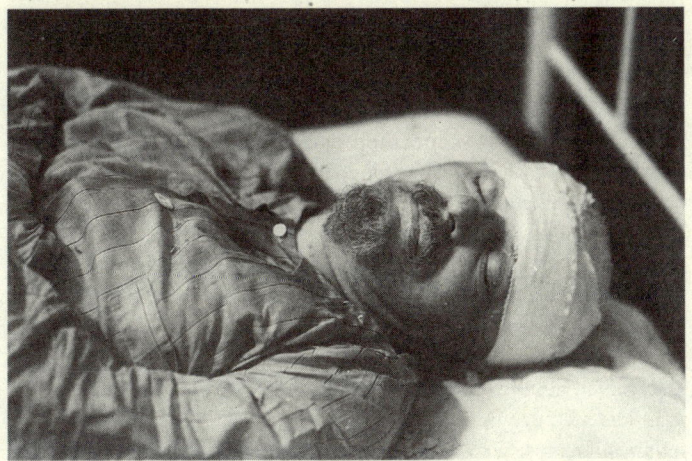

Der tote Trotzki auf dem Sterbelager im Krankenhaus. Sein Mörder, Ramón Mercader, hatte sich durch eine Bekannte seines Opfers Zugang zu dessen festungsartig ausgebautem Haus verschafft und Trotzki mit einem Eispickel den Schädel zertrümmert.

Regenmantel. In diesem Mantel hatte er drei Waffen versteckt: eine Maschinenpistole, einen langen Dolch und einen Eispickel. Während Trotzki den Aufsatz las, gab ihm Mercader mit der Breitseite des Eispickels einen mächtigen Schlag auf den Hinterkopf. Aber anstatt bewußtlos zusammenzusinken, zeigte der alte Herr erstaunliche Vitalität: »Der Mann schrie, daß ich es bis ans Ende meines Lebens nicht vergessen werde. Sein Schrei war Aaaa ... ganz lang, endlos lang; er klingt mir immer noch in den Ohren. Ich sah, daß Trotzki wie ein Wahnsinniger aufsprang. Er warf sich auf mich und biß mir in die Hand. Ich stieß ihn von mir, so daß er zu Boden ging. Aber er stand wieder auf, und dann – ich weiß nicht wie – verließ er halb rennend, halb stolpernd das Zimmer.«

Mercader hatte gehofft, sich nach dem Attentat unauffällig aus dem Hause schleichen zu können. Statt dessen wurde er von den Leibwächtern, die auf Trotzkis Schreie hereinstürzten, beinahe totgeschlagen. Seine Mutter und Eitingon, die ihn vor der Tür im Auto erwarteten, entnahmen dem hektischen Kommen und Gehen, daß etwas nicht nach Plan gelaufen war, und brachten sich schleunigst in Sicherheit. Als Sylvia von der Tat ihres Geliebten hörte, bekam sie einen hysterischen Anfall und rief immer wieder: »Kill him! Kill him!« Trotzki wurde ins Krankenhaus geschafft, wo er am nächsten Tag starb.

In Mercaders Regenmantel wurde neben den Waffen ein schriftliches »Geständnis« gefunden, in dem Trotzki beschuldigt wurde, die Ermordung Stalins betrieben zu haben. Auch vor Gericht spielte der Attentäter den enttäuschten Trotzkisten, der den Verrat der reinen Lehre durch einen falschen Messias gerächt habe. Sein vollständiger Name sei Jacques Mornard Vandendreschd, sein Geburtsort Teheran: Dort sei sein Vater belgischer Gesandter gewesen. An dieser erfundenen Biographie hielt er eisern fest, auch nachdem sie längst ad absurdum geführt worden war und sich der richtige Jacques Mornard, ein Redakteur bei der »Nation Belge«, gemeldet hatte. Mercaders wahre Identität kam erst 1948 heraus. Wenn er erwartet hatte, er werde so leicht davonkommen wie Siqueiros, dann hatte er sich getäuscht: Im April 1943 wurde er zu 20 Jahren Gefängnis verurteilt. Da er keinerlei Reue zeigte, mußte er seine Strafe voll absitzen. Erst 1960 wurde er entlassen. Zunächst ging er nach Prag, von dort nach Moskau. Am 18. Oktober 1978 starb er, 64jährig und krebskrank, in Havanna.

Mutter Caridad traf einige Wochen nach dem Attentat in Moskau ein, wo hohe Ehren ihrer warteten: NKWD-Chef Beria geleitete sie persönlich zu Stalin, der sie mit dem Lenin-Orden auszeichnete und ihren Sohn zum »Helden der Sowjetunion« ernannte. Dennoch wurde sie ihres Lebens in Moskau nicht froh. Wie sich herausstellte, war auch sie unaufrichtigen Liebesschwüren auf den Leim gegangen: Eitingon, der ihr die Ehe versprochen hatte, war längst verheiratet und dachte nicht daran, sich scheiden zu lassen. In leidenschaftlichen Briefen bestürmte sie Beria, ihr die Ausreise nach Mexiko zu gestatten, um ihren Sohn zu befreien. Im Frühjahr 1945 fand sie endlich Gehör. Der Plan war, Ramón mit einem Virus zu infizieren, der seine Verlegung in ein Krankenhaus außerhalb des Gefängnisses notwendig machen würde. In Mexiko eingetroffen, schöpfte sie jedoch Verdacht: Die Vorbereitungen erinnerten sie an eine andere Aktion, bei der der Befreite »versehentlich« gestorben war. Die Sache wurde abgeblasen.

Emil und die Offiziere:
Adolf Hitler

Die Deutschen sind vermutlich das einzige Volk, das Jahr für Jahr einen mißlungenen Anschlag auf das Leben seines Staatsoberhauptes feiert – wobei es nicht das Mißlingen des Anschlags ist, das gefeiert wird, sondern der Mut derer, die ihn unternahmen. Nicht allen freilich ist bei diesen Feiern wohl. Hitlers Rundfunkansprache, in der er die Attentäter des 20. Juli 1944 »eine ganz kleine Clique ehrgeiziger, gewissenloser und zugleich verbrecherischer, dummer Offiziere« nannte, wirkt bis heute nach. Sogar den Kriegsgegnern fiel es schwer, die Gründe ernst zu nehmen, aus denen pflichttreue deutsche Beamte Hoch- und Landesverräter wurden. Nach dem Attentat bemühte sich die BBC nach Kräften, die noch nicht entdeckten Verschwörer bloßzustellen. Churchill verglich die verzweifelten Versuche der deutschen Opposition, im Ausland Gehör zu finden, mit den Umtrieben der reaktionären Jakobiten, die England rekatholisieren und die verjagten Stuarts wieder auf den Thron setzen wollten.

Andere wiederum werfen den Offizieren vor, sie hätten Hitler zunächst gewähren lassen und sich erst dann gegen ihn gewendet, als der Krieg verloren war. Im übrigen seien ihre politischen Vorstellungen keineswegs demokratisch gewesen. Schon der hohe Anteil des Adels an der Verschwörung verrate, daß hier eine alte, durch ihre Obstruktion gegen die Weimarer Republik kompromittierte Führungsschicht noch einmal eine günstige Gelegenheit gewittert habe, ihren Einfluß und ihre Privilegien zu sichern.

Diese Vorwürfe sind nicht ohne Berechtigung. Aber sie sind nur ein Teil der Wahrheit. Es stimmt: Die Willfährigkeit der Generäle gegenüber Hitler und ihre Scheu, sich offenkundig absurden Befehlen zu widersetzen, sind kein Ruhmesblatt der deutschen Militärgeschichte. Es stimmt auch, daß Carl Friedrich Goerdeler, der Kopf der zivilen Opposition, eine Zeitlang mit dem Gedanken spielte, die Monarchie wiederherzustellen. Das Weimarer »System« mit seinen vielen Parteien und Regierungswechseln lehnten die meisten Verschwörer ab; aber das taten auch die Väter des Grundgesetzes. Von einer Rückkehr zur Kaiserzeit träumte nur eine verschwindend kleine Minderheit.

Vor allem trifft es nicht zu, daß sich der Widerstand erst geregt habe, als der Krieg offenkundig verloren war. Das Attentat vom 20. Juli ist kein Einzelfall, sondern der Kulminationspunkt eines Dramas, dessen Hauptdarsteller schon seit Jahren auf der Bühne standen. Addiert man alle Versuche und Vorbereitungshandlungen, deren Ziel die Beseitigung Hitlers war, dann kommt man auf eine Zahl zwischen 40 und 50. Was ihn immer wieder rettete, war gewiß auch Stümperei und mangelnde Entschlossenheit, häufiger aber noch die von ihm so gern beschworene »Vorsehung«, die ihm durch eine Reihe schier unglaublicher Zufälle zu Hilfe kam.

Ein klassisches Beispiel ist der Anschlag des Möbeltischlers Johann Georg Elser im Münchner »Bürgerbräukeller«. Die Bierwirtschaft war eine der heiligen Stationen des nationalsozialistischen Leidensweges. Am 8. November 1923 war hier der Marsch zur Feldherrnhalle beschlossen worden, bei dem sechzehn Parteigenossen ihr Leben ließen. Seit 1933 spielte sich jedes Jahr das gleiche Ritual ab: Am Abend des 8. November hielt Hitler im »Bürgerbräukeller« eine anderthalbstündige Rede, bevor am nächsten Tag, dem Karfreitag der Bewegung, die »Alten Kämpfer« vor dem Haus zum Erinnerungsmarsch antraten.

Elser, ein verschlossener Einzelgänger und begabter Tüftler, hatte eine Zeitlang dem »Roten Frontkämpferbund« angehört, war aber auch hier isoliert geblieben. Im Herbst 1938, zur Zeit des Münchner Abkommens, reifte in ihm der Entschluß, Hitler umzubringen. Aus seinem Heimatdorf Königsbronn (bei Heilbronn) fuhr er in die bayerische Hauptstadt, um sich nach einem geeigneten Ort umzusehen. Seine Wahl fiel auf den »Bürgerbräukeller«. In seine Heimat zurückgekehrt, verdingte er sich zum allgemeinen Erstaunen als Hilfsarbeiter in einem Steinbruch. Den übrigen Arbeitern fiel nicht auf, daß ihr schweigsamer Kollege systematisch Sprengstoff entwendete. Nach einigen Monaten hatte Elser die zehn Kilo »Donarit« zusammen, die er nach seinen Berechnungen benötigte. Zu Ostern war er ein zweites Mal in München gewesen und hatte die Räumlichkeiten fotografiert. Dabei war ihm aufgefallen, daß neben der Rednertribüne ein holzgetäfelter Stützpfeiler stand. Hier, entschied er, werde er seine Höllenmaschine installieren.

Im August 1939 verkaufte Elser seine bescheidene Habe und siedelte nach München um. Sein Vermieter, ein Tapezierer in der Türkenstraße, wunderte sich, daß sein Gast tagsüber schlief und nachts so gut wie niemals zu Hause war. Er arbeite an einer Erfindung, antwortete Elser geheimnisvoll, als ihn der Tapezierer befragte. In Wahrheit verbrachte er seine Nächte am Tatort. Nachdem er gegessen und gezahlt hatte, versteckte er sich in einer Rumpelkammer, wo er die Schließung des Lokals abwartete. Danach machte er sich an die Arbeit. 30 bis 35 Nächte, schätzte er später, habe es ihn gekostet, um den Sprengsatz und den Zündmechanismus in die Säule einzubauen. Isoliermaterialien sorgten dafür, daß das Ticken der beiden Uhrwerke nicht zu hören war. 42 Stunden vor dem großen Knall stellte er den Mechanismus ein – auf den 8. November um 21 Uhr 20. Am 7. November kehrte er noch einmal zurück und vergewisserte sich, daß die Uhren richtig liefen. Danach bestieg er den Zug nach Konstanz, um von dort aus die sichere Schweiz zu gewinnen.

Da Hitler mit den Vorbereitungen der Westoffensive beschäftigt war, erwog er, den traditionellen Besuch in München diesmal abzusagen. Er kam dann doch, beschloß aber, am gleichen Abend wieder nach Berlin zurückzufahren, und zwar mit der Eisenbahn: Wegen der Herbstnebel wollte sein Pilot einen Nachtflug nicht riskieren. So kam es, daß Hitler seine Rede kürzte und den »Bürgerbräukeller« schon um 21 Uhr 13 verließ. Als die Höllenmaschine sieben Minuten später explodierte, gab es zwar acht Tote und 63 Verletzte. Doch der, dem die Explosion galt, war nicht darunter.

Elser wurde gefaßt, als er versuchte, über den Grenzzaun zu klettern. Zum Verhängnis wurde ihm, daß er eine Ansichtskarte des »Bürgerbräukellers« bei sich trug. Kellnerinnen identifizierten den schwäbelnden Stammgast. Daß er allein gehandelt habe, wollte Hitler freilich nicht glauben. Er war überzeugt davon, daß die Engländer hinter dem Anschlag standen.

Unter Himmlers persönlicher Aufsicht wurde Elser gefoltert. Später versuchte es die Gestapo mit Pervitin-Spritzen und einem Hypnotiseur, um ihn zum Sprechen zu bringen. Aber es half nichts: Hitler mußte auf den geplanten Schauprozeß verzichten. Elser kam in das KZ Sachsenhausen, später nach Dachau, wo er wenige Tage vor der Befreiung des Lagers erschossen wurde.

Elser konnte nicht ahnen, daß das gleiche Münchner Abkommen, das seinen Anschlag inspirierte, einen zweiten, ebenso aussichtsreichen vereitelt hatte. Am 20. September 1938, auf dem Höhepunkt der Sudetenkrise, kam in der Wohnung von Hans Oster ein Verschwörerkreis zusammen, um darüber zu beratschlagen, wie der drohende Krieg abgewendet werden könne. Oster war Oberst in der Abwehr-Abteilung des Reichswehrministeriums und einer der ersten Offiziere, die erkannt hatten, daß die nationalsozialistische Gewaltherrschaft nur durch Gewalt aus den Angeln zu heben war. Man einigte sich auf folgenden Plan: Sobald Generalstabschef Halder den Befehl zum Einmarsch in die Tschechoslowakei erhalten habe, werde er den Berliner Stadtkommandanten, General von Witzleben, unterrichten. Daraufhin werde dieser mit einem Stoßtrupp in die Reichskanzlei eindringen, Hitler verhaften und an einen sicheren Ort bringen. Der Stoßtrupp war von zwei Abwehrleuten, Friedrich Wilhelm Heinz und Franz Liedig, zusammengestellt worden; beide hatten in jungen Jahren der »Brigade Ehrhardt« angehört. Was nach der Verhaftung mit Hitler geschehen sollte, blieb offen. Die einen plädierten dafür, ihn vor Gericht zu stellen; andere wollten ihn durch ein Ärztegremium für geisteskrank erklären lassen. Auch der Berliner Polizeipräsident Graf Helldorf war in das Komplott eingeweiht und versprach stillzuhalten.

Kaum hatte Witzleben Osters Wohnung verlassen, bestanden Heinz und Liedig auf einer Verschärfung des Plans. Ein Prozeß gegen »Emil« – wie Hitler bei den Frondeuren genannt wurde – sei angesichts seiner ungebrochenen Popularität pure Illusion. Los werde man ihn nur, wenn man sich seiner entledige. Sie kündigten an, bei der Verhaftung ein Handgemenge zu provozieren und Hitler zu erschießen. Zehn Tage später kapitulierten Chamberlain und Daladier in München vor den deutschen Forderungen, und eine euphorische Bevölkerung feierte die Friedensbringer. An einen Überfall auf die Reichskanzlei war unter diesen Umständen nicht mehr zu denken.

Oster war eine der beiden Zentralfiguren, um die sich der militärische Widerstand scharte. Die andere war Henning von

Tresckow, der seit 1941 beim Stab der Heeresgruppe Mitte – zunächst in Posen, später in Smolensk – Dienst tat. Erstaunlicherweise sind sich die beiden nie persönlich begegnet; doch standen sie miteinander in Verbindung. Der entscheidende Antrieb für Tresckows radikale Abkehr vom Regime war das Wüten der »Einsatzgruppen«, die im Rücken der Wehrmacht darangingen, die besetzten Gebiete »judenrein« zu machen. Auch Stauffenberg, der Attentäter des 20. Juli, der ursprünglich ein Bewunderer Hitlers gewesen war, wandte sich damals von seinem Idol ab.

Zunächst dachte Tresckow daran, Hitler bei einem Frontbesuch zu erschießen. Das erfolgreiche Attentat auf den Gestapo-Chef Heydrich brachte ihn auf einen anderen Gedanken. Heydrichs Wagen war durch eine englische Mine völlig neuer Art zerrissen worden. Sie bestand aus einer beliebig formbaren Masse; gezündet wurde sie nicht mit Hilfe einer tickenden Uhr, sondern einer Säureampulle, deren Inhalt den hemmenden Draht geräuschlos zerfraß. Tresckow forderte den neuartigen Sprengstoff an und erprobte in den dichten Wäldern um Smolensk seine Wirkung.

Am 13. März 1943 erschien Hitler endlich zu dem immer wieder verschobenen Besuch. Während des Essens fragte Tresckow seinen Nachbarn, einen Oberstleutnant Brandt, ob er auf dem Rückflug ein Päckchen für Oberst Stieff mitnehmen könne: Es handle sich um eine Wettschuld, zwei Flaschen Cointreau. Brandt war dazu gern bereit und nahm die sorgfältig verpackte Haftmine beim Einsteigen in Empfang. Zwei Stunden später kam der sehnsüchtig erwartete Anruf aus dem Führerhauptquartier. Aber anstatt den Absturz der »Condor« zu melden, teilte die Zentrale trocken mit, der Führer sei sicher in Rastenburg gelandet.

Tresckow schaltete schnell: Er rief Brandt an und bat ihn, das Päckchen bei sich zu behalten. Er habe es mit einem anderen verwechselt und werde es am nächsten Tag abholen lassen. So geschah es. Am 14. März flog Fabian von Schlabrendorff, Tresckows Ordonnanzoffizier und Mitverschworener, mit dem üblichen Kurierflugzeug ins Führerhauptquartier und ließ sich das Danaergeschenk wieder aushändigen. Danach fuhr er mit dem Zug nach Berlin weiter. »Sofort schloß ich mich in mein Schlafwagenabteil ein und öffnete vorsichtig mit einer Rasierklinge das Paket«, berichtet er in seinem Buch »Offiziere gegen Hitler«. »Der Zünder war ganz schwarz. Die Flüssigkeit hatte den Draht zerfressen, der Schlagbolzen war nach vorne geschnellt, aber der Sprengstoff hatte nicht gezündet. Worauf das zurückzuführen war, konnte ich nicht mit Sicherheit sagen. Aber ich ahnte, daß wohl die russische Kälte der Grund war.«

Tresckow gab nicht auf. Schon eine Woche später bot sich eine neue Gelegenheit. Am 21. März wollte Hitler im Berliner Zeughaus eine Ausstellung sowjetischer Beutewaffen besichtigen. Tresckow fragte den Nachrichtenoffizier der Heeresgruppe Mitte, Christoph von Gersdorff, ob er bereit sei, Hitler durch die Ausstellung zu führen und sich dabei gemeinsam mit ihm in die Luft zu sprengen. Gersdorff bejahte. Er flog nach Berlin, wo ihm Schlabrendorff den Blindgänger aushändigte. Um nicht aufzufallen, teilte er die Mine und steckte je eine Hälfte in die beiden Taschen seines Uniformmantels. Während des Rundgangs versuchte er sich möglichst dicht an Hitler zu drängen – was keine Kleinigkeit war, da auch Göring, Himmler, Keitel, Dönitz und andere Würdenträger zum Gefolge gehörten. Aber Hitler war an Erklärungen nicht interessiert, sondern hastete durch die Waffenschau. Nach zwei Minuten war er wieder draußen – acht Minuten, bevor die Säure ihr Werk getan hatte. Nun war es Gersdorff, der zur Toilette hastete, um die Mine zu entschärfen.

Der nächste Offizier, der sich opfern wollte, war der 24jährige Hauptmann Axel von dem Bussche. Er war dazu ausersehen, in der »Wolfsschanze«, dem ostpreußischen Führerhauptquartier, neue Uniformen vorzuführen. Auch Bussche wollte sich gemeinsam mit Hitler in die Luft sprengen – aber nicht mit den englischen Minen, denen er mißtraute, sondern mit einer Handgranate. Doch der Termin wurde immer wieder verschoben, und schließlich vernichtete ein englischer Luftangriff die Modelle. Bussche ging an die Front zurück, wurde schwer verwundet und schied damit als Attentäter aus.

Im April 1943 traf die Verschwörer ein böser Schlag. Oster, dessen Sottisen über den »größten Feldherrn aller Zeiten« längst die Aufmerksamkeit der Gestapo erregt hatten, wurde aus dem Dienst entlassen – angeblich wegen eines Devisenvergehens. An seiner Stelle rückte Claus Graf Schenk von Stauffenberg zur treibenden Kraft des Widerstandes auf. Der 36jährige Oberstleutnant hatte in Afrika ein Auge und eine Hand verloren. Nach seiner Genesung wurde er zum Heeresamt in Berlin versetzt, dessen

Chef, General Olbricht, seit langem zum engsten Kreis der Verschwörer gehörte. Olbricht hatte die geniale Idee, das Regime mit seinen eigenen Waffen zu schlagen: Der Staatsstreich sollte nach den Regeln eines Einsatzplans abrollen, den er für den Fall innerer Unruhen ausgearbeitet hatte und der von Hitler selbst genehmigt worden war. Die Schlüsselrolle beim Vollzug dieses »Walküre« genannten Plans fiel dem Ersatzheer zu – einem buntscheckigen Haufen aus Urlaubern, Ausbildern und Rekruten, dessen Befehlshaber, Generaloberst Fromm, von dem Komplott wußte, jedoch zögerte, sich selbst festzulegen. Immerhin forderte er den einäugigen Kriegshelden als Stabschef an.

Am 1. Juli 1944 übernahm Stauffenberg, zum Oberst befördert, sein neues Amt. Er verlor keine Zeit. Als er am 11. Juli auf den »Berghof« gerufen wurde, brachte er eine Zeitbombe englischer Herkunft mit. Doch unterließ er das Attentat, da Himmler, dessen gleichzeitige Beseitigung bei den Verschwörern als *conditio sine qua non* galt, abwesend war. Bereits vier Tage später, am 15. Juli, wurde er wieder zu Hitler bestellt – diesmal in die »Wolfsschanze«. Wieder nahm er die Zeitbombe mit; wieder fehlte Himmler. Stauffenberg war dennoch zur Tat entschlossen, ließ sich aber von den übrigen Verschwörern umstimmen – was Olbricht, der den »Walküre«-Alarm bereits ausgelöst hatte, in eine schwierige Lage brachte. Der Verlauf des dritten Versuches ist bekannt: Die Bombe, die Stauffenberg am 20. Juli zündete, verwüstete zwar den Sitzungsraum in der »Wolfsschanze« und verletzte vier Teilnehmer schwer – darunter jenen Oberstleutnant Brandt, der ein Jahr zuvor die »Cointreau-Flaschen« befördert hatte. Hitler kam mit geplatzten Trommelfellen, einem Bluterguß am Ellenbogen und einigen unbedeutenden Hautabschürfungen davon. Der Staatsstreich in Berlin brach rasch zusammen.

Um seine Mitwisserschaft zu vertuschen, ließ Fromm Stauffenberg, Olbricht und zwei weitere Offiziere noch in der gleichen Nacht standrechtlich erschießen. Es nutzte ihm nichts: Auch er fiel der Vergeltungsaktion zum Opfer, mit der sich Hitler an den Verschwörern rächte. Etwa 6000 Verdächtige wurden verhaftet, davon 200 zum Tode verurteilt und auf bestialische Weise gehenkt. Aus den geplanten Schauprozessen wurde allerdings auch diesmal wieder nichts. Die gefolterten und gedemütigten Angeklagten verteidigten sich gegenüber dem tobenden Präsiden-

Hitler spricht in seinem Hauptquartier beim ostpreußischen Rastenburg unmittelbar nach dem Anschlag vom 20. Juli 1944 mit Angehörigen der »Organisation Todt«, auf die zuerst der Verdacht gefallen war.

ten des Volksgerichtshofs, Roland Freisler, mit solcher Würde, daß Hitler bald das Vergnügen an der Sache verlor. Schon zwei Wochen nach Beginn der Prozesse untersagte er jede weitere Berichterstattung.

Im Rückblick ist immer wieder darüber philosophiert worden, ob es nicht im wohlverstandenen deutschen Interesse lag, daß das Attentat mißlang. Hätte die Bombe Hitler am 20. Juli zerrissen, sagen die einen, dann wären die Deutschen um einen Märtyrer und eine Dolchstoßlegende reicher gewesen. Nur die totale Katastrophe habe sie vom faschistischen Virus heilen können. Andere halten dagegen, daß in den letzten zehn Monaten des Krieges 4,8 Millionen Deutsche – Soldaten und Zivilisten – ums Leben kamen, zwei Millionen mehr als in den fünf Jahren davor. Auch die meisten deutschen Städte wurden erst in den letzten Kriegsmonaten zerstört. Wäre der Krieg schon im Juli 1944 zu Ende gewesen, dann hätte die Hälfte der ermordeten Juden überlebt.

Tresckow maß dem Attentat schließlich nur noch symbolische Bedeutung zu. Als ihn Stauffenberg nach der Landung der Alliierten in der Normandie fragen ließ, ob ein Staatsstreich jetzt noch Sinn habe, gab er zur Antwort: »Das Attentat muß erfolgen, *coûte que coûte*. Sollte es nicht gelingen, so muß trotzdem in Berlin gehandelt werden. Denn es kommt nicht mehr auf den praktischen Zweck an, sondern darauf, daß die deutsche Widerstandsbewegung vor der Welt und vor der Geschichte unter Einsatz des Lebens den entscheidenden Wurf gewagt hat. Alles andere ist daneben gleichgültig.« Dieses Ziel haben die Attentäter des 20. Juli erreicht. Sie haben es den Nachkommen erleichtert, mit der Hypothek einer Epoche fertigzuwerden, in der es nicht nur die größten Verbrecher der deutschen Geschichte gab, sondern auch ihre größten Helden.

Tausche Lastwagen gegen Juden:
Rudolf Kastner

Rudolf Kastner kam gewöhnlich erst gegen Mitternacht nach Hause. Bis dahin arbeitete er in der Redaktion von »Uj Kelet«, einer in Tel Aviv erscheinenden ungarischen Tageszeitung. Am 3. März 1957 trat ihm vor der Haustür ein junger Mann entgegen und fragte ihn, ob er Dr. Kastner sei. Als er bejahte, zog der junge Mann einen Revolver und streckte ihn nieder. Kastner starb drei Tage später im Krankenhaus. Die Polizei hatte die Täter bald gefaßt. Seev Eckstein, Dan Schemer und Josef Menkes gehörten einer rechtsradikalen Randgruppe an, die von einem »Königreich Israel« träumte, und zwar in den Grenzen, die Gott Abraham zugesprochen hatte – »von dem Wasser Ägyptens bis an das große Wasser Euphrat«. Alle drei wurden zu lebenslangen Gefängnisstrafen verurteilt, aber schon nach fünf Jahren begnadigt. Die frühe Entlassung und der Umstand, daß Eckstein ein Agent des israelischen Geheimdienstes war, haben bis heute den Verdacht am Leben gehalten, die halbverrückten Killer seien nur die Handlanger eines Auftraggebers gewesen, der gute Gründe hatte, Kastner zum Schweigen zu bringen – der israelischen Regierung.

Das Attentat war der zweite politische Mord im jungen Staate Israel. (Der erste war der Anschlag auf den schwedischen UN-Vermittler, Graf Folke Bernadotte; einer der drei Attentäter war der spätere Ministerpräsident Schamir.) In vieler Hinsicht erinnerte er an ein Verbrechen, das sich ein Vierteljahrhundert zuvor auf der Tel Aviver Strandpromenade zugetragen hatte. Das Opfer war Chaim Arlosoroff, der außenpolitische Sprecher der Jewish Agency. Auch damals hatte die Witwe zwei Rechtsradikale als Täter identifiziert. Einer der beiden, Avraham Stavsky, wurde zum Tode verurteilt. Doch hielt der Palestine Court of Appeal die Zeugenaussage nicht für ausreichend und sprach ihn frei.

Die Feindschaft, die Arlosoroff und Kastner auf der Rechten

entgegenschlug, hatte ihren Grund in den Verhandlungen zwischen jüdischen Organisationen und dem nationalsozialistischen Deutschland, in denen beide eine prominente Rolle spielten. Arlosoroff war einer der Väter des Haavara-Abkommens, das die Jewish Agency im August 1933 mit dem Reichswirtschaftsministerium schloß und das bis zum Kriegsausbruch in Kraft blieb. Das Abkommen gestattete deutschen Juden, die nach Palästina auswanderten, in gewissen Grenzen die Mitnahme ihres Vermögens. Als Gegenleistung verpflichtete sich die Jewish Agency, Waren im gleichen Wert aus Deutschland zu importieren.

Die Folge war, daß 52 000 deutsche Juden in Palästina eine neue Heimat fanden; zugleich wurde das britische Mandatsgebiet mit deutschen Produkten überschwemmt. Viele Araber zogen daraus den Schluß, ein deutscher Regierungschef, der der zionistischen Besiedlungspolitik so tatkräftig unter die Arme greife, müsse selber Jude sein. Im April 1936 entlud sich das arabische Unbehagen in einem Aufstand, der die Briten schließlich veranlaßte, die Einwanderung stark zu drosseln. Auch Wladimir Jabotinsky, der Führer der rechtsradikalen Revisionisten, war gegen das Haavara-Abkommen, wenn auch aus anderen Gründen: Er wünschte Deutschlands Boykott. Die Verhandlungen der Jewish Agency in Berlin begleitete er mit wütenden Haßtiraden. Mit Arlosoroffs Tod wollte er jedoch nichts zu tun gehabt haben.

Als Kastner mit deutschen Stellen verhandelte, ging es nicht mehr um die Rettung jüdischer Vermögen, sondern um das nackte Überleben. Rudolf Kastner – oder, wie er sich seit der Übersiedlung nach Budapest schrieb, Rezsö Kasztner – stammte aus Siebenbürgen. Das ehemals ungarische Kronland wechselte nach dem Ersten Weltkrieg mehrfach den Besitzer: 1920 fiel es an Rumänien; 1940 erhielten es die Ungarn zurück; seit 1947 gehört es wieder zu Rumänien. Im August 1941 hatte die ungarische Regierung 15 000 Juden aus Siebenbürgen und anderen Grenzgebieten in die Ukraine abgeschoben, wo sie von der SS prompt erschossen wurden. Einige Monate später offerierte der ungarische General Heszlenyi, ein rabiater Antisemit, den Deutschen weitere 100 000 Juden. Doch Adolf Eichmann, der für »Judenangelegenheiten und Räumung« zuständige Referatsleiter im Reichssicherheitshauptamt, winkte ab: Von Teillösungen wollte er nichts wissen. Da die deutsche Botschaft in Budapest überdies bezweifelte, daß Heszlenyi im Namen der ungarischen Regierung sprach, verlief die Sache im Sande.

Die Besetzung Ungarns durch deutsche Truppen am 19. März 1944 änderte mit einem Schlag die Lage. Die 500 000 ungarischen Juden, die bis dahin relativ ungeschoren geblieben waren, sahen sich plötzlich unmittelbar bedroht. Eichmann machte sich sofort an die Arbeit. Schon am 28. April begannen die ersten Transporte in die Vernichtungslager. Nur die Juden in Budapest durften einstweilen bleiben. Mit ihnen, glaubte Eichmann, ließ sich vielleicht ein Geschäft machen.

Wenige Tage nach dem Einmarsch der Deutschen sprachen Kastner und Joel Brand bei den Besatzern vor. Auch Brand stammte aus Siebenbürgen, hatte aber den größten Teil seines Lebens in Thüringen verbracht. Da er der Kommunistischen Partei angehörte, war er 1934 in seine Heimat abgeschoben worden. In Budapest hatten er und Kastner die *Waadat Esra Wehazala* gegründet, eine zionistische Hilfsorganisation, die die aus Polen und Rußland einströmenden Juden betreute. In ihrer Hand lag auch die Verteilung der 50 auf Ungarn entfallenden britischen Zertifikate für die Ausreise nach Palästina. Sich in die Höhle des Löwen zu begeben erforderte immerhin einigen Mut. Doch hatte sich ihr Gesprächspartner, Hauptsturmführer Wisliceny, schon bei früheren Gelegenheiten zugänglich gezeigt: Als »Judenberater« der slowakischen Regierung hatte er Deportationen gegen ein angemessenes Lösegeld ausgesetzt. Ja, es war sogar davon die Rede gewesen, bei Zahlung von zwei Millionen Dollar die Transporte in ganz Europa einzustellen.

Auf diesen »Europa-Plan« kamen Kastner und Brand jetzt zurück. Sie erboten sich, die zwei Millionen Dollar aufzubringen, wenn die ungarischen Juden weder in Ghettos gesperrt noch deportiert würden. Die Besatzer zeigten sich interessiert. Am 25. April wurde Brand zu Eichmann ins Hotel »Majestic« bestellt. Eichmann erklärte sich bereit, eine Million Juden ausreisen zu lassen. Seine Gegenforderung: »Ich mache Ihnen ein kulantes Angebot. Sie liefern mir einen Lastwagen für hundert Juden. Das ist doch nicht viel.« Die Lastwagen, fügte er hinzu, sollten an der Ostfront eingesetzt werden und müßten daher winterfest sein. Brand erwiderte, er müsse das Angebot mit der Jewish Agency besprechen – am besten an einem neutralen Ort, etwa in Istanbul.

Eichmann war einverstanden. Sobald die grundsätzliche Zustimmung der Jewish Agency vorliege, kündigte er an, werde er Auschwitz in die Luft sprengen und »zehn-, zwanzig-, fünfzigtausend Juden« freilassen.

Einen so weitreichenden Vorschlag konnte Eichmann selbstverständlich nicht ohne das Plazet seines obersten Vorgesetzten, Heinrich Himmler, machen. Angesichts der sich abzeichnenden Niederlage suchte der »Reichsheini« schon seit einiger Zeit mit den Westmächten ins Gespräch zu kommen. Eichmanns Offerte schien der perfekte Köder für einen größeren Fang – einen Sonderfrieden mit dem Westen. Brand wurde daher nicht allein nach Istanbul geschickt. Mit ihm reiste »Bandi« Grosz, eine zwielichtige Figur, die sowohl zum deutschen wie zum amerikanischen Nachrichtendienst (OSS) gute Beziehungen unterhielt. Grosz sollte Alfred Schwarz (»Dogwood«), dem OSS-Residenten in Istanbul, den Wunsch des Reichsführers SS übermitteln, mit den Amerikanern Kontakt aufzunehmen.

Brand hatte wenig Illusionen, daß die Westmächte bereit sein könnten, dem schon wankenden Gegner kriegswichtiges Material zu liefern. Aber er hoffte, die Jewish Agency werde Eichmann durch Scheinverhandlungen bei Laune halten und auf diese Weise die Deportationen verzögern. Auch diese Hoffnung zerschlug sich. In Istanbul wurde Brand gesagt, die Engländer hätten Arlosoroffs Nachfolger, Mosche Schertok, das Ausreisevisum verweigert: er könne ihn nur in Syrien treffen. Beim Überschreiten der Grenze wurde er von der britischen Polizei verhaftet. Zwar gab man ihm Gelegenheit, mit Schertok zu sprechen. Doch wagte es die Jewish Agency nicht, die Engländer, die soeben die Deutschen aus Nordafrika vertrieben hatten und auf deren Wohlwollen sie angewiesen war, öffentlich unter Druck zu setzen. Die Engländer wiederum sahen in Eichmanns Angebot nichts weiter als ein plumpes Manöver, die Alliierten zu entzweien, und hatten nicht die geringste Absicht, darauf einzugehen.

Auch Grosz stieß bei den Amerikanern auf taube Ohren. Die beiden Emissäre wurden nach Kairo geflogen, dort verhört und inhaftiert. Da Brand mit Hungerstreik und Selbstmord drohte, stellten ihn die Engländer im Oktober vor die Wahl, entweder nach Budapest zurückzukehren oder das Kriegsende in Palästina abzuwarten. Da er fürchtete, von seinen enttäuschten Auftraggebern sofort liquidiert zu werden, entschied er sich für Palästina.

In Budapest führte inzwischen Kastner die Verhandlungen weiter. Obgleich die Brand-Mission offenkundig gescheitert war, erklärte sich Eichmann bereit, als Zeichen seines guten Willens einen Eisenbahnzug mit Juden nach Spanien ausreisen zu lassen – gegen Kasse, versteht sich. Nach längerem Feilschen einigte man sich auf ein Kopfgeld von 1000 Dollar. Am 20. Juni 1944 nahm Eichmanns Kollege, der für die Sicherstellung des jüdischen Vermögens zuständige Obersturmbannführer Kurt Becher, drei Koffer mit Devisen, Wertpapieren, Uhren und Schmuck entgegen. Am 30. Juni setzte sich auf dem Budapester Westbahnhof ein überfüllter Zug mit 1684 Menschen in Bewegung. Nach zehn Tagen erreichte er seine erste Etappe, das »Vorzugslager« Bergen-Belsen.

Am 21. August durften 300 der Insassen weiterreisen – nicht nach Spanien, sondern in die Schweiz. Becher hatte sie als Morgengabe mitgebracht, nachdem ihm Kastner ein Gespräch mit Saly Mayer, dem Schweizer Vertreter des »Joint«, der amerikanischen Hilfsorganisation für die europäischen Juden, vermittelt hatte. Da SS-Uniformen in der Schweiz unerwünscht waren und Mayer zögerte, deutschen Boden zu betreten, verhandelten die Herren auf der Grenzbrücke bei Sankt Margrethen im Stehen. Dem ersten Gespräch folgten weitere; bis in den Februar 1945 zogen sie sich hin. Substantielles kam bei den Stehkonventen nicht heraus. Doch nährten sie bei Himmler die Illusion, endlich einen Draht zum »internationalen Judentum« gefunden zu haben und damit zu den Plutokraten, die in Washington und London den Ton angaben.

Die Entwicklung an den Fronten tat ein übriges, die Gedanken der Nachkriegszeit zuzuwenden und sich um ein Alibi zu kümmern, das geeignet schien, die Strafe der Sieger zu mildern. Am 6. Dezember 1944 überquerte der Rest der Zuggesellschaft die rettende Schweizer Grenze. Zwei Tage zuvor hatte Kastner von Becher die offizielle Zusage erhalten, den Budapester Juden werde nichts geschehen. Obgleich sich die Pfeilkreuzler, die ungarischen Faschisten, in den letzten Kriegsmonaten alle Mühe gaben, die unerledigte Arbeit der SS zu vollenden, überlebten von fünf ungarischen Juden drei.

Als der Krieg zu Ende war, wanderte Kastner nach Palästina aus, wo ihn die Arbeiterpartei (Mapai) mit offenen Armen aufnahm. Im August 1952 war er Pressesprecher des Handelsministers. In diesem Monat erreichte die 51. Ausgabe des Rundbriefes von Malchiel Grünwald, dem Eigentümer eines kleinen Hotels in Jerusalem, ihre nicht eben zahlreichen Leser. Auch Grünwald war aus Ungarn eingewandert; anders als Kastner sympathisierte er jedoch nicht mit der Mapai, sondern der Cherut, dem Sammelbecken der Revisionisten. In seinen Rundbriefen verbreitete er eine Mischung von politischen Kommentaren mit alten Skandalgeschichten aus Wien und Budapest. Zielscheibe der Nummer 51 war Kastner. Grünwald beschuldigte ihn, mit Eichmann und Becher unter einer Decke gesteckt und die ungarischen Juden für das Linsengericht des Schweizer Zuges ans Messer geliefert zu haben. Der Artikel schloß mit den ominösen Worten: »Leichengeruch liegt in der Luft. Es wird ein Begräbnis erster Klasse sein. Dr. Rudolf Kastner muß verschwinden.«

Da sich Kastner Hoffnungen auf einen Sitz in der Knesset machte, zeigte er Grünwald wegen übler Nachrede an. Grünwald wandte sich an Schmuel Tamir, den Kronjuristen der Rechten; als Honorar offerierte er seine Briefmarkensammlung. Doch Tamir hatte bessere Gründe, die Verteidigung zu übernehmen. Der Beleidigungsprozeß bot ihm eine hochwillkommene Gelegenheit, den Spieß umzudrehen und die Regierung bloßzustellen.

Tamirs Rechnung ging auf: Der Kastner-Prozeß entwickelte sich zur ersten öffentlichen Auseinandersetzung mit dem Holocaust und der zwiespältigen Rolle, die die zionistischen Organisationen dabei gespielt hatten. Kastner mußte einräumen, daß der »VIP-Zug«, wie er von der Presse genannt wurde, mehrere hundert Passagiere in die Freiheit befördert hatte, die entweder mit ihm verwandt waren oder aus seiner Heimatstadt Klausenburg stammten. Des weiteren kam heraus, daß er nach dem Kriege für Becher ausgesagt und ihm dadurch vermutlich das Leben gerettet hatte.

Zu den 60 Zeugen, die vor dem Jerusalemer Bezirksgericht auftraten, gehörte auch Joel Brand. Obwohl der Staatsanwalt immer wieder Einspruch erhob, durfte ihn Tamir drei Tage lang verhören. Brands Bericht über die mißglückte Tauschaktion hatte die Wirkung eines mittleren Erdbebens. Als Tamir die Aussage zusammenfaßte und die Jewish Agency beschuldigte, die Mission vorsätzlich vereitelt zu haben, hatte er viele Israelis auf seiner Seite.

Am 22. Juni 1955, achtzehn Monate nach Beginn des Prozesses, verkündete Richter Benjamin Halevi das Urteil. In drei der vier Anklagepunkte sprach er Grünwald frei. Die Dezimierung der ungarischen Juden, befand er in der 274 Seiten langen Urteilsbegründung, wäre ohne Kastners Kollaboration nicht möglich gewesen. Indem er sich auf den Handel mit dem »VIP-Zug« einließ, habe Kastner »seine Seele dem Teufel verkauft«. Nur in einem Punkt – dem Vorwurf, Kastner habe sich persönlich bereichert – wurde Grünwald für schuldig befunden und zu einer symbolischen Strafe von einem Pfund verurteilt.

Das Urteil spaltete Israel in zwei sich lautstark befehdende Lager. Cherut-Führer Menachem Begin triumphierte: »Wer für die Mapai stimmt«, tönte er in seinen Wahlreden, »stimmt für Juden, die Juden an die Gestapo verschachert haben.« Kastner legte sofort Berufung ein. Seine Rehabilitierung erlebte er nicht mehr. Im Januar 1958 hob der Oberste Gerichtshof Halevis Urteil auf und sprach Kastner vom Vorwurf der Kollaboration frei. »Der Prophet Jeremia«, stellte einer der Richter fest, »empfahl, sich dem übermächtigen Feind zu ergeben und mit ihm Verträge zu schließen. Rabbi Jochanan ben Sakkai zog es vor, in Zeiten der Bedrängnis zu retten, was zu retten war. Und doch würde niemand auf den Gedanken kommen, sie zu beschuldigen, sie hätten ihre Seele dem Teufel verkauft.«

Auch Kastners Rehabilitierung konnte nichts daran ändern, daß die bis dahin unangefochtene Stellung der Mapai schwer angeschlagen war. Nicht wenigen ihrer Wähler erschienen die aggressiven Cherutniks, die den »Miniaturzionismus« der Arbeiterpartei verhöhnten, plötzlich in einem milderen Licht. Bis zur Machtübernahme mußte sich Menachem Begin freilich noch zwei Jahrzehnte gedulden. Als es soweit war, ernannte er Tamir zum Justizminister.

Zur Selbstgefälligkeit hatte die Rechte allerdings wenig Grund. Auch sie hatte nämlich versucht, mit den Deutschen während des Krieges ins Gespräch zu kommen. Im Januar 1941 waren Vertreter des *Irgun Zwai Leumi*, des militärischen Arms der Revisionisten, beim deutschen Marineattaché in Istanbul vorstellig geworden und hatten ihm nichts Geringeres als eine deutsch-jüdische Waffenbrüderschaft vorgeschlagen. Ausgehend von der »wohlwollenden Einstellung der deutschen Reichsregierung zu den zionistischen Emigrationsplänen« und der »Interessengemeinschaft zwischen den Belangen einer Neuordnung Europas nach deutscher Konzeption und den wahren nationalen Aspirationen des jüdischen Volkes« traten die Vertreter des Irgun an die Reichsregierung »mit dem Angebote einer aktiven Teilnahme am Kriege an der Seite Deutschlands heran«. Die Reichsregierung ging auf das pikante Angebot nicht ein.

Die magische Kugel:
John F. Kennedy

Mag Abraham Lincoln auch der weitaus bedeutendere Präsident gewesen sein – mit der Zahl der Legenden, die sich um das Ende John F. Kennedys ranken, kann er nicht mithalten. Seit jenem 22. November 1963, an dem in Dallas die tödlichen Schüsse fielen, sind zum Kennedy-Mord mehr als 2000 Bücher erschienen. Nur ganz wenige kommen zum gleichen Befund wie die amtliche Warren-Kommission: Nach ihr war Lee Harvey Oswald der Mörder, und er war es allein. Die meisten Autoren sind dagegen der festen Überzeugung, daß Kennedy einem weitverzweigten Komplott zum Opfer fiel. Dies glauben auch sieben von zehn Amerikanern.

Wer zur Verschwörung gehörte – darüber freilich gehen die Meinungen auseinander. Die einen verdächtigen Fidel Castro, die anderen die Mafia, wieder andere den sowjetischen oder gar den amerikanischen Geheimdienst. Auch die Theorie, Kennedy sei noch am Leben, hat ihre Anhänger. Einmal im Jahr kommen die Amateurdetektive in Dallas zusammen, um ihre neuesten Entdeckungen auszutauschen.

Auch in Europa ist man gern geneigt, den Verschwörungsaposteln ein offenes Ohr zu leihen. Dies ist vor allem Oliver Stone und seinem Film »JFK« zu danken, der Anfang 1992 sowohl in Frankfort (Kentucky) wie in Frankfurt (Hessen) auf die Leinwand kam. Seine Kosten – 40 Millionen Dollar – spielte er innerhalb von sechs Wochen ein. Inzwischen hat er die 200-Millionen-Marke hinter sich gelassen und gehört damit zu den erfolgreichsten Filmen überhaupt.

Held des Films und zugleich seine wichtigste Quelle ist Jim Garrison, weiland Staatsanwalt in Oswalds Heimatstadt New Orleans. In seinem Buch »On the Trail of the Assassins« (1988) nennt er den Präsidentenmord einen Staatsstreich, bei dem sich CIA, FBI, das Pentagon und die Polizei von Dallas in schnöder

Eintracht die Hände reichten. Garrison war 1969 – sechs Jahre nach dem Attentat – in die Schlagzeilen geraten, als er einen der angeblichen Verschwörer vor Gericht brachte. Der Prozeß endete mit einem Fiasko. Garrisons Kronzeuge, ein Mann namens Charles Spiesel, der den Angeklagten Clay Shaw bei der Vorbereitung des Attentats belauscht haben wollte, entpuppte sich als schwerer Paranoiker. Jeden Morgen nahm er seinen Kindern Fingerabdrücke ab, um sicher zu sein, daß sie über Nacht nicht gegen andere vertauscht worden waren. Vor Gericht räumte er bereitwillig ein, »geheime Feinde« hätten ihn mehr als fünfzigmal hypnotisiert. Die Geschworenen brauchten nicht einmal eine Stunde, um Shaw freizusprechen. Natürlich kommt Spiesel im Film nicht vor.

Nicht nur die Frage nach den Hintermännern und dem Motiv der Tat wird von den *conspiracists* unterschiedlich beantwortet. Auch Oswalds Rolle ist heftig umstritten. Die einen – darunter Stone – halten ihn für einen unschuldigen Sündenbock. Für diese Ansicht wird vor allem das Argument ins Feld geführt, es sei unmöglich, vom fünften Stock des Lagerhauses, in dem Oswald beschäftigt war, mehrere Schüsse auf ein fahrendes Ziel abzugeben. Spätere Versuche haben jedoch gezeigt, daß ein ausgebildeter Scharfschütze wie Oswald zweimal, mit etwas Glück sogar dreimal treffen konnte. Da die Polizei am Tatort drei leere Patronenhülsen fand, die zu den Geschoßteilen in der Limousine des Präsidenten paßten, und obendrein das dazugehörige Gewehr mit Oswalds Fingerabdrücken, muß man schon sehr voreingenommen sein, um an seiner Täterschaft zu zweifeln. Stone behilft sich mit einer frei erfundenen Szene: Eine uniformierte Gestalt drückt dem toten Oswald das Gewehr in die Hand. Daß Oswald beim dritten Schuß von einem Augenzeugen beobachtet wurde und auf der Flucht – diesmal unter den Blicken von nicht weniger als sechs Zeugen – den Polizisten Tippit erschoß, erfährt der Zuschauer nicht.

Eine andere Kriminalistenschule räumt großzügig ein, daß Oswald geschossen habe. Doch sei er nicht allein gewesen. Auf dem *grassy knoll*, einer grasbewachsenen Anhöhe in Fahrtrichtung der Limousine, müsse ein zweiter Attentäter gestanden haben. Nur so lasse sich erklären, daß Kennedys Körper – wie der Film des Augenzeugen Abraham Zapruder zeigt – nicht nach vorn kippte, sondern nach hinten. Was auf den ersten Blick einleuchtend scheint, hat freilich die erdrückende Mehrheit sowohl der medizinischen wie der physikalischen Experten gegen sich. 1976 berichtete Nobelpreisträger Luis Alvarez im »American Journal of Physics« über ballistische Versuche, die er und seine Studenten mit Melonen angestellt hatten. Die Melonen hatten auf die gleiche unerwartete Weise reagiert wie der angeschossene Präsident.

Im Dezember 1978 kam ein vom Repräsentantenhaus eingesetzter Untersuchungsausschuß zu der Überzeugung, es bestehe eine »hohe Wahrscheinlichkeit, daß zwei Schützen feuerten«. Die Abgeordneten beriefen sich dabei auf ein Tonband des Polizeifunks, auf dem sie einen vierten Schuß gehört haben wollten. Die *National Academy of Sciences* widersprach ihnen: Die »Schüsse« auf dem Band seien statische Geräusche. Inzwischen steht fest, daß die Funksignale von einem Motorrad stammten, das vom Tatort weit entfernt war.

Auch John Connally, damals Gouverneur von Texas, der mit im Wagen saß und schwer verletzt wurde, war bis an sein Lebensende davon überzeugt, daß ihn – entgegen der Annahme der Warren-Kommission – eine andere Kugel traf als die *magic bullet*, die vorher den Hals des Präsidenten durchschlagen hatte. Doch ist die vierte Kugel nie gefunden worden. Hingegen haben physikalische Experimente bewiesen, daß es sehr wohl möglich ist, mit einem Geschoß zwei Körper zu durchbohren. Von dem geheimnisvollen zweiten Schützen auf dem *grassy knoll* fehlt jede Spur. Die Augenzeugin Jean Hill, die ihn verfolgt haben will und die in Stones Film eine prominente Rolle spielt, verblüffte die Polizei durch ihre Aussage, zwischen dem Präsidenten und seiner Frau habe ein großer weißer Hund gesessen. Außerdem phantasierte sie von einem Schußwechsel zwischen dem fliehenden Täter und Detektiven in Zivil. Auch Blutspuren wollte sie auf ihrer Verfolgungsjagd bemerkt haben. Fotografien beweisen dagegen, daß sich Miss Hill in den entscheidenden Minuten nicht von der Stelle rührte.

Aber, wenden selbst klardenkende Geister ein, ist es nicht verdächtig, daß Oswald zwei Tage nach dem Attentat zum Schweigen gebracht wurde? Mehr als alles andere hat die Selbstjustiz des Nachtklub-Managers Jack Ruby, die Millionen von Amerikanern auf dem Bildschirm miterlebten, den Argwohn geweckt, daß hier etwas nicht mit rechten Dingen zuging. Doch wurde trotz intensiver Suche bis heute kein Anhaltspunkt dafür gefunden, daß sich Oswald und Ruby kannten oder daß zwischen ihnen eine Verbindung bestand. In Stones Film tritt ein hübscher Strichjunge auf, der Clay Shaw, Oswald und Ruby zusammen gesehen haben will. Die Sache hat nur einen Haken: Diesen Strichjungen hat es nie gegeben.

Hingegen gibt es ein Dokument, aus dem sich schließen läßt, daß Rubys Tat nicht von langer Hand geplant war, sondern ein spontaner Racheakt. Ausweislich einer Quittung des Telegrafenamts hatte Ruby einer seiner Stripperinnen um 11 Uhr 17 Geld geschickt. Oswald wurde um 11 Uhr 21 erschossen. Ruby wartete also nicht auf sein Opfer, sondern erreichte das Polizeirevier etwa im gleichen Augenblick, als Oswald es auf dem Weg ins Gefängnis verließ. Daß dies nicht schon viel früher geschah, war der reine Zufall. Die Polizei hatte ihr Verhör gerade beendet, als der Postinspektor Holmes hereingeschneit kam. Holmes, ein guter Freund von Kriminalkommissar Fritz, hatte aus Neugier auf seinen sonntäglichen Kirchenbesuch verzichtet und erhielt nun Gelegenheit, Oswald eine halbe Stunde lang zu befragen. Wäre der Postinspektor wie gewohnt zur Kirche gegangen, dann hätte Ruby sein Opfer nicht mehr angetroffen.

Ruby war für sein unbeherrschtes Wesen bekannt. Nach dem Attentat vergoß er öffentlich Tränen und klagte, man werde den Mord bestimmt den Juden in die Schuhe schieben. Zum Zeichen seiner Trauer ließ er den »Carousel Club« zwei Nächte hindurch geschlossen. Als er dem Attentäter plötzlich gegenüberstand und, wie er der Polizei später erklärte, »das Grinsen in seinem Gesicht« sah, verlor er die Fassung und schoß. »Einer mußte es schließlich tun. Ihr habt es ja nicht fertiggebracht.« Daß er für seine Tat nicht als Volksheld gefeiert, sondern vor Gericht gestellt wurde, überraschte ihn sehr.

Das Tragen einer Waffe gehört in Texas zum Alltag. Wer daraus auf einen höheren Auftrag schließt, beweist nur, daß er mit den örtlichen Sitten nicht vertraut ist. Für einen Geheimdienst, mit dem ihn die Verschwörungstheoretiker so gern in Verbindung bringen, wäre der labile Ruby keine Hilfe gewesen, sondern ein Risiko. Das gleiche gilt für Oswald. Wenige Lebensläufe entsprechen so genau der Typologie, die Emmanuel Régis – viele Jahrzehnte vor dem Kennedy-Attentat – vom Königsmörder entwarf. Er schilderte ihn als 20- bis 25jährigen Psychopathen von krankhafter Instabilität, mit Selbstmordneigungen und politischen oder religiösen Wahnideen. Alle diese Charakteristika treffen auf Oswald zu.

Oswald war das triste Produkt eines tristen Elternhauses. Der Vater starb zwei Monate vor seiner Geburt. Die Mutter, eine egozentrische Trinkerin, wechselte ständig Wohnort und Arbeitsplatz. Ein Psychologe, der das bockige, eigenbrötlerische Kind untersuchte, bescheinigte ihm »eine lebhafte Phantasie, die um Macht und Allmacht kreist«. Auf die Frage, ob er lieber in der Gesellschaft von Jungen oder Mädchen sei, antwortete der 13jährige: »Ich hasse alle.« Mit siebzehn meldete er sich zu den Marinesoldaten. Doch Anschluß fand er auch hier nicht. Als »Ozzie-Häschen« gehänselt und zweimal disziplinarisch gemaßregelt, erlitt er schließlich einen totalen Zusammenbruch.

Oswald beschloß, in die Sowjetunion auszuwandern, wo man seine Gaben gewiß besser zu würdigen wisse als in seiner Heimat. Aber auch die Sowjets zeigten sich nicht beeindruckt. Sein Antrag auf Asyl wurde abgelehnt. Erst nach einem Selbstmordversuch ließen ihn die Behörden bleiben, da sie sich nicht dem Verdacht aussetzen wollten, sie hätten einen amerikanischen Touristen umgebracht. Als Wohnort wurde ihm Minsk zugewiesen, wo er in einer Radiofabrik arbeitete. Die örtliche KGB-Filiale wurde beauftragt, den schrulligen Amerikaner im Auge zu behalten, jedoch die Finger von ihm zu lassen.

Nach 20 Monaten hatte Oswald vom Arbeiter- und Bauernparadies genug. Im Frühjahr 1962 kehrte er mit seiner Frau Marina, die er in Minsk kennengelernt hatte, nach Amerika zurück. Zunächst wohnten die beiden bei Lees Bruder Robert in Fort Worth. Mit der Ehe ging es rasch bergab: Den russischen Emigranten, die sich für das ungewöhnliche Paar interessierten, blieb nicht verborgen, daß Marinas Gesicht häufig von blauen Flecken entstellt war. Auch mit der Arbeit haperte es: Nach längerer Suche fand Oswald zwar eine Stelle in einem Fotolabor der Nachbarstadt Dallas. Doch wurde er im April 1963 wegen Unverträglichkeit entlassen. Neun Tage nach der Kündigung schlich er sich in den Garten des Generals Edwin Walker, eines führenden Mitglieds der rechtsradikalen John Birch Society, und schoß durch das Fenster auf den am Schreibtisch sitzenden Hausherrn. Die Waffe, ein italienisches Gewehr der Marke Mannlicher-Carcano, war die gleiche, die er ein halbes Jahr später auf den Präsidenten richtete. Da die Kugel am Fensterrahmen abprallte, blieb Walker unverletzt.

Nach dem fehlgeschlagenen Attentat hielt es Oswald für angezeigt, aus Texas zu verschwinden. Er fuhr nach New Orleans und versuchte sein Glück als politischer Agitator. Da er dem Kommunismus treu geblieben war, den sowjetischen Alltag jedoch in allzu peinlicher Erinnerung hatte, erkor er Fidel Castro zum neuen Leitstern. Bei der Verteilung von Propagandaschriften kam es zu einem Handgemenge mit Exilkubanern, was ihm einige Tage im Gefängnis einbrachte. Die Presse wurde neugierig. Oswald schien am Ziel seiner Wünsche: Endlich wurde ihm die Aufmerksamkeit zuteil, auf die er Anspruch zu haben glaubte. Doch holte ihn seine Vergangenheit rasch ein: Als seine unehrenhafte Entlassung aus der Armee und seine Flucht in die Sowjetunion bekannt wurden, war seine politische Karriere schon wieder beendet. Jetzt blieb nur noch ein Ausweg – die Emigration nach Kuba. Er nahm den Bus nach Mexico City und beantragte in der kubanischen Botschaft ein Visum. Doch gaben ihm die Kubaner nach Rückfrage bei den Sowjets zu verstehen, daß sie auf seine Mitwirkung an der Weltrevolution keinen Wert legten. Verzweifelt kehrte er zu Marina nach Dallas zurück.

Am 15. Oktober fand Oswald eine Anstellung im *Texas School Book Depository*, einem Buchlager an der Dealey Plaza. Einen guten Monat später, am 19. November, unterrichteten die beiden Lokalzeitungen ihre Leser über den vorgesehenen Ablauf des Kennedy-Besuchs. Daß der Präsident an seinem Arbeitsplatz vorbeifahren würde, mußte auf Oswald wirken wie ein Wink des Schicksals. Soeben hatte er noch versucht, einen obskuren Lokalpolitiker zu beseitigen. Nun bot sich ihm die Chance, das verhaßte System im Kern zu treffen. Als er am 22. November – wie gewöhnlich im Wagen seines Nachbarn, Buell Frazier – zur Arbeit fuhr, hatte er einen länglichen, sorgfältig verpackten Gegenstand bei sich. Auf Fraziers Frage, was in dem Paket sei, antwortete er: »Gardinenstangen«. Als Marina aufstand, fand sie auf dem Schreibtisch seine gesamten Ersparnisse, 170 Dollar, und – was sie noch mehr überraschte – seinen Ehering, den er bis dahin nie abgezogen hatte.

Während der Mittagspause war die fünfte Etage des Lager-hauses ausgestorben. Oswald hatte Zeit, sein Gewehr in aller Ruhe zusammenzubauen, das Zielfernrohr zu adjustieren und sich durch zusammengeschobene Bücherkartons vor neugierigen Blicken zu schützen. Als die Wagenkolonne um 12 Uhr 29 in Sicht kam, war Oswald bereit. Der erste Schuß ging fehl. Der zweite, die berühmte »magische Kugel«, durchschlug den Hals des Präsi-denten und die rechte Schulter des Gouverneurs. Die dritte zer-schmetterte Kennedys Hinterkopf.

Um 12 Uhr 33 verließ Oswald das Gebäude. In der Elm Street bestieg er den nächstbesten Bus. Im gleichen Bus saß zufällig eine seiner ehemaligen Zimmerwirtinnen. »Er sah aus wie ein Ver-rückter«, berichtete sie später der Polizei. »Seine Ärmel waren nach oben gerutscht, das Hemd stand offen, und er war ganz schmutzig.« Da der Bus im Verkehrsstau steckenblieb, sprang Oswald heraus und fuhr mit einem Taxi nach Hause. Auch dem Taxifahrer fiel sein sonderbares Aussehen auf. Als Oswald um 13 Uhr 15 in der Tenth Street vom Polizisten Tippit angehalten wurde, war der Schießstand bereits entdeckt, die Mordwaffe sichergestellt und sein Signalement viermal im Radio durchgege-ben worden. Tippit stieg aus dem Auto, um den Verdächtigen näher zu betrachten. In diesem Augenblick zog Oswald einen Revolver und schoß ihn nieder. Danach flüchtete er in ein Kino, wo er eine halbe Stunde später festgenommen wurde.

Angesichts so eindeutiger Indizien ist es schwer begreiflich, wie man an Oswalds Schuld zweifeln kann. Unter allen Verschwö-rungstheorien ist die von Oliver Stone auf die Leinwand gebrach-te die absurdeste. Man braucht kein besonders intimer Kenner Washingtons zu sein, um zu ahnen, daß sich ein praktisch vom gesamten Establishment gedecktes Komplott – den leiblichen Bru-der des Präsidenten, Justizminister Robert Kennedy, inbegriffen – nicht 30 Jahre lang geheimhalten ließe. Stone hat dafür die Presse verantwortlich gemacht, die die Verschwörer bis heute schütze. Hier wird die Grenze zum Verfolgungswahn überschritten.

Nicht minder wahnhaft ist das leuchtende Bild, das Stone von seinem Abgott entwirft. Auf die Frage, ob er wirklich glaube, daß wir in einer besseren Welt lebten, wenn Kennedy nicht ermordet worden wäre, antwortete er: »Absolut. Das Massaker in Südost-asien wäre nicht passiert. Auch Watergate und Irangate wären uns

Sekunden, nachdem die »magische Kugel« Kennedys Hals durchschlagen hat: Der sterbende Präsident sinkt seiner Frau in die Arme.

erspart geblieben.« Die Fakten sprechen eine andere Sprache. Zu Beginn von Kennedys kurzer Amtszeit gab es in Vietnam 900 amerikanische »Berater«. Als sie endete, waren es fast 16 000. Im Film bekommen wir ein Fernsehinterview zu sehen, das Kennedy kurz vor seinem Tode gab. Aber die folgenden Sätze hat Stone unterschlagen: »Ich stimme nicht mit denen überein, die da sagen, wir sollten uns [aus Vietnam] zurückziehen. Das wäre ein großer Fehler.«

Die offenkundigen Ungereimtheiten haben nicht verhindert, daß »JFK« von den meisten Zuschauern für bare Münze genommen wird. Auch die von den *conspiracists* aufgetürmten Buchgebirge schmelzen zur Freude der Händler dahin wie die Gletscher unter dem Treibhauseffekt. Die Geschehnisse vom 22. November 1963 sind auf dem besten Wege, statt in die Geschichte in die Mythologie einzugehen. Sowenig sich die Amerikaner davon abbringen lassen, daß die Pilgerväter auf dem Plymouth Rock landeten (höchst zweifelhaft), daß sich der Südstaaten-Präsident Jefferson Davis, um der Gefangennahme zu entgehen, als Frau verkleidete (falsch) und daß Charles Lindbergh als erster Mensch den Atlantik überflog (er war Nummer 67), sowenig werden sie hinnehmen, daß nicht eine mächtige Kamarilla ihren Sonnengott zur Strecke brachte, sondern ein ganz gewöhnlicher Spinner.

Integration oder Segregation:
Malcolm X und Martin Luther King

Über den kürzesten Weg zur Emanzipation wurde unter den Schwarzen Amerikas heftig gestritten. Während Frederick Douglass (1817–95) von einer farbenblinden Gesellschaft träumte, in der die Rasse keine Rolle mehr spielte, predigte Marcus Garvey (1887–1940) – ein Geistesbruder der Zionisten – die Rückkehr in das Land der Väter, nach Afrika. Eine vermittelnde Stellung nahm Booker T. Washington (1856–1915) ein: Er war bereit, um den Preis der Gleichberechtigung die Rassentrennung hinzunehmen. Bis in die sechziger Jahre hinein, als das Oberste Gericht die Formel *separate, but equal* für verfassungswidrig erklärte, war Washingtons Philosophie im amerikanischen Süden geltendes Recht. Die Ghettos in den amerikanischen Großstädten – auch in denen des Nordens – verraten, daß sie in der Praxis weiterhin fortlebt.

Die bekanntesten Sprecher der Schwarzen in jenen stürmischen sechziger Jahren waren Malcolm Little und Martin Luther King. Während der Baptistenpfarrer King mit friedlichen Mitteln für die Integration der Schwarzen kämpfte, setzte der »schwarze Muslim« Little auf Gewaltanwendung und Segregation. Beide wurden von Attentätern erschossen – Little von drei Schwarzen, King von einem Weißen.

Die Black Muslims sind eine Splittergruppe unter den schwarzen Aktivisten, die sich vom Christentum abgewandt hat und die Erlösung vom Islam erwartet. Die relativ geringe Zahl ihrer aktiven Anhänger – rund 60 000 – macht sie durch straffe Organisation wett. Ihre Ursprünge gehen in die dreißiger Jahre zurück und liegen im gleichen Dunkel, das auch das Ende ihres Gründers umgibt: Der Hausierer W. D. Fard, der sich Master Farad Muhammad nannte, verschwand spurlos. Im Jahre 1934 setzte sich Elijah Muhammad (né Elijah Poole), ein nomadisierender

Hilfsarbeiter, an die Spitze der »Nation of Islam«. Sein Programm war radikal: In seinem Weltbild waren die Weißen Teufel; den Schwarzen hingegen winkte die ewige Seligkeit. Ins Paradies gelangte freilich nur, wer sich von der Zwangsherrschaft des Christentums und seiner korrupten Moral freigemacht hatte.

Das tägliche Leben der »Brüder und Schwestern« war bis ins Detail festgelegt – teils nach islamischen, teils nach amerikanischen Rezepten. Die fünf täglichen Gebete, Wasch-, Bekleidungs- und Speiseregeln gehörten ebenso dazu wie der Grundsatz »Kauft nicht bei Weißen!« Rauchen, Trinken und der Genuß anderer Drogen waren tabu. Wer die Prüfungszeit erfolgreich bestanden hatte, legte seinen Sklavennamen ab und bekam einen neuen Namen.

Auf diese Weise verwandelte sich Malcolm Little in Malcolm X. Wie in einer mathematischen Gleichung stand das X für eine Unbekannte – den afrikanischen Namen, den seine Vorfahren trugen, als sie von Sklavenhändlern nach Amerika verschleppt wurden. Später, als Malcolm zur rechten Hand Elijah Muhammads aufgerückt war, hatte der Meister eine Vision. Er entdeckte den angestammten Familiennamen seines Lieblingsjüngers: In den wenigen Monaten, die ihm zwischen seiner Pilgerfahrt nach Mekka im April 1964 und seiner Ermordung am 21. Februar 1965 vergönnt waren, nannte er sich »Al-Hajj Malik al-Shabazz«.

Malcolm hatte den Islam im Gefängnis entdeckt, wo er nach einem wenig erbaulichen Leben in der Bostoner und New Yorker Unterwelt eine zehnjährige Freiheitsstrafe verbüßte. 1952 entlassen, profilierte er sich rasch als wirkungsvollster Agitator der Bewegung. Seine zündenden Reden in der Harlemer Moschee, deren Vorsteher er 1954 wurde, riß nicht nur die Gläubigen zu Beifallsstürmen hin; sie sicherten ihm auch die Aufmerksamkeit der Presse und des FBI. Anfang der sechziger Jahre galt Malcolm als designierter Nachfolger des kränkelnden Sektenführers. Allerdings gab es auch Widerstände. Nicht nur weiße Politiker beobachteten mit Sorge, daß die Nation of Islam unter die Kontrolle eines Mannes zu geraten drohte, der entschlossen war, mit den aggressiven Parolen der Bewegung Ernst zu machen.

Im Mai 1962 kamen bei einem Flugzeugunglück in Orly 121 Mitglieder der Atlanta Art Association ums Leben, natürlich alles Weiße. Malcolm nannte die Katastrophe Gottes Rache für einen Zwischenfall in Los Angeles, bei dem die Polizei einen Muslim-Bruder erschossen und weitere verletzt hatte. Die allgemeine Empörung war groß. Elijah ermahnte seinen Adlatus, seine Worte in Zukunft sorgfältiger zu wählen. Gerade dies fiel jedoch Malcolm schwer. Nach der Ermordung Präsident Kennedys im November ließ er sich zu der Bemerkung hinreißen, er sehe darin einen Fall *of the chickens coming home to roost* – eine bildkräftige Umschreibung dafür, daß Kennedy recht geschehen sei. Diesmal ließ es Elijah nicht bei einem Tadel bewenden. Er suspendierte Malcolm für 90 Tage von seinem Amt. Abgesehen von der unerwünschten Aufregung der Medien hatte sein Groll auch persönliche Gründe. Malcolm hatte erfahren, daß der Prophet – weit davon entfernt, das Keuschheitsgebot zu befolgen, das er seinem Anhang auferlegte – mit mehreren Frauen uneheliche Kinder gezeugt hatte. Dies war zwar unter Eingeweihten bekannt. Doch der prüde Malcolm hatte es gewagt, seinen Chef darob zur Rede zu stellen. Das war eine Majestätsbeleidigung, die ihm Elijah nicht verzieh.

Als die 90 Tage um waren, geschah nichts. Malcolm dämmerte, daß seine Suspendierung endgültig war. Im März 1964 gründete er seine eigene Sekte, die Muslim Mosque Inc., und im Mai – nach der Rückkehr von seiner Pilgerreise – eine zweite, die Organization of Afro-American Unity (OAAU). Worin sich die neuen Vereine von der Nation of Islam unterschieden, war nicht leicht zu sagen. Deutlich war immerhin, daß der Verstoßene die Streitgenossen, die sich im Inland von ihm abgewandt hatten, nunmehr im Ausland suchte. In den Vorträgen, die er in seinem letzten Lebensjahr hielt, war viel vom Sozialismus und von internationaler Solidarität die Rede. Daß er, wie oft behauptet wird, auf dem besten Wege gewesen sei, seinen Konfrontationskurs aufzugeben und sich gar mit dem als »Onkel Tom« verhöhnten Martin Luther King zu verbünden, ist dagegen reine Vermutung. Der Überzeugung, für die Emanzipation der Schwarzen sei der Einsatz »aller erforderlichen Mittel« gestattet (eine dem UN-Sprachgebrauch entlehnte Umschreibung für die Anwendung von Gewalt), ist er bis zum Schluß treu geblieben.

Die Reaktion der Altgläubigen ließ nicht auf sich warten. Wo immer sich der »Judas« zeigte, waren auch grimmig dreinblickende Sendboten der »Fruit of Islam« zu sehen, der schlagkräftigen

Der tödlich verletzte Malcolm X wird in ein Krankenhaus geschafft, wo er kurz nach der Einlieferung stirbt.

Miliz, die bei den Auftritten des Propheten für Ordnung sorgte. In Kairo, wo Malcolm auf dem Weg nach Mekka einige Tage Station machte, wurde er von einem plötzlichen Unwohlsein befallen und mit einer Magenvergiftung ins Krankenhaus eingeliefert. Er war nicht davon abzubringen, daß jemand vorsätzlich versucht habe, ihn zu vergiften. Im Juli 1964 lauerten ihm vier mit Messern bewaffnete Männer auf; doch gelang es ihm, unverletzt zu entkommen. In der Nacht vom 13. auf den 14. Februar 1965 warfen unbekannte Täter eine Brandbombe in sein Haus. Wieder überlebte er. Doch diesmal waren seine Tage gezählt.

Am 21. Februar 1965, einem Sonntagnachmittag, sollte Malcolm im Audubon Ballroom am oberen Broadway sprechen. Der Einführungsredner hatte gerade geendet, als hinten im Saal ein Tumult ausbrach. Eine Rauchbombe explodierte. Malcolm trat vor und mahnte zur Ruhe. In diesem Augenblick stand in der vierten Reihe ein Mann auf und schoß auf ihn. Während das Publikum schreiend zum Ausgang stürzte und sich Malcolms Leibwächter auf den Schützen warfen, eröffneten zwei weitere Männer das Feuer. Malcolm sank blutend zu Boden. Er starb kurz nach der Einlieferung ins Krankenhaus.

Drei Mitglieder der Nation of Islam – Talmadge X (Hayer), Norman 3X (Butler) und Thomas 15X (Johnson) – wurden angeklagt und zu lebenslangen Gefängnisstrafen verurteilt. Ein Geständnis legte nur Hayer ab: Er war an Ort und Stelle niedergeschossen worden und konnte daher nicht fliehen. Butler und Johnson leugneten, im Audubon Ballroom gewesen zu sein, und fanden damit auch weithin Glauben. Die beiden wurden inzwischen aus dem Gefängnis entlassen.

Daß Malcolm X von Angehörigen seiner eigenen Rasse liquidiert wurde, bereitet vielen Schwarzen Unbehagen. Sie versüßen die bittere Pille, indem sie das FBI bezichtigen, der Drahtzieher des Verbrechens gewesen zu sein. Eine abgeschwächte Variante der gleichen Theorie wird von Spike Lee in seinem Film »Malcolm X« vertreten. Hiernach hat das FBI den Mordplan zwar nicht gerade ausgeheckt, jedoch davon gewußt und es versäumt, das Opfer zu warnen. Beweisen läßt sich keine der beiden Versionen.

Hingegen gibt es Anhaltspunkte für die Annahme, daß Louis Farrakhan an dem Mord nicht gänzlich unschuldig war. Farrakhan war zur Nation of Islam gestoßen, als er noch Louis Eugene Walcott hieß und in Nachtklubs schmalzige Schlager sang. 1978 verdrängte er Elijahs Sohn, Wallace Muhammad, der seinem Vater im Amt gefolgt war, und riß selbst das Steuer an sich. 1994 beschuldigte Malcolms Witwe, Betty Shabazz, den meist von einer Schar weißgekleideter Leibwächterinnen umgebenen Farrakhan, den Mord ihres Mannes eingefädelt zu haben. Sie berief sich dabei auf einen Artikel in »Muhammad Speaks«, dem Hausorgan der Sekte, in dem Farrakhan geschrieben hatte: »Die Würfel sind gefallen. Malcolm wird nicht entkommen. Dieser Mann hat den Tod verdient.« Farrakhan leugnet, an der Exekution beteiligt gewesen zu sein. Doch lehnt er es ab, sie zu tadeln: »Wir sind mit Malcolm verfahren, wie Staaten mit Hochverrätern zu verfahren pflegen.«

Im Januar 1995 wurde Qubilah Shabazz, eine der sechs Töchter von Malcolm X, die als Vierjährige das Attentat auf ihren Vater miterlebt hatte, verhaftet. Man warf ihr vor, einen *hit man* angeworben zu haben, der Farrakhan ermorden sollte. Doch schien der Kronzeuge der Anklage, ein Berufsspitzel namens Michael Fitzpatrick, wenig verläßlich. Im Mai zog der Staatsanwalt die

Anklage wieder zurück. Offenbar reichten die Beweise nicht aus. Ganz ungeschoren kam Qubilah freilich nicht davon: Sie mußte sich verpflichten, zur Bekämpfung ihrer Drogenabhängigkeit psychiatrische Hilfe in Anspruch zu nehmen.

Betty Shabazz und Louis Farrakhan sind nicht die einzigen, die über den toten Malcolm X streiten. Sein Erbe wird von vielen, die sich als Sprecher der Schwarzen ausgeben, beansprucht. Die falschen Gelehrten, die die Philosophie der alten Griechen als einen Abklatsch der afrikanischen hinstellen, gehören ebenso dazu wie der am New Yorker City College unterrichtende Leonard Jeffries, der den höheren Melaningehalt in der Haut der schwarzen *sun people* als Beweis dafür ansieht, daß sie den weißen *ice people* intellektuell und moralisch überlegen seien. Auch der Wandel des schicklichen Namens für die Schwarzen hat mit Malcolm X und seinem Bekenntnis zu den afrikanischen Wurzeln zu tun. Die *colored* verwandelten sich zunächst in *negroes*, später in *blacks* und schließlich in *African Americans*. Ganz Fortschrittliche sind inzwischen wieder zu den Anfängen zurückgekehrt und sprechen von *persons of color*.

Für Martin Luther King war die afrikanische Herkunft der Schwarzen kein Anlaß für nostalgische Schwärmereien. Er fühlte sich als vollgültiger Amerikaner und beanspruchte keine Sonderrolle, sondern die gleichen Rechte, wie sie seinen hellhäutigen Landsleuten zustanden. Das machte ihn in den Augen vieler Weißer gefährlicher als der eifernde Separatist Malcolm X., den man im Bedarfsfall der Polizei überlassen konnte. Hingegen erwiesen sich die Versuche der Polizei, Kings gewaltlose Demonstrationen zu unterdrücken, regelmäßig als Bumerang und bewirkten gerade das, was die rassistischen *rednecks* um jeden Preis verhindern wollten, nämlich den Feinden der Segregation neue Sympathisanten zuzutreiben.

Vor allem FBI-Chef Edgar Hoover war von einem fast pathologischen Haß gegen den souverän taktierenden Bürgerrechtler erfüllt und ließ nichts unversucht, ihn zu überwachen und einzuschüchtern. Kein Wunder, daß nach Kings Ermordung der Verdacht auch auf die Bundespolizei fiel. Das House Select Committee on Assassinations (HSCA) – der gleiche Ausschuß, der 1977/78 das Attentat auf Präsident Kennedy unter die Lupe nahm – ging dem Verdacht ausdrücklich nach, fand aber keinerlei Anhaltspunkte, die ihn rechtfertigten.

King war am 3. April 1968 nach Memphis gekommen, um einen Solidaritätsmarsch für die streikenden Müllmänner anzuführen. Es war sein zweiter Versuch. Der erste hatte in der Vorwoche mit einer Straßenschlacht geendet; ein 16jähriger Junge war dabei ums Leben gekommen. Auch King selbst war in Gefahr geraten, aus der ihn nur die Flucht in ein nahegelegenes Hotel rettete. Risiken dieser Art waren ihm nicht fremd. Die Akten des FBI enthalten nicht weniger als 50 Todesdrohungen gegen King. Im September 1958 hatte ihn eine geistesgestörte Schwarze mit einem Brieföffner angefallen, als er in einem Harlemer Kaufhaus Bücher signierte. Am Abend des 3. April hielt King in der Mason Temple Church vor 2000 Zuhörern eine Rede, die beinahe wie ein Abschied klang: »Wie jeder würde auch ich gern lange leben. Langlebigkeit ist eine schöne Sache. Aber im Augenblick bekümmert sie mich nicht. Gott hat mir erlaubt, den Berg zu besteigen. Ich konnte die andere Seite sehen. Und ich sah das gelobte Land.«

Den 4. April verbrachte King im Motel »Lorraine« mit Vorbereitungen des Marsches. Für den Abend war ein Dinner beim Pfarrer der Mason Temple Church vorgesehen. Um 17 Uhr 56 trat King auf den Balkon des Motels und plauderte, auf das Geländer gestützt, mit einigen Männern im Hof. Eine Minute nach sechs traf ihn ein Kopfschuß. Um 19 Uhr 5 wurde er für tot erklärt.

Die Jagd nach dem Täter begann Sekunden, nachdem der Schuß gefallen war. Zwei Gäste von Bessie Brewers Pension, William Anschutz und Charles Stephens, hatten etwas Verdächtiges bemerkt. Da die Pension dem Motel genau gegenüberlag, hatten auch sie den Schuß gehört. Er schien aus dem gemeinsamen Waschraum am Ende der Flurs zu kommen. Beide verließen ihr Zimmer und sahen, wie ein Mann mit einem länglichen Bündel den Gang entlangrannte und aus dem Haus stürzte. Obwohl sie ihn nur von hinten sahen, waren sie davon überzeugt, daß es John Willard war, der am Vormittag eingezogen war und sogleich den Waschraum mit Beschlag belegt hatte. Kurz darauf hörte Guy Canipe, der neben der Pension einen Laden betrieb, einen dumpfen Fall. Als er vor die Tür trat, sah er einen weißen Mustang mit großer Geschwindigkeit davonbrausen. Im Hausflur fand er eine Bettdecke, in die verschiedene Gegenstände eingewickelt waren – eine Bierdose, eine Zeitung, ein Fernglas und ein Gewehr mit Zielfernrohr. Um halb sieben ging die erste Beschreibung des

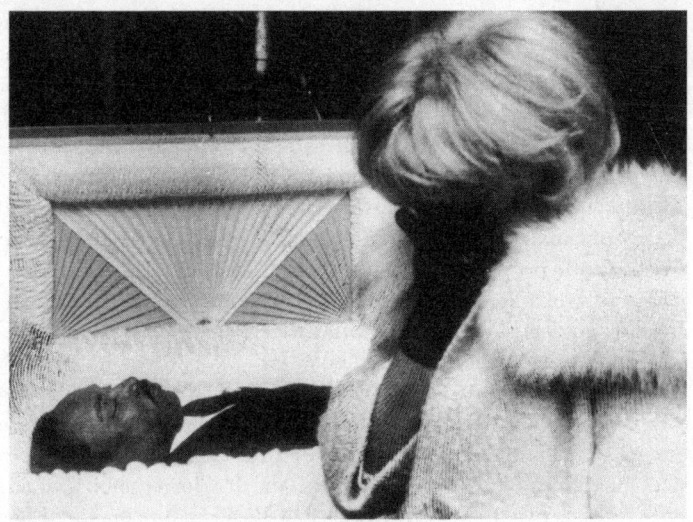

Am Abend des 3. April 1968 hielt Martin Luther King in der Mason Temple Church in Memphis vor 2000 Zuhörern eine Rede, die beinahe wie ein Abschied klang: »Wie jeder würde auch ich gern lange leben. Langlebigkeit ist eine schöne Sache. Aber im Augenblick bekümmert sie mich nicht.« Am folgenden Tag trat King nachmittags auf den Balkon seines Motels und plauderte mit einigen Männern im Hof, als ihn vom Fenster einer gegenüberliegenden Pension aus der tödliche Kopfschuß traf. Das Foto zeigt die in Memphis aufgebahrte Leiche des Friedensnobelpreisträgers.

mutmaßlichen Täters über den Polizeifunk. Gefaßt wurde er allerdings erst zwei Monate danach.

Das erste, was die Polizei herausfand, war, daß Willard bereits am 3. April nach Memphis gekommen war und sich unter dem Namen Eric S. Galt im Motel »New Rebel« einquartiert hatte. Anhand der Fingerabdrücke auf dem Gewehr konnte sie den Flüchtigen identifizieren: Er hieß weder Willard noch Galt, sondern James Earl Ray und war einschlägig vorbestraft. Sein Strafregister bestand aus einer Reihe tölpelhaft ausgeführter Diebstähle und Raubüberfälle. Der letzte – der Griff in die Kasse eines Supermarkts in St. Louis – hatte ihm 120 Dollar und eine zwanzigjährige Gefängnisstrafe eingebracht. Nach zwei erfolglosen Ausbruchsversuchen war es ihm im April 1967 gelungen, in einem

Lieferwagen aus dem Staatsgefängnis von Missouri zu entkommen.

Erst am 8. Juni wurde Ray auf dem Londoner Flughafen Heathrow verhaftet, als er im Begriff war, eine Maschine nach Brüssel zu besteigen. Die Indizien waren erdrückend. Augenzeugen hatten ihn zur Tatzeit in Bessie Brewers Pension gesehen. Das weggeworfene Gewehr hatte er fünf Tage vor dem Attentat in Birmingham (Alabama) gekauft; außer den seinen wies es keinerlei Fingerabdrücke auf. Auch den weißen Mustang hatte er in Birmingham gekauft, wieder unter dem Namen Eric S. Galt. Von London aus hatte er versucht, bei den belgischen oder portugiesischen Kolonialtruppen unterzuschlüpfen.

Um dem elektrischen Stuhl zu entgehen, ließ sich Ray auf das von der amerikanischen Strafprozeßordnung zugelassene *plea bargaining* ein: Er bekannte sich schuldig; im Gegenzug verzichtete der Staatsanwalt auf die Todesstrafe. Am 10. März 1969 wurde er zu 99 Jahren Zuchthaus verurteilt – eine Strafe, die er in einer Einzelzelle des Brushy Mount State Prison absitzt. Anders als in Deutschland ist die Einzelhaft in Amerika die Ausnahme und nicht die Regel. Ray hat sie sich doppelt verdient – zum einen durch drei Ausbruchsversuche, von denen ihm einer immerhin 54 Stunden Freiheit verschaffte; zum andern durch einen Überfall in der Gefängnisbücherei, bei dem ihn vier Schwarze mit Messern schwer verletzten.

Drei Tage nach dem Urteil widerrief Ray sein Geständnis und behauptete, sein Verteidiger habe ihn hereingelegt. In Wahrheit sei er nur der Chauffeur des Täters gewesen, eines gewissen Raoul, der nach dem Mord spurlos verschwunden sei. Obgleich kein einziger Zeuge diesen Raoul je zu Gesicht bekommen hat, konnte es nicht ausbleiben, daß sich – wie nach dem Kennedy-Mord – Verschwörungsapostel fanden, die an den »großen Unbekannten« glauben. Andere spinnen phantasievolle Hypothesen um die vier Pseudonyme, die Ray vor und nach der Tat benutzte. Alle vier fanden sich im Telefonbuch von Toronto, wohin er nach dem Mord zunächst geflohen war – für manche der sichere Beweis dafür, daß hinter dem Attentat nicht nur ein einzelner stand. In Toronto wurde Ray auch von jenem »dicken Mann« besucht, der die grauen Zellen der Privatdetektive mächtig angeregt hat. Am gleichen Tag, an dem ihm der »dicke Mann« einen

Briefumschlag aushändigte, kaufte Ray sein Flugticket nach London. War es der Lohn der bösen Tat, den der Umschlag enthielt? Die Antwort des HSCA ist prosaischer: Der »dicke Mann« war der Finder eines Briefes, den Ray in einer Telefonzelle hatte liegenlassen.

Auch das HSCA wollte freilich nicht ausschließen, daß Ray darauf spekuliert hatte, für den Mord entlohnt zu werden. Doch vermutete es die Hintermänner weder in Toronto noch in Washington, sondern in St. Louis. Anfang 1967 empfing John Sutherland, ein wohlhabender Anwalt und radikaler Verfechter der Rassentrennung, zwei schräge Vögel, John Kauffman und Russell Byers. Seine Villa am Mississippi war vollgestopft mit Memorabilien der Südstaaten; der Hausherr selbst trat seinen Gästen in der Uniform eines Obersten der Konföderierten entgegen. Nach dem Austausch einiger Höflichkeiten kam Sutherland zur Sache: Ob die Herren die Ermordung von Martin Luther King arrangieren könnten? Die Belohnung: 50 000 Dollar, gezahlt von einer »geheimen Organisation des Südens«. Die beiden winkten ab.

Der Untersuchungsausschuß hielt es für möglich, daß Ray im Gefängnis Wind von dem Kopfgeld bekam. Kauffman war mit dem Gefängnisarzt befreundet, und Byers' Schwager saß in derselben Anstalt ein. Außerdem bewirtschaftete Rays Schwester Carol zur gleichen Zeit eine Bar in St. Louis, die von der Unterwelt frequentiert wurde. Das lukrative Angebot könnte Ray also auf drei verschiedenen Wegen erreicht haben. Damit würde auch das Tatmotiv klarer. Das Gericht hatte angenommen, Ray habe den Mord aus einem Grund begangen, der unter deklassierten Weißen damals sehr verbreitet war: Haß auf die Schwarzen. Doch war er bis dahin nicht als Rassist aufgefallen. Im Gegenteil: Eine Zeitlang hatte er sogar eine schwarze Freundin. Einen Beweis dafür, daß Ray die Belohnung je erhielt, gibt es allerdings nicht. Als der Ausschuß der Spur nachging, war Sutherland längst tot.

Gewalttätige Nächstenliebe:
Hanns Martin Schleyer und Aldo Moro

Der Terrorismus der »Nihilisten«, der die Regierenden in der zweiten Hälfte des vorigen Jahrhunderts in Furcht und Schrecken versetzte, war vor allem ein russisches Phänomen. Aber nicht allein: Italienische Anarchisten ermordeten 1894 den französischen Staatspräsidenten Carnot, 1898 die österreichische Kaiserin Elisabeth, Filmfreunden als »Sissi« bekannt, und 1900 ihren eigenen König Umberto. Kaiser Wilhelm I. war 1878 Ziel von zwei Mordanschlägen. Der zweite – eine Salve von Schrotkugeln, die ihn bei der Ausfahrt Unter den Linden traf – verletzte ihn schwer. Obwohl der Täter, ein promovierter Agronom namens Karl Nobiling, die ihm allzu zahmen Bebel-Sozialisten verachtete, ergriff Bismarck dankbar die Gelegenheit, ein Gesetz »gegen die gemeingefährlichen Bestrebungen der Sozialdemokratie« durchzudrücken, das faktisch auf ein Verbot der Partei hinauslief.

Fünf Jahre später, am 28. September 1883, geriet der hochbetagte Kaiser erneut in Lebensgefahr. Gemeinsam mit dem Kronprinzen, seinem Enkel Wilhelm und achtzehn regierenden Reichsfürsten hatte er sich auf dem Hügel oberhalb Rüdesheims eingefunden, um das Niederwalddenkmal einzuweihen. Die hohen Herren ahnten nicht, daß unter ihnen auch zwei Anarchisten weilten. Während ein gekröntes Haupt nach dem andern das Wort ergriff, machten Emil Küchler und Franz Reinhold Rupsch Anstalten, die Festgesellschaft in die Luft zu jagen. Rupsch hatte eine um 35 Pfennig billigere, dafür aber nicht wasserdichte Zündschnur gekauft, die wegen des feinen Nieselregens erlosch, bevor sie den Sprengsatz erreichte. Küchler und der Drahtzieher des Anschlags, der Schriftsetzer August Reinsdorf, wurden vom Reichsgericht zum Tode verurteilt und im Februar 1885 in Halle enthauptet. Der sparsame Rupsch wurde zu lebenslangem Zuchthaus begnadigt.

Die radikale Welle, die die westliche Welt in den sechziger und siebziger Jahren des 20. Jahrhunderts überschwemmte, nahm ihren Ausgang in Amerika. Es war die Aussicht, eingezogen und nach Vietnam geschickt zu werden, die die wehrfähigen jungen Männer auf die Straßen oder außer Landes trieb – den derzeit amtierenden Präsidenten eingeschlossen. Am 6. März 1970 wurden die Bewohner der 11th Street, einer ruhigen Straße im New Yorker »Village«, unsanft aus ihrem Mittagsschlaf gerissen. Fensterscheiben gingen zu Bruch, die Fassade der Nummer 18 sackte in sich zusammen. Aus den Trümmern taumelten zwei notdürftig bekleidete Mädchen. Im Keller fand die Feuerwehr zwei weitere junge Leute, beide tot, dazu massenweise Sprengkapseln und Dynamitstäbe. Vater Wilkerson, der Eigentümer des Hauses, war auf Urlaub in der Karibik. Er wußte, daß seine Tochter Kathleen – eine der beiden Überlebenden – unter radikalen Studenten verkehrte. Was er nicht ahnte, war, daß sie sich einer Terroristenbande angeschlossen hatte, den »Weathermen«, die die bürgerliche Gesellschaft mit Dynamit aus den Angeln heben wollte. Mit ihren physikalischen Kenntnissen stand es freilich nicht viel besser als mit ihren politischen Einsichten, und so endete die Generalprobe mit einer selbstmörderischen Katastrophe. Die Explosion schadete der alternativen Bewegung in Amerika sehr und förderte ihren raschen Niedergang.

Das Schlachtfeld, auf dem sich der gewaltsame Widerstand gegen den »Monopolkapitalismus« und den »konterrevolutionären Krieg in Vietnam« austobte, verlagerte sich nach Europa. Vor allem zwei Länder waren es, in denen es einer kleinen, aber zu allem entschlossenen Schar von Extremisten gelang, den Staat in eine schwere Krise zu stürzen – Deutschland und Italien. Neu dabei war, daß sie das terroristische Arsenal um eine bis dahin vernachlässigte Waffe bereicherten – die Entführung von Politikern und anderen Stützen der Gesellschaft, um mit ihrer Hilfe verhaftete Gesinnungsgenossen freizupressen. Die beiden spektakulärsten Fälle dieser Art – die Entführung des BDI-Präsidenten Hanns Martin Schleyer und des Vorsitzenden der italienischen Christdemokraten, Aldo Moro – endeten mit dem Tod der Geisel. Zugleich leiteten sie jedoch den Niedergang der terroristischen Banden ein. Die herausgeforderten Regierungen gingen aus dem Zweikampf gestärkt hervor.

Die Geschichte der Baader-Meinhof-Bande – oder, wie sie sich selbst nannte, der »Roten-Armee-Fraktion« (RAF) – begann im April 1968, als vier junge Leute, darunter Andreas Baader und seine Geliebte Gudrun Ensslin, in zwei Frankfurter Kaufhäusern Feuer legten. Der damals 27jährige Baader hatte wegen Aufsässigkeit die Schule verlassen müssen und nie einen ordentlichen Beruf ausgeübt. Die drei Jahre ältere Gudrun Ensslin kam aus einem schwäbischen Pfarrhaus; sie hatte Germanistik studiert und wollte Lehrerin werden. Auch Ulrike Meinhof, die erst 1970 zur Bande stieß, entstammte einer Theologenfamilie; sie hatte Pädagogik und Psychologie studiert und war acht Jahre lang Chefredakteurin der Zeitschrift »konkret« gewesen, die in der Kampagne gegen den »Atomtod« an vorderster Front stand. Um dieses Trio scharte sich eine wechselnde Gemeinde, die der Haß auf die Amerikaner, kommunistische Sympathien und die Bereitschaft einten, beiden nicht nur durch Worte Luft zu machen.

Im Prozeß verteidigten sich die Angeklagten damit, es habe ihnen ferngelegen, Menschen in Gefahr zu bringen; sie hätten nur Sachen beschädigen wollen: »Wir taten es aus Protest gegen die Gleichgültigkeit, mit der die Menschen dem Völkermord in Vietnam zusehen.« Ein Psychiater, der Gudrun Ensslin untersuchte, bescheinigte ihr »heroische Ungeduld«: Sie leide unter dem »Ungenügen unserer Existenz«. Ihre stark entwickelte Nächstenliebe wolle sie der ganzen Menschheit angedeihen lassen – notfalls mit Gewalt. Das Gericht freilich nahm den Brandstiftern die moralische Motivation nicht ab und verurteilte sie zu je drei Jahren Zuchthaus.

Beim Grundsatz, keine Menschen zu gefährden, blieb es nicht lange. Im Mai 1970 wurde Baader während eines Ausgangs zum Deutschen Zentralinstitut für soziale Fragen in Berlin-Dahlem, wo er angeblich Material für ein Buch über »randständige Jugendliche« sammelte, gewaltsam befreit. Ein Institutsangestellter, der nicht rechtzeitig in Deckung ging, wurde durch einen Schuß in die Leber außer Gefecht gesetzt. Bald gab es die ersten Toten: Bei einem Bombenanschlag auf das Hauptquartier der amerikanischen Armee in Heidelberg kamen drei Soldaten ums Leben. Durch Banküberfälle beschaffte sich die Bande immer wieder das nötige Geld für ihre wechselnden Fahrzeuge und Wohnungen. Erst im Juni 1972 gelang es der Frankfurter Polizei, Baader und zwei weitere Kapos der RAF, Holger Meins und Jan-Carl Raspe, aufzuspüren und zu verhaften. Kurz darauf wurden auch Gudrun Ensslin und Ulrike Meinhof festgenommen.

Als der Prozeß am 21. Mai 1975 begann, waren nur noch vier der fünf Angeklagten am Leben: Holger Meins war im November 1974 einem Hungerstreik erlegen – ein Fanal, das die Bande mit der Ermordung eines völlig unbeteiligten Berliner Richters, Günter von Drenkmann, quittierte. Der Prozeß erregte in der ganzen Welt Aufsehen. Um eine bewaffnete Befreiung zu verhindern, war neben Europas modernster Strafanstalt in Stuttgart-Stammheim, wo die Angeklagten einsaßen, ein fensterloses Gerichtsgebäude aus Stahl und Beton errichtet worden. Die Sicherheitsvorkehrungen waren ungewöhnlich streng: Anwälte, Zuschauer und Journalisten mußten sich vor dem Betreten des Sitzungssaals einer Leibesvisitation unterziehen. Nicht einmal ihre Kugelschreiber durften die Journalisten mit in den Saal nehmen. Statt dessen erhielten sie von Amts wegen Bleistifte.

Zwei Jahre zog sich der Prozeß hin. Als am 28. April 1977 das Urteil verkündet wurde, war die Zahl der Angeklagten auf drei zusammengeschmolzen: Ulrike Meinhof hatte sich im Mai 1976 in ihrer Zelle erhängt. Baader, Ensslin und Raspe erhielten lebenslange Freiheitsstrafen.

Am 30. Juli 1977 wurde der Vorstandssprecher der Dresdner Bank, Jürgen Ponto, in seiner Villa in Oberursel erschossen. Die vier Mörder, zu denen auch eine Freundin der Familie gehörte, hatten den Bankier eigentlich entführen wollen. Da er sich jedoch wehrte, hatte ihn das Kommando auf der Stelle liquidiert. Der zweite Versuch, ein Faustpfand in die Hand zu bekommen, glückte hingegen. Am 5. September wurde der Wagen des BDI-Präsidenten Hanns Martin Schleyer in der Nähe seiner Kölner Wohnung zum Halten gezwungen und er selbst verschleppt. Schleyers Fahrer und seine drei Leibwächter kamen bei dem Feuerüberfall ums Leben. Mit diesem Überfall begannen, von der Wiedervereinigung abgesehen, die 43 spannungsreichsten Tage in der Geschichte der Bundesrepublik Deutschland.

Was die Entführer beabsichtigten, blieb nicht lange im dunkeln. Baader, Ensslin, Raspe und sieben weitere RAF-Mitglieder, die inzwischen festgenommen worden waren, sollten freigelassen werden und, jeder mit einem Reisegeld von 100 000 Mark versehen, in ein Land ihrer Wahl fliegen dürfen. Der verwegene Plan war nicht gänzlich aussichtslos. Zwei Jahre zuvor hatte die Bundesregierung nach der Entführung des Spitzenkandidaten der Berliner CDU, Peter Lorenz, sechs Inhaftierte, von denen allerdings keiner wegen Mordes angeklagt oder verurteilt worden war, in den Jemen ausreisen lassen. Aber diesmal blieb sie hart. Auch nachdem palästinensische Sympathisanten, um den Forderungen der RAF Nachdruck zu verleihen, ein vollbesetztes Lufthansa-Flugzeug nach Mogadischu entführt hatten, gab sie nicht nach.

Am 17. Oktober 1977 eilte das auf mehreren Bühnen spielende Drama seinem Höhepunkt zu. In einer »Feuerzauber« genannten Aktion stürmte eine Spezialeinheit des Bundesgrenzschutzes das Flugzeug und erschoß drei der vier Entführer. Am nächsten Tag begingen Baader, Ensslin und Raspe in ihren Zellen Selbstmord. Der sorgfältig inszenierte Freitod war darauf angelegt, die drei als Opfer einer rachsüchtigen Klassenjustiz erscheinen zu lassen – eine Rechnung, die auch aufging: Obgleich eine internationale Sachverständigenkommission feststellte, daß die Toten von eigener Hand gestorben waren, fand das verführerische Schreckbild einer entfesselt um sich schlagenden Staatsgewalt viele Liebhaber.

Am 19. Oktober ging bei der Pariser Tageszeitung »Libération« eine Nachricht ein: »Wir haben nach 43 Tagen Hanns Martin Schleyers klägliche und korrupte Existenz beendet. Herr Schmidt, der in seinem Machtkalkül von Anfang an mit Schleyers Tod spekulierte, kann ihn in der Rue Charles Péguy in Mülhausen in einem grünen Audi 100 mit Bad Homburger Kennzeichen abholen.« Die Polizei fand Schleyers Leichnam an der angegebenen Stelle. Er trug den gleichen Anzug, in dem er sechs Wochen zuvor entführt worden war. Seine Mörder hatten ihn durch drei Kopfschüsse erledigt. Wegen ihrer Mitwirkung an der Tat wurden später Peter Jürgen Boock, Christian Klar, Brigitte Mohnhaupt (die auch die tödlichen Schüsse auf Ponto abgegeben hatte), Adelheid Schulz, Rudolf Clemens Wagner und Stefan Wisniewski zu lebenslangen Haftstrafen verurteilt. Ob damit alle Beteiligten erfaßt wurden, ist bis heute nicht klar.

Die RAF war damit noch nicht am Ende. Nach dem Fehlschlag der Erpressung verlegte sie sich auf die Ermordung prominenter Vertreter des verhaßten Systems. Doch dämmerte der nachwachsenden Generation, daß sie sich durch ihre terroristischen

*Am 5. September 1977 wurde der Wagen Hanns Martin Schleyers in der Nähe sei-
ner Kölner Wohnung zum Halten gezwungen und er selbst verschleppt. Schleyers
Fahrer und seine drei Leibwächter wurden bei dem Feuerüberfall von den Kugeln
regelrecht durchsiebt. Mit diesem Überfall begannen die bis dahin spannungsreichsten Tage in der Geschichte der Bundesrepublik. Für Schleyer endete das Drama
tödlich: Am 19. Oktober wurde sein Leichnam in Mülhausen im Kofferraum eines
Wagens gefunden. Seine Mörder hatten ihn mit drei Kopfschüssen getötet.*

Anschläge gerade jenen Kreisen entfremdete, die ihren politischen
Anliegen am nächsten standen. Überdies hatte der Traum von
einer kommunistischen Idealgesellschaft gründlich abgewirtschaf-
tet. Im April 1992 kündigte die RAF an, sie werde künftig auf
Gewalt gegen Menschen verzichten und darüber nachdenken,
was sie falsch gemacht habe. Die Justizbehörden revanchierten
sich, indem sie einige Häftlinge vorzeitig freiließen.

Die Entwicklung in Italien nahm einen ähnlichen Verlauf wie in
Deutschland. Hier war es die zweite Generation der »Roten Brigaden«, die die erste freizupressen suchte. Den Anfang machte der
Soziologiestudent Renato Curcio, dem eine »negative Universität«
vorschwebte mit Bakunins militantem Anarchismus und den
Widerstandsformen der dritten Welt als Lehrstoff. Der revolutionären Theorie folgte die Praxis auf dem Fuße. Von 1970 an
schnellte die Zahl der Anschläge, die auf das Konto linksextremer

Terroristen gingen, steil empor: 1976 waren es 263, zwei Jahre später 1118. Damals saß der »historische Kern« der *Brigate Rosse* schon hinter Schloß und Riegel. Curcios Frau war 1975 bei einem Schußwechsel mit der Polizei ums Leben gekommen.

Am 16. März 1978 – vier Tage vor der Wiederaufnahme des Verfahrens gegen die roten Brigadiere – wurde der Wagen des Parteichefs der Christlichen Demokraten, Aldo Moro, auf dem Weg zur Kirche überfallen. Seine fünfköpfige Eskorte wurde erschossen, er selbst gekidnappt. Da sich die Entführer mit der Formulierung ihrer Forderungen Zeit ließen, schwelgten die Zeitungen in wilden Vermutungen. Die meisten argwöhnten einen Anschlag auf den »historischen Kompromiß«, der den Kommunisten ein gewisses Mitspracherecht an den Entscheidungen der Regierung einräumte und als dessen Architekt Moro galt. Der Verdacht kam nicht von ungefähr: Am gleichen Tag stellte sich Ministerpräsident Andreotti einer Abstimmung, in der es um ebendiese Frage ging. Dennoch ist es schwer vorstellbar, daß die Entführer bereit gewesen wären, sich vor den Karren der konservativen Gegner Moros, des Vatikans oder gar des amerikanischen Geheimdienstes spannen zu lassen. Damit ist nicht gesagt, daß der »historische Kompromiß« in der Affäre keine Rolle spielte. Im Gegenteil: In der – bald enttäuschten – Hoffnung auf eine Beteiligung an der Macht trugen die Kommunisten die kompromißlose Politik der *fermezza* ohne Murren mit.

Noch entschiedener als der Sozialdemokrat Helmut Schmidt lehnte es der Christdemokrat Giulio Andreotti ab, mit den Entführern auch nur zu verhandeln. Zielsicher vereitelte er alle Versuche Moros, der wie ein Löwe um sein Leben kämpfte, durch Appelle an die Öffentlichkeit Sympathien zu gewinnen. Nicht einmal von der Begnadigung eines schwerkranken Häftlings, für die sein Parteifreund Fanfani plädierte, wollte er etwas hören. Es mag sein, daß dabei auch politische Rivalitäten eine Rolle spielten. Aber er hatte die Staatsräson auf seiner Seite. Am 5. Mai erhielt Signora Moro von ihrem Mann einen Abschiedsbrief, in dem von politischen Forderungen nicht mehr die Rede war. Vier Tage später wurde Moros Leiche in der Via Gaetani gefunden – ziemlich genau in der Mitte zwischen den Parteihauptquartieren der Christdemokraten und der Kommunisten. Die Familie verbat sich die Teilnahme von Vertretern des Staates am Begräbnis.

Am 16. März 1978 wurde der Wagen Aldo Moros auf dem Weg zur Kirche überfallen. Seine fünfköpfige Eskorte wurde erschossen, er selbst gekidnappt. Noch entschiedener als Helmut Schmidt lehnte es Ministerpräsident Andreotti ab, mit den Entführern auch nur zu verhandeln. Am 5. Mai erhielt Frau Moro von ihrem Mann einen Abschiedsbrief, und vier Tage später wurde Moros Leiche in der Via Gaetani gefunden. Die Familie verbat sich die Teilnahme von Vertretern des Staates am Begräbnis.

Im Januar 1983 verurteilte das römische Assisengericht 23 Personen wegen der Entführung, Bewachung und Ermordung Aldo Moros zu langen, überwiegend lebenslangen Freiheitsstrafen. Zwei weitere Massenprozesse beschleunigten den Niedergang der Roten Brigaden. Den Rest besorgte das Ende des kalten Krieges: Der Zusammenbruch der Sowjetunion hat auch die Italiener von ihrer »heroischen Ungeduld« kuriert.

Für Gott und Vaterland:
Mahatma Gandhi, Anwar el-Sadat,
Jitzhak Rabin

Wie die Beispiele Irland und Jugoslawien zeigen, sind die Religionskriege aus Europa keineswegs verschwunden. Doch sind sie
heute ein Randphänomen – ein Überbleibsel aus dem 16. und
17. Jahrhundert, als man das Jenseits noch ernst nahm. Anders in
Afrika und Asien. Hier wohnt der Religion noch immer jene
Sprengkraft inne, die einst das Abendland in zwei zum Äußersten
entschlossene Parteien zerriß. Ob die Gewaltanwendung gegenüber Ungläubigen zum Wesen des Islams gehört oder nicht, ist
unter den Gelehrten umstritten. Nicht zu bestreiten ist dagegen,
daß die muslimischen Herrscher, solange sie die Macht dazu hatten, alles daransetzten, den rechten Glauben mit Feuer und
Schwert zu verbreiten – wie übrigens auch die Juden und die Christen.

Die Gewalt der Muslime richtete sich nicht nur gegen den
ungläubigen *kafir*. Auch die verschiedenen Richtungen des Islam
bereinigten ihre Glaubenskonflikte oft mit Gewalt. Von den vier
»rechtgeleiteten Kalifen«, die dem Propheten folgten, wurden drei
ermordet. Ein besonders aggressiver Geheimbund waren die Karmaten, die eine Art von religiösem Kommunismus predigten. 930
stahlen sie den schwarzen Stein aus der Kaaba und gaben ihn erst
22 Jahre später zurück.

Die Karmaten waren eine Sekte der Ismailiten, die auf das Wie-
dererscheinen des siebten Imams, Ismael, warteten. Eine andere
waren die Assassinen, die im 12. und 13. Jahrhundert Persien und
Syrien unsicher machten. Sie praktizierten nicht nur den Mord an
Andersgläubigen, sondern erhoben ihn ausdrücklich zur religiösen Pflicht. Auch einige Kreuzfahrer gingen ihnen ins Netz. Doch
hatten sie es vor allem auf Muslime der sunnitischen Richtung
abgesehen. Mit Recht hat man die Assassinen – nach zeitgenössi-
schen Quellen 60 000 Mann, die ihren Führern blind gehorchten –

die ersten Terroristen genannt. Ihre Morde verübten sie, indem sie ihr Opfer entweder mit einer Schlinge erdrosselten oder mit einer Holzkeule erschlugen. Der Gebrauch von Stahl, so glaubten sie, war erst nach der Ankunft des Mahdi, des zurückgekehrten Ismael, gestattet. Der Name der Sekte ist etymologisch mit dem Wort »Haschisch« verwandt. Es besteht also Grund zur Vermutung, daß die Täter ihre Anschläge entweder im Drogenrausch verübten oder nach vollbrachtem Mord durch einen »Joint« belohnt wurden.

Das hinduistische Gegenstück zu den Assassinen waren die Thags. Unbekümmert um das Gebot der Gewaltlosigkeit *(ahimsa)*, hielt auch diese Sekte den Mord für eine gottgefällige Sache. Die Gottheit, der sie gefällig sein wollte, war Kali, die vielarmige Bringerin von Tod und Zerstörung. Nach dem Glauben der Thags benötigte Kali ständig neue Menschenopfer, um die Welt im Gleichgewicht zu halten. Auch ihre Mordwaffe war die Schlinge, wobei es darauf ankam, den Todeskampf möglichst lange auszudehnen. Um ein geziemendes Begräbnis zu verhindern, wurden die Erdrosselten zerstückelt. Wie lange die Thags ihr Unwesen trieben, ist nicht sicher. Einige Historiker halten sie für Abkömmlinge der Sagartier, die Herodot als persische Würger schildert. Fest steht, daß sie spätestens im 13. Jahrhundert auftraten und erst im 19. Jahrhundert von den Engländern ausgerottet wurden. Die Gesamtzahl ihrer Opfer wird auf mindestens eine Million geschätzt. Abgesehen von ihren Mordzügen, waren die Thags Muster der Wohlanständigkeit. Britische Kolonialbeamte, die sie unwissentlich als Hausangestellte beschäftigt hatten, wurden nicht müde, ihren Fleiß und ihre Zuverlässigkeit zu rühmen.

Mohandas Karamchand Gandhi, der sich Mahatma (große Seele) nannte, hatte aus dem Gebot der *ahimsa* eine überaus wirksame politische Waffe geschmiedet – die Taktik des zivilen Ungehorsams *(satyagraha)*. Sie war es vor allem, die die Kolonialherren zermürbte und ihnen die Lust am Kronjuwel des Empires verdarb. Doch gerade in dem Augenblick, in dem die Engländer dem passiven Widerstand nachgaben und sich anschickten, Indien in die Unabhängigkeit zu entlassen, sah sich Gandhi an den Rand gedrängt. Schon während des Zweiten Weltkriegs, als Indien von den Japanern bedroht wurde, stand er mit seinem Vorschlag, auch den Invasoren mit *satyagraha* zu begegnen, ziemlich allein. Die

Mehrheit des Indischen Nationalkongresses entschied sich dafür, die Briten zu unterstützen, während eine Minderheit um Subhas Chandra Bose auf die Japaner setzte, mit deren Hilfe sie die Briten zu vertreiben hoffte.

Obgleich Gandhi ein frommer Hindu war, trat er für eine klare Trennung von Religion und Staat ein. Davon wollten jedoch weder die hinduistischen noch die muslimischen Nationalisten etwas wissen. Mohammed Ali Jinnah, der Präsident der Muslim League, forderte seit 1940 einen eigenen muslimischen Staat, für den er das Kunstwort »Pakistan« erfand. Umgekehrt fehlte es nicht an Extremisten, die ein »Hindustan« mit dem Hinduismus als Staatsreligion propagierten. Besonders reichlich fanden sie sich in Poona, der Hauptstadt der Marathen, die von den Briten erst 1818 unterworfen worden waren. Es war kein Zufall, daß hier im Juni 1934 das erste Attentat auf Gandhi verübt wurde. Im Weltbild der hinduistischen Zeloten hatte der Weg der Gewaltlosigkeit keinen Platz. Gandhi galt ihnen als »Philosoph der Feiglinge«.

In Poona gab der Lehrer Balgangadhar Tilak bis zu seinem Tode im Jahre 1920 die Zeitschrift »Kesar« (der Löwe) heraus. Der Titel war Programm: Die Hindus sollten der britischen Herrschaft mit dem gleichen Löwenmut widerstehen wie den verderblichen Einflüssen des Islam. Dazu waren alle Mittel recht: Nach einem Mordanschlag auf zwei britische Beamte wurde Tilak als intellektuell Verantwortlicher zu sechs Jahren Gefängnis verurteilt. Auch sein Gefolgsmann, der Dichter Vinayak Savarkar, war in eine Reihe von Attentaten verwickelt, die ihm immer wieder Flucht, Gefängnis und Verbannung eintrugen. Savarkar wurde zweimal zum Präsidenten der Hindu Mahasabha gewählt, der Sammelbewegung der Orthodoxen, die den Muslimen empfahl, entweder das Land zu verlassen oder sich mit einem politischen Status zweiter Klasse abzufinden.

Am 15. August 1947 wurden Indien und Pakistan unabhängig. Für Gandhi war der Tag kein Anlaß zur Freude. »Glückwünsche?« fragte er resigniert. »Mir scheinen Beileidsbezeugungen angebrachter. In meinem Herzen ist nichts als Angst.« Für diese Angst gab es gute Gründe: Die Teilung des Subkontinents setzte Flüchtlingsströme in Bewegung, wie sie die Weltgeschichte noch nicht gesehen hatte. Zwölf Millionen Hindus und Muslime brachten sich bei ihren Glaubensgenossen in Sicherheit. Der längste

Treck bestand aus 800 000 Menschen. Nicht alle Flüchtlinge gelangten ans Ziel: Etwa eine Million blieb bei den Blutbädern, die Fanatiker unter ihnen anrichteten, auf der Strecke.

Der 78jährige Gandhi tat, was in seinen Kräften stand, um die Katastrophe zu verhindern. Den Unabhängigkeitstag verbrachte er in Kalkutta, wo die Spannungen zwischen Hindus und Muslimen das Schlimmste befürchten ließen. Und siehe da, das Wunder geschah: Nachdem ihn die Bevölkerung zunächst mit Steinen empfangen hatte, strömten Hunderttausende zu seinen Gebetsstunden. Aber die Ruhe hielt nicht lange vor. Am 1. September warfen Angehörige der Rashtriya Swayamsevak Sangh (RSS), des paramilitärischen Arms der Hindu Mahasabha, Handgranaten in die muslimischen Slums. Gandhi griff zu einem Druckmittel, das er oft mit Erfolg angewandt hatte: Er fastete. Auch diesmal wirkte es. Die Bombenwerfer kamen zu ihm und baten um Verzeihung.

In der folgenden Woche eilte er in das von Unruhen geschüttelte Delhi, dessen Bevölkerung durch die Flüchtlingsströme auf das Doppelte angeschwollen war. Eine der Streitfragen, die die Gemüter aufwühlte, waren die Devisenbestände der indischen Staatsbank. Von der Teilung, auf der Pakistan bestand, wollte die indische Regierung nichts wissen. Gandhi nahm Partei für die Pakistanis und kündigte am 13. Januar 1948 an, er werde fasten, um ihre Forderung zu unterstützen. Schon am folgenden Tag lenkte Ministerpräsident Nehru ein. Am 20. Januar wurde eine Bombe in den Garten des Birla-Hauses geworfen, in dem Gandhi wohnte. Als er am späten Nachmittag des 30. Januar das Haus verließ, um seine tägliche Andacht abzuhalten, wartete unter den 500 Menschen, die sich auf der Straße versammelt hatten, auch sein Mörder. Kaum hatte Gandhi den Baldachin erreicht, unter dem er zu beten pflegte, als ihn aus nächster Nähe drei Schüsse trafen. Bevor er umsank, legte er die flache Hand an die Stirn – die rituelle Geste der Vergebung. Er wurde ins Haus zurückgetragen, wo er eine halbe Stunde später starb.

Während die Menge entsetzt zurückwich, nahm ein junger amerikanischer Diplomat, der sich aus Neugierde unter die Einheimischen gemischt hatte, den Täter fest. Wie sich herausstellte, hieß er Nathuram Godse, war 38 Jahre alt und gab in Poona eine Zeitung heraus, die sich Savarkars radikalem Programm verschrie-

Als Gandhi am späten Nachmittag des 30. Januar 1948 sein Haus verließ, um seine tägliche Andacht abzuhalten, wartete unter den 500 Menschen, die sich auf der Straße versammelt hatten, auch sein Mörder. Kaum hatte Gandhi den Baldachin erreicht, unter dem er zu beten pflegte, als ihn aus nächster Nähe drei Schüsse trafen. Bevor er umsank, legte er die flache Hand an die Stirn – die rituelle Geste der Vergebung. Er wurde ins Haus zurückgetragen, wo er eine halbe Stunde später starb. Unser Photo zeigt den in Neu-Delhi aufgebahrten Leichnam.

ben hatte. Wenige Tage vor dem Attentat hatte er seinen Mentor besucht. Die Pistole hatte er sich von der RSS besorgt. Nach dem Motiv seiner Tat befragt, nannte er Gandhis »kindisches und starrsinniges« Eintreten für die Muslime, das eine »gesunde Entwicklung der Nation« behindere. »Er mußte daher unverzüglich beseitigt werden.«

Da seine älteren Brüder alle gestorben waren, wurde Godse, der einer frommen Brahmanen-Familie entstammte, als Mädchen aufgezogen. Zeitlebens behielt er eine panische Angst vor Frauen. Als sich ihm im Krankenhaus einmal eine Schwester näherte, floh er. Sein Mitherausgeber und Mittäter Narayan Apte, den das Gericht später als »den Kopf der Verschwörung« bezeichnete, war dagegen ein elegant gekleideter Weltmann mit gesundem Appetit auf Frauen und gutes Essen. Doch der äußere Schein trog: Apte war noch fanatischer als Godse. Zu seinen Plänen gehörte auch die Ermordung des Muslim-Führers Jinnah und ein Überfall auf das Fürstentum Hyderabad, das sich der Eingliederung in die Indische Union widersetzte.

Godse und Apte wurden am 15. November 1949 gehenkt. Nach der Verkündung des Todesurteils riefen sie: »Lang lebe Hindustan, nieder mit Pakistan!« Fünf weitere Verschwörer erhielten lebenslange Gefängnisstrafen. Savarkar wurde angeklagt, jedoch freigesprochen.

Auch die Attentäter, die am 6. Oktober 1981 den ägyptischen Präsidenten Anwar el-Sadat erschossen, hatten zuvor bei einer religiösen Autorität Rat gesucht. Allerdings war die Auskunft, die ihnen der blinde Scheich Omar Abdel Rahman erteilte, zweideutig. Zwar bejahte er die allgemein gehaltene Frage, ob es Rechtens sei, einen gottvergessenen Führer umzubringen. Ob Sadat zu dieser Kategorie gehörte, ließ er jedoch vorsichtig offen.

Die Bewunderung, die Sadat in Europa und Amerika genoß, wurde von seinen Landsleuten nicht geteilt. Von den epochalen Entscheidungen, die ihn im Ausland als weitblickenden Staatsmann auswiesen, sahen sie nur die Schattenseiten. Die Vertreibung der sowjetischen Berater und die Öffnung zum Westen hatten an der wirtschaftlichen Misere wenig geändert. Der Friede mit Israel hatte Ägypten in der arabischen Welt isoliert. Überdies schien es, als habe Menachem Begin seinen Vertragspartner hereingelegt. Zwar ging der Abzug der israelischen Truppen aus der Sinai-Halbinsel programmgemäß vonstatten. Aber der zweite Teil des Abkommens von Camp David, das Selbstbestimmungsrecht der Palästinenser, blieb toter Buchstabe.

Nicht einmal mit der »gelenkten Demokratie«, die den autokratischen Herrschaftsstil seines Vorgängers Nasser ersetzte, machte sich Sadat beliebt. Statt sich über die Lockerung des Zügels zu freuen, weckte sie bei den Unzufriedenen Appetit auf mehr. Zu ihnen gehörten auch die islamischen Fundamentalisten, vor allem die 1928 von dem Lehrer Hasan el-Banna gegründete »Muslimbruderschaft«. Ihre Ziele waren die Säuberung der Gesellschaft von westlichen Einflüssen, eine am islamischen Recht, der Scharia, orientierte Theokratie und die Wiederaufrichtung des Kalifats.

Sadat war keineswegs der erste ägyptische Staatschef, der mit den Muslimbrüdern zusammenstieß. Zwei Premierminister des Königs Faruk wurden von ihnen erschossen. Bei den »Freien Offizieren«, die den König im Juli 1952 stürzten, waren sie zunächst gut angeschrieben. Aber als sie den Anspruch erhoben, von der Regierung als »moralischer Vormund« anerkannt zu werden, war es mit der Freundschaft vorbei. Im Januar 1954 wurde die Bruderschaft verboten; ihre Führer und Hunderte von Mitgliedern verschwanden im Gefängnis. Die frommen Brüder rächten sich durch zwei Mordanschläge, denen Nasser nur durch Zufall entging.

Sadat versuchte es zunächst mit diplomatischer Milde. Er entließ die Inhaftierten aus dem Gefängnis, kehrte betont den gläubigen Muslim heraus und erklärte die Scharia zur Richtschnur seiner Gesetzgebung. Die Umworbenen ließen sich nicht täuschen. Ihnen blieb nicht verborgen, daß Sadats Politik der *infitah* (offenen Tür) nicht nur westliche Waren ins Land brachte, sondern auch westliche Sitten und Gebräuche. Nach dem Attentat wurde bei den Verschwörern eine Denkschrift mit dem Titel »Die vergessene Pflicht« gefunden, in der sie den Mord ausführlich begründeten. Die Denkschrift charakterisiert Sadat als *hakim salim* (ungerechten Herrscher), der vom rechten Glauben abgefallen sei und damit nach dem Koran sein Leben verwirkt habe: »Erschlagt die Götzendiener, wo ihr sie findet, packt sie, belagert sie, versteckt euch in einem Hinterhalt und lauert ihnen auf!«

Der erfolgreiche Putsch der iranischen Fundamentalisten im Februar 1979 gab den Muslimbrüdern mächtigen Auftrieb. Die Predigten in den Moscheen gegen den westlichen Lebensstil wurden schriller. An den Universitäten wurden Forderungen laut, männliche und weibliche Studenten getrennt zu unterrichten und dem Studium des Korans ebensoviel Zeit zu widmen wie der Vermittlung profanen Wissens. Als sich Sadat Anfang 1980 großmütig bereit fand, dem todkranken Schah Asyl zu gewähren, und kurz darauf den Bau einer interkonfessionellen Begegnungsstätte auf dem Sinai ankündigte, reagierte die orthodoxe Presse mit einem Wutschrei. Am 3. September 1981 schlug Sadat zurück. In einer großangelegten Polizeiaktion ließ er 3000 Fundamentalisten – Geistliche, Politiker, Journalisten und Studenten – verhaften.

Zu den Verhafteten gehörte auch Mohammed, der ältere Bruder von Khaled Ahmed Shawki el-Islambouli, einem 23jährigen Oberleutnant der ägyptischen Armee. Mohammed studierte Wirtschaftswissenschaften an der notorisch unruhigen Universität im oberägyptischen Assiut. Im Dezember 1979 war er unter den Pilgern gewesen, die die große Moschee in Mekka besetzt hatten. Wahrscheinlich auf sein Betreiben trat Khaled einer fundamentalistischen Zelle bei, in der die Beseitigung des Präsidenten offen erörtert wurde. Verschiedene Methoden wurden erwogen und verworfen, darunter der Abschuß seines Hubschraubers und ein Raketenangriff auf sein Ferienhaus. Auch als Khaled zur alljährlichen Parade am 6. Oktober, mit der die Streitkräfte ihre Anfangserfolge im Krieg von 1973 feierten, eingeteilt wurde, waren sich die Betbrüder keineswegs einig. Während die ranghöheren Offiziere sich gegen ein Attentat aussprachen, hielt Abdel Salam Farag, der geistliche Steuermann der Gruppe und der Autor der Denkschrift, die Gelegenheit für günstig. Farag setzte sich durch.

Khaled war dazu ausersehen, bei der Parade einen Lastwagen zu kommandieren. Die Anordnung, keine scharfe Munition mitzuführen, war in der allgemeinen Schlamperei leicht zu unterlaufen. Schwieriger war es, die übrige Besatzung des Lastwagens gegen drei Mitverschworene – den Sergeanten Hussein Abbas Mohammed, den Ingenieur Ata Tayel Hemida Raheel und den Buchhändler Abdel Salam Abdel A'al, keiner von ihnen älter als dreißig – auszutauschen. Auch das gelang. Nur der Fahrer war in das Komplott nicht eingeweiht. Als der Lastwagen an der Ehrentribüne vorbeifuhr, zog Khaled seinen Revolver und zwang ihn anzuhalten. Danach sprang er aus dem Wagen, lief auf die Tribüne zu und schleuderte eine Handgranate in die Richtung des Präsidenten. Im gleichen Augenblick eröffnete Abbas Mohammed, ein mehrfach ausgezeichneter Scharfschütze, das Feuer. Schon der erste Schuß aus seinem Maschinengewehr traf Sadat in den Hals. Die Konfusion war so vollständig, daß die Verschwörer die Szene dreißig Sekunden lang ungehindert beherrschten. Khaled hatte schließlich die Tribüne erklommen und schoß Runde um Runde in den zusammengesunkenen Körper des Präsidenten. Da er eine neue, in London geschneiderte Uniform trug und nicht zu dick erscheinen wollte, hatte es Sadat abgelehnt, eine kugelsichere Weste zu tragen. Außer ihm kamen sieben Menschen ums Leben. 28, darunter Vizepräsident Mubarak, wurden verletzt.

Bei der alljährlichen Parade am 6. Oktober 1981 kommandierte Khaled Ahmed Shawki el-Islambouli, einer der Attentäter Sadats, einen Lastwagen, in dem drei Mitverschworene saßen. Als der Lastwagen an der Ehrentribüne vorbeifuhr, sprang Khaled aus dem Wagen und schleuderte eine Handgranate in Richtung des Präsidenten. Im gleichen Augenblick eröffneten Scharfschützen das Feuer. Schon der erste Schuß traf Sadat im Hals. Die Fernsehaufnahme zeigt den Moment, in dem die Mörder ihre Maschinenpistolen in Anschlag bringen.

Nach der Verhaftung seines Bruders hatte Khaled in sein Tagebuch eingetragen: »Der höchste Lohn winkt einem Gläubigen, wenn er im Namen Gottes tötet oder getötet wird.« Als ihn eine Tante im Gefängnis besuchte und fragte, ob er denn gar nicht an seine Familie gedacht habe, gab er zur Antwort: »Nein, ich dachte nur an Gott.« Vor Gericht sagte er: »Ich habe ihn umgebracht, aber schuldig bin ich nicht. Was ich getan habe, geschah für meinen Glauben und mein Vaterland.« Auf die Frage des Staatsanwalts, ob es nicht unmoralisch sei, den Mann zu beseitigen, der Ägypten den Weg zur Demokratie gewiesen habe, erwiderte Farag: »Von welcher Demokratie sprechen Sie? Etwa von der englischen, wo das Oberhaus soeben ein Gesetz verabschiedet hat, das die Homosexualität legalisiert? Ist das Demokratie?«

Von den 24 Angeklagten wurden die vier Täter und Farag zum

Tode verurteilt. Die beiden Soldaten wurden am 15. April 1982 erschossen, die drei Zivilisten gehenkt. Die übrigen erhielten lange Freiheitsstrafen. Nur zwei der Angeklagten wurden freigesprochen. Einer von ihnen war Omar Abdel Rahman, der blinde Scheich, den die Attentäter um ein Gutachten gebeten hatten. Im Frühjahr 1995 saß er wieder auf der Anklagebank, diesmal in New York. Die Staatsanwaltschaft warf ihm vor, bei dem Bombenanschlag auf das World Trade Center die Hand im Spiel gehabt und darüber hinaus einem Komplott islamischer Fundamentalisten seinen Segen gegeben zu haben, das Terroranschläge auf New Yorker Tunnel und das Sekretariat der Vereinten Nationen plante. Diesmal wurde der Scheich für schuldig befunden. Im Januar 1996 wurden er und seine Gefolgsleute zu langen Gefängnisstrafen verurteilt.

Im gleichen Monat begann vor dem Tel Aviver Bezirksgericht der Prozeß gegen Jigal Amir, den Mörder Jitzhak Rabins. Amir hatte den israelischen Ministerpräsidenten am 4. November 1995 nach einer Friedenskundgebung vor dem Rathaus von Tel Aviv aus nächster Nähe erschossen. Die Tat glich in mehr als einer Hinsicht dem Mordanschlag auf Sadat: Auch Amir war ein tiefgläubiger junger Mann, der im Auftrag Gottes zu handeln glaubte, um sein Land vor Schaden zu bewahren. Auch er kam aus dem Milieu einer religiös orientierten Hochschule, der Bar-Ilan-Universität in Ramat Gan. Die Opfer waren in beiden Fällen Berufsoffiziere, die sich, als sie Politiker wurden, von Falken zu Tauben wandelten.

Der israelische Triumph im Sechstagekrieg von 1967 hatte nicht nur die Landkarte im Nahen Osten verändert. Bei den Siegern verschärfte er auch die Spannungen zwischen dem politischen und religiösen Establishment. Ursprünglich hatte das orthodoxe Judentum die zionistischen Bestrebungen bekämpft. Nach den Verheißungen des Talmud blieb die Wiederaufrichtung des jüdischen Staates dem Messias vorbehalten. Erst als die »Heimstätte für das jüdische Volk« unumstößliche Tatsache geworden war, fand sich das Rabbinat zähneknirschend mit den Gegebenheiten ab. Eine Minderheit, die sich »Neture Karta« (Wächter der Stadt) nennt und im Zelotenviertel von Jerusalem, Mea Schearim, niedergelassen hat, verweigert dem Staat Israel bis heute die Anerkennung.

Der Sechstagekrieg machte aus den orthodoxen Rabbinern, die

soeben noch die Existenzberechtigung des Staates angezweifelt hatten, leidenschaftliche Chauvinisten. Nun entdeckten sie auf einmal die biblischen Quellen, die die Rückgabe der von Israel eroberten Gebiete untersagten. Ein typisches Beispiel war der in Brooklyn ansässige, von 200 000 Gläubigen verehrte »Lubawitscher Rebbe«, Menachem Schneerson. Zwar lehnte er es ab, Israel zu besuchen. Doch fand er nichts dabei, während des Krieges von 1973 die Regierung in Jerusalem aufzurufen, Damaskus zu erobern. Nach dem Einmarsch der israelischen Armee in den Libanon präsentierte er sogleich die biblischen Belegstellen, nach denen der Libanon unveräußerlich zum Gelobten Land gehöre. Einen Rückzug aus »Judäa und Samaria«, wie das Westjordanland bei den Annexionisten heißt, verurteilte Schneerson als häretisch.

Andere ließen es nicht bei bloßen Worten bewenden. Im April 1968 verschanzten sich 79 orthodoxe Juden im Park Hotel von Hebron und gelobten, nie wieder auszuziehen. »Jeder Fußbreit dieses Landes«, verkündete ihr geistlicher Ratgeber, Rabbi Zwi Jehuda, »ist Gottes Land. Liegt es in unserer Macht, auch nur einen Millimeter preiszugeben?« Es war der Beginn eines von den Regierungen der Arbeiterpartei geduldeten, von den Likud-Regierungen offen geförderten Massenumzugs in die besetzten Gebiete. Die Zahl der Siedler ist inzwischen auf 140 000 gestiegen.

1974 organisierten sich die radikalsten unter ihnen als »Gusch Emunim« (Block der Gläubigen). Sie schreckten vor Gewalttaten nicht zurück, sondern hofften im Gegenteil, das eroberte Land durch Provokationen und Terror »araberrein« zu machen. Besonders aus Amerika fand die Bewegung steigenden Zulauf. Als ein Fanatiker im April 1982 versuchte, eines der größten Heiligtümer der islamischen Welt, den Felsendom in Jerusalem, zu sprengen, wunderte sich niemand, daß der Attentäter Allan Goodman hieß und aus Brooklyn stammte.

Auch der Arzt Baruch Goldstein, der im Februar 1994 in den Schrein der Patriarchen im Hebron eindrang und 29 betende Araber erschoß, war aus Brooklyn eingewandert und hatte sich in Kirjat Arba, einer Hochburg der militanten Siedler, niedergelassen. Sein bewundertes Vorbild war der Rabbiner Meir Kahane, auch er ein Zugereister aus Brooklyn. 1968 hatte Kahane die Jewish Defense League gegründet, einen Schlägertrupp, dessen Straßenschlachten mit Schwarzen und Überfälle auf sowjetische

Diplomaten ihm einige Jahre Gefängnis einbrachten. Als ihm 1971 wieder eine längere Haftstrafe drohte, floh er mit seiner Familie nach Israel. Hier gründete er die radikale Partei Kach, die offen für die Vertreibung der Araber aus den »befreiten« Gebieten eintrat. 1984 zog er in die Knesset ein; doch wurde seine Partei vier Jahre später verboten. Im November 1990 wurde Kahane in einem New Yorker Hotel von einem arabischen Extremisten erschossen. Auch bei diesem Mord spielte der blinde Scheich eine schattenhafte Rolle im Hintergrund.

Es konnte nicht ausbleiben, daß die Radikalisierung des orthodoxen Judentums auch die Bar-Ilan-Universität erfaßte. Anfang der achtziger Jahre veröffentlichte der Rabbiner der Hochschule, Israel Hess, einen Traktat, »Mitzwat genocide batorah« (Anordnung des Völkermordes durch die Thora), in dem er die Nachbarn Israels mit den biblischen Amalekitern gleichstellte und ihnen Vernichtung bis zur letzten Frau und zum letzten Kind androhte. Hess lehrt noch immer an der Universität.

Zu seinen Hörern gehörte auch der Jurastudent Jigal Amir. Amir war Mitglied von Ejal, einer der extremen Gruppen, die sich nach dem Verbot der Kach-Partei neu formiert hatten. Nach der Ermordung des Ministerpräsidenten zeigte das israelische Fernsehen Bilder von einer Aufnahmezeremonie mit vermummten Gestalten, die offenkundig von der des Ku-Klux-Klan inspiriert war. Bei Demonstrationen an der Seite fanatischer Siedler lieferte Amir der Polizei so manches Gefecht. Da er sich selbst als Siedler ausgab, erhielt er die Erlaubnis, eine Waffe zu tragen. Als die Rückgabe von »Judäa und Samaria« konkrete Formen annahm, reifte in ihm der Plan, Rabin umzubringen.

Verschiedene Methoden wurden in größerem Kreise erörtert. An Phantasie fehlte es den jungen Leuten nicht. Einmal dachten sie daran, Rabin bei einer Pressekonferenz mit einem als Mikrofon getarnten Revolver zu erschießen. Als Alternative wurde ein mit Sprengstoff präpariertes Tonbandgerät ins Auge gefaßt. Am weitesten gediehen war der Plan, die Wasserspülung in Rabins amtlicher Residenz mit Nitroglyzerin zu füllen. Es war Amir gelungen, als Klempner verkleidet, in das Haus eingelassen zu werden. Doch ein Spezialbohrer versagte, so daß er unverrichteterdinge abziehen mußte.

Amir und seine Freunde waren keineswegs die einzigen, die

Zufrieden lächelnd tritt Jigal Amir, der Mörder Jitzhak Rabins, vor den Untersuchungsrichter, während ihm ein freundlicher Polizist die Jarmulke zurechtrückt.

Rabin lieber tot als lebendig sahen. In der Propaganda der Oppositionsparteien wurde er abwechselnd mit den Nazis und den Judenräten verglichen, die der SS Zubringerdienste geleistet hatten. Auch in den Synagogen war man nicht um Gründe verlegen, die die Beseitigung des kompromißbereiten Ministerpräsidenten als gottgefällige Tat erscheinen ließen. Auf einer Konferenz im Juni 1995, zu der 1500 Rabbiner nach New York strömten, erklärte der Vorsitzende Abraham Hecht unter Berufung auf den Religionsphilosophen Moses Maimonides, wer jüdisches Leben oder das von Gott verheißene Land gefährde, habe den Tod verdient. Andere Geistliche nannten Rabin einen *rodef* (Verfolger), der nach dem jüdischen Gesetz unschädlich gemacht werden dürfe. Wenige Wochen vor dem Mord versammelten sich vor Rabins Haus zwölf Kabbalisten, die ihn unter altertümlichen Beschwörungsformeln feierlich verfluchten.

Von den Mitwissern und Hintermännern wurden nur Amirs

älterer Bruder Hagai, ihr gemeinsamer Freund Dror Adani, ein Siedler aus der Gegend von Hebron, und der Sergeant Arik Schwartz angeklagt, der den Verschwörern Munition und Waffen geliefert hatte. Nicht angeklagt wurde der Führer von Ejal, Awischai Rawiw, auch er Student an der Bar-Ilan-Universität: Wie sich herausstellte, hatte er den Geheimdienst unter dem Decknamen »Champagner« mit Informationen über die rechtsradikale Szene versorgt – eine Enthüllung, die nicht verfehlte, die Phantasie der Öffentlichkeit kräftig anzuregen. Die abenteuerlichste Theorie lief darauf hinaus, der Ministerpräsident sei von seinem eigenen Geheimdienst liquidiert worden.

Als Amir dem Untersuchungsrichter vorgeführt wurde, zeigte er nicht die geringste Reue. Mit heiterer Miene bekannte er sich zu seiner Tat. War die Heiterkeit berechtigt? Auf kurze Sicht schon: Rabins Beseitigung hat den Ausgleich mit den Palästinensern fraglos um Jahre verzögert. Daß sie ihn ein für allemal verhindert hätte, ist dagegen zu bezweifeln. Die Mehrheit der Israelis ist kriegsmüde und bejaht den Friedensprozeß. Daher ist die Hoffnung erlaubt, daß es nicht Amir sein wird, der zuletzt und am besten lacht.

Bildnachweis
Archiv für Kunst und Geschichte: 17, 29, 33, 47, 55, 61, 77, 94, 105, 113, 120, 131, 140
Bettman Archive: 102, 161
Bilderdienst Süddeutscher Verlag: 122, 165, 173, 175, 180, 184, 188
Collection Viollet: 38, 87
Ullstein Bilderdienst: 157